Mobil

BRIDGES
D2 D2
D2 D2
Agip Agip Agip Agip Agip Agip Agip
WARSTEINER

KARIN STURM

FORMEL 1

DAS JAHRBUCH '99

West
Mercedes-Benz
West

KARIN STURM

FORMEL 1

DAS JAHRBUCH '99

HERBIG

Inhalt

SIEMENS
Winfield
Winfield
PIAA
PIAA
AGFA
AGFA

Vorwort

Spannend bis zum letzten Augenblick war die Formel-1-Saison 1999, und mit den vielen unvorhersehbaren Wendungen und Überraschungen, die wir erlebt haben, war es mit Sicherheit für alle Formel-1-Fans auch ein außergewöhnliches Jahr.
Für mich selbst war es auf alle Fälle ein sehr, sehr schönes Jahr, beruflich und privat. Bei Jordan habe ich ein Team gefunden, bei dem ich mir von Anfang an eine Führungsrolle erarbeiten konnte, in dem die »Chemie« einfach stimmt und in dem sehr harmonisch und effektiv zusammengearbeitet wird.

Die Ergebnisse, die wir erreichen konnten, haben sicher einige überrascht, ein bisschen sogar mich selbst. Klar, der dritte Platz in der Konstrukteurs-Weltmeisterschaft war von Anfang an unser Ziel, aber mit zwei Siegen, einer Pole-Position und Platz drei in der Fahrerwertung habe ich zu Saisonbeginn nicht unbedingt gerechnet. Jetzt erhoffe ich mir für das kommende Jahr natürlich noch ein bisschen mehr. Wir sollten in der Lage sein, unser Auto noch etwas schneller zu machen.

uch privat hätte 1999 für mich nicht schöner ein können. Tanja und ich haben unsere ıngjährige Verbindung nun endgültig mit iner wunderschönen, ganz romantischen und rivaten Hochzeit in Thailand bestätigt. Dass ch im kommenden Frühjahr Vater werde, nacht mich ganz besonders glücklich. Ich enke, es ist etwas sehr Schönes und Wichtiges, ie Verantwortung für ein eigenes Kind zu bernehmen.
Dem neuen Weltmeister Mika Häkkinen möchte ich an dieser Stelle herzlich gratulieren. Auch wenn es um die diesjährige Weltmeister-

schaftsentscheidung viele Diskussionen gab – am Ende hat sich Mika doch durchgesetzt, und es besteht sicher kein Zweifel daran, dass er zusammen mit dem McLaren-Mercedes über das ganze Jahr gesehen die schnellste Kombination gewesen ist.
Für viele deutsche Formel-1-Fans war es sicher eine Enttäuschung, dass Michael Schumacher sich durch seine Verletzung so früh aus dem Titelrennen verabschieden musste. Aber generell müssen wir, glaube ich, froh sein, dass sich bei einigen schlimm aussehenden Unfällen in diesem Jahr niemand wirklich schwer verletzt hat. Ich weiss nach meinem Kanada-Crash ja auch, wovon ich spreche. Und was die deutschen Fans angeht, hoffe ich, dass Ralf Schumacher und ich ihnen auch einiges an Freude und Spannung geboten haben – eine Freude, die sich auch in diesem Jahrbuch widerspiegelt. Ich wünsche allen viel Spaß damit.

mit herzlichen Grüßen

Heinz-Harald Frentzen

Eddie im Glück

Melbourne

Für die Nummer zwei bei Ferrari hätte es nicht besser laufen können. Beide McLaren-Mercedes ausgeschieden, Teamkollege Schumacher durch Defekte ganz hinten – die Gelegenheit für Eddie Irvine, seinen ersten Grand-Prix-Sieg zu landen. Für den Nordiren war dieser Saisonauftakt ein gutes Omen: Erst einmal in diesem Jahrzehnt wurde der Sieger im Auftaktrennen nicht Weltmeister.

Irgendwie war der Auftakt bereits ein Omen auf die bevorstehende Saison – auch wenn es in Melbourne kaum jemand so verstand. Mit Eddie Irvine, Heinz-Harald Frentzen und Ralf Schumacher standen genau die drei Fahrer auf dem Podest, die am Ende – nicht unbedingt in dieser Reihenfolge – die größten Überraschungen der Saison wurden. Bei McLaren-Mercedes deutete sich an, was das

Nach Ausfallrennen

Erster Triumph für Irvine

ganze Jahr charakterisierte: Eine zwar schwankende, meist aber relativ deutliche technische Überlegenheit, die aber oft genug nicht in die entsprechenden Resultate umgesetzt werden konnte. Und Michael Schumacher würde 1999 nun wirklich nicht sein glücklichstes Jahr in der Formel 1 erleben.

Bärenstarke McLaren beherrschen das Training

Aber der Reihe nach: Das Training in Melbourne dominierte McLaren-Mercedes quasi nach Belieben – Mika Häkkinen setzte sich am Ende mit einer halben Sekunde Vorsprung vor David Coulthard durch. Michael Schumacher als Dritter lag schon 1,3 Sekunden zurück – und schien etwas überrascht: »Mit einem so großen Abstand habe ich nicht gerechnet. Aber es gibt keinen Grund zur Panik – frustriert wäre ich nur, wenn ich wüsste, dass der Ferrari kein Potenzial hat. Wir haben hier unsere Reifen nicht richtig auf Temperatur gekriegt, das war das Hauptproblem. Aber echte Sorgen mache ich mir erst, wenn wir das auch in den kommenden Rennen nicht in den Griff kriegen. Generell haben wir während der Wintertests den Schwerpunkt mehr auf Zuverlässigkeit als auf Speed gelegt – den werden wir aber auch noch finden.«

Bei McLaren hatte man es offenbar anderes angefangen: Schon in der Testphase zeigte sich, dass das neue Auto zwar extrem schnell, aber auch defektan-

Der 1999er McLaren-Mercedes – hier beim Testen im Februar – erwies sich auf Anhieb als extrem schnelles, aber nicht sehr standfestes Auto.

Ein gewohntes Bild: Die McLaren-Mercedes fahren schon beim Start allen auf und davon.

fällig war. Trotzdem wurde nach einigen internen Diskussionen am Ende doch entschieden, auf jeden Fall schon mit dem neuen Auto anzutreten, wobei McLaren-Chef Ron Dennis doch ernsthaft erwog, aus Sicherheitsgründen das modifizierte Vorjahresauto mit auf den fünften Kontinent zu nehmen.
»In die Gänge« kam die Saison 1999 dann für alle nur mit Verzögerung: Der erste Startversuch musste abgebrochen werden, nachdem sich die Ford-Triebwerke von Rubens Barrichello und Johnny Herbert bereits in der Startaufstellung in großen Rauchwolken verabschiedeten. Der Brasilianer, der mit Platz vier im Training die große Überraschung gewesen war und das Stewart-Potenzial bereits angedeutet hatte, wurde mit dem T-Car ans Ende des Feldes verbannt, Herbert musste in Ermangelung eines zweiten Ersatzautos zuschauen.

Getriebe und Reifen werfen Schumacher zurück

Beim Neustart in die Aufwärmrunde ereilte dann Michael Schumacher das Unheil: »Die Anzeige sagte ständig ›no gear‹. Als ich losfahren wollte, brachte ich den ersten Gang nicht rein.« Schumi musste sich wie 1998 beim Saisonfinale in Japan hinten anstellen – und die folgende Aufholjagd war auch nicht einfach: »Immer wieder hat das Getriebe von sich aus in den Leerlauf geschaltet – mit Vorliebe in den Kurven.« Dazu noch ein Reifenschaden in Runde 27 und ein Kommunikationsproblem mit dem Team, das dazu führte, dass Michael einmal an die Box fuhr, um wegen der Getriebeprobleme das Lenkrad wechseln zu lassen, aber durchstarten musste, weil das Ersatzteil nicht bereit lag, und dann eine Runde später noch einmal hereinkommen musste. Da half auch eine Serie superschneller Runden im letzten Viertel nicht mehr. Es blieb ein völlig ungewohnter achter und letzter Platz.
Doch Eddie Irvine, der am Start den freien Barrichello-Platz vor sich genutzt hatte, konnte am Ende die Ferrari-Ehre retten, weil die an der Spitze davonstürmenden McLaren von ihrer eigenen Unzuverlässigkeit eingeholt wurden. Zuerst verabschiedete sich David Coulthard in Runde 13 mit einem blockierten sechsten Gang. Als dann das Safety-Car auf die Strecke kam, weil Jacques Villeneuves Fahrt wegen eines weggebrochenen Heckflügels in einem wild aussehenden Crash endete, braute sich im Häkkinen-Auto Unheil zusammen: Beim Re-Start kam der Finne nicht mehr richtig weg, fiel auf den letzten Platz zurück, und nachdem sich das Problem auch bei einem Boxenstopp nicht beheben ließ, gab er in Runde 21 auf. Diagnose: defekte Drosselklappen-Steuerung – »letztlich wahrscheinlich genauso ein Hydraulikproblem wie Davids Defekt«, so Mercedes-Sportchef Norbert Haug.
So etablierte sich schließlich an der Spitze ein Zug in der Reihenfolge Irvine, Frentzen und Ralf Schumacher, der sich bis ins Ziel nicht mehr verschob, auch nicht beim für alle drei einzigen Routinestopp.

Villeneuves Abflug rief das Safety-Car auf den Plan.

Irvine konnte sich bei seinem ersten Grand-Prix-Sieg in seiner üblichen Art ein paar Bissigkeiten nicht verkneifen. Natürlich sei er nicht unglücklich darüber gewesen, »dass Michael sich so schnell aus dem Rennen um den Sieg verabschiedet hat. Aber ich finde es schön, das er das Auto während der Wintertests so zuverlässig gemacht hat. Dafür danke ich ihm auch herzlich.«

Auftakt nach Maß für Frentzen

Heinz-Harald Frentzen feierte mit Platz zwei einen Super-Einstieg in die Saison und in sein neues Team. Schon vor dem Rennen hatte sich gezeigt: Seit Frentzen bei Jordan fährt, ist er gegenüber seiner Williams-Zeit wie ausgewechselt. Die lockere Atmosphäre, die Akzeptanz, die er von Anfang an im Team genoss, das Mitspracherecht, das man ihm dort in der Entwicklungsarbeit einräumte, die technischen Fortschritte, die sich sehr schnell zeigten – all das hatte ihm die Lockerheit, Natürlichkeit und Selbstsicherheit zurückgegeben, die er bei Williams im Laufe der Zeit immer mehr verloren hatte. Dass es jetzt auf Anhieb so gut klappte, war natürlich zusätzlich Balsam für die Seele: »Diese sechs Punkte werden für uns noch Gold wert sein. Die Leistungsdichte wird dieses Jahr so hoch sein, dass man von solchen Ausfallrennen unbedingt profitieren muss.«
Einen kritischen Moment im Rennen gab es für ihn, »als beim ersten Re-Start Mika so langsam losfuhr – mit dem Ergebnis, dass auf einmal Ralf Schumacher neben mir war. Aber in der nächsten Kurve habe ich ihm den Platz gleich wieder abgeköpft.«
In der Schlussphase versuchte Frentzen sogar, Druck auf Irvine zu machen, »aber als ich gemerkt habe, dass er noch Rerserven hat und reagieren kann, da habe ich es wieder gelassen. Besser sechs

Melbourne

Streckenlänge: 5,303 km;
Gesamtdistanz: 57 Runden = 302,213 km;
Rundenrekord: Frentzen, Williams-Renault, 1997 (1:30,585 = 210,710 km/h)

Benetton erhielt Besuch von der weltbekannten Aboriginal-Musikgruppe »Yothu Yindi«. Die Musiker durften mal kurz in den Benetton steigen. Zum Dank erhielten Alexander Wurz und Gianni Fisichella von ihnen eine traditionelle Gesichtsbemalung. Viel Glück hat es ihnen nicht gebracht – weder für dieses Rennen noch für den Rest der Saison.

Boxenstopp

Viel Prominenz stieg in Australien in die verschiedensten Rennautos: Pop-Geigerin Vanessa Mae, der eine Zeit lang ein Techtelmechtel mit Jacques Villeneuve nachgesagt wurde, ließ sich im McLaren-Mercedes-Doppelsitzer um die Strecke chauffieren, Rockröhre Suzi Quattro setzte sich nur mal rein, fuhr aber nicht. Dafür startete der deutsche TV-Star Joachim »Blacky« Fuchsberger, der ja sechs Monate des Jahres in Australien lebt und dort schon viele Dokumentarfilme gedreht hat, im VIP-Rennen mit BMW Z3. Der immerhin schon 72-Jährige wurde unter 27 Teilnehmern immerhin 17.

Wieder einmal demonstrierten die Umweltschützer vom Komittee »Rettet den Albert Park« gegen den Grand Prix in Melbourne. Zwei von ihnen ketteten sich am Donnerstag in der Boxengasse an, wurden aber von der Polizei schnell vom Gelände entfernt.

Heinz-Harald Frentzen versuchte sich in Melbourne in einem größeren Gefährt als seinem Rennwagen: Er steuerte eine Trambahn durch die Straßen der Stadt – als Teil einer Werbekampagne, die zur Benutzung von öffentlichen Verkehrsmitteln aufrufen sollte.

Johnny Herbert durfte mit der Kunstflugstaffel der australischen Streitkräfte ein paar Loopings drehen und stieg nachher reichlich blass wieder aus.

Alexander Wurz ist mit 1,86 Meter der Größte des Formel-1-Jahrgangs 1999, Jacques Villeneuve mit 1,65 der kleinste. Auch die Gewichtsrangliste führte Wurz mit 82,5 Kilo (mit Helm und Overall) an, der Leichteste war Luca Badoer mit 58,5 Kilogramm.

Damon Hill fuhr in Melbourne den 100. Grand Prix seiner Karriere, kam aber nicht eine Runde weit: »Jemand ist mir gleich nach dem Start ins Heck geknallt und hat mich ins Kiesbett geschoben.«

Die Musiker von Yothu Yindi fühlen sich bei Benetton sichtlich wohl. Die martialisch anmutende Gesichtsbemalung half nicht viel. Während der Saison fuhren die Benetton meist hinterher.

Punkte sichern als gar nichts. Und Irvine einholen oder ihn überholen – das ist sowieso ein gewaltiger Unterschied.«
Natürlich freute es den Mönchengladbacher, dass er gleich im ersten Saisonrennen Ralf Schumacher im Williams hinter sich lassen konnte, hatten ihm doch fast alle prophezeit, er werde beim »Teamtausch« mit Schumi 2 der Verlierer sein. Aber nicht nur Melbourne, sondern die ganze Saison hat ja diese Voraussagen ad absurdum geführt.
Ralf war freilich auch nicht unzufrieden: »Mein Fahrplan basierte auf einem Stopp und harten Reifen. Da ich keinen Fehler machte, konnte ich mich hinter Heinz-Harald halten. Dann sind allerdings wichtige Teile der Karosserie davongeflogen, wo-

Der Saisonauftakt in Australien deutete an, was später durch den Unfall von Michael Schumacher – wenn auch anders als geplant – Realität geworden ist: Eddie Irvine, der Nordire aus Belfast, der in Dublin wohnt und damit weniger geographie- und politiksichere Journalisten oder Veranstalter bei Siegerehrungen immer wieder einmal ob seiner Nationalität durcheinander bringt – als Nordire ist er natürlich Brite, der mit dem »Union Jack« und »God save the Queen« geehrt wird – begann, an der Position von Michael Schumacher zu kratzen und selbst Ambitionen anzumelden. Dass ihn diese am Ende tatsächlich fast zum Weltmeister gemacht haben, hätte er sich da wohl noch nicht wirklich träumen lassen.

Eddie Irvine

Ambitionen angemeldet

Drei Jahre lang hatte Eddie sich quasi selbst verleugnet, allen eigenen Interessen – außer den finanziellen – abgeschworen. Er schien sich in seiner Rolle als braver Adjutant der großen Nummer 1, der er bei jeder passenden und unpassenden Gelegenheit verbal seine Referenz erwies, auch ganz wohl zu fühlen. Doch dass es Michael Schumacher mit seinem Teamkollegen von nun an nicht mehr ganz so einfach haben würde, das wurde schon bald nach Melbourne deutlich. Der Sieg zum Saisonauftakt gab Eddie offensichtlich eine ganze Portion Selbstvertrauen, auch wenn er einige seiner spontanen Sprüche später wieder zurücknahm, da und dort gar behauptete, das alles nie so gesagt zu haben. Mit dieser Taktik wurstelte er sich dann auch den ganzen Sommer über immer wieder heraus, wenn er nach Schumachers Unfall den Mund zu voll genommen hatte.

Eine große Klappe und eine in der Formel 1 ziemlich einzigartige »Frechheit«, gepaart mit völliger Respektlosigkeit gegenüber allen Autoritäten, war ja schon immer sein Markenzeichen: Unvergessen, wie er 1993 bei seinem Debüt in Japan Ayrton Senna so lange provozierte, bis er sich eine Ohrfeige einfing, die er dann geschickt zu vermarkten wusste: »Jetzt kennt mich die Welt ...«

Nach Australien war sich Irvine zwar offensichtlich darüber klar, dass er bei Ferrari nach wie vor die zweite Geige spielte, aber er versuchte alles, um sich zu profilieren, um bereit zu sein, sollte sich eine Chance für Größeres auftun: »Nach einem Rennen kann man natürlich noch nichts sagen, aber es ist vieles möglich. Wenn ich nach fünf oder sechs Rennen immer noch derjenige von uns beiden bin, der deutlich mehr Punkte auf dem Konto hat, dann müsste Ferrari eigentlich auf mich setzen. Schließlich wollen die ja auch Weltmeister werden ...« Schumacher wies diese Möglichkeit noch als reine Spekulation von sich, über die er sich keine Gedanken zu machen brauche. Es kam aber anders als erwartet.

Er sei in den letzten Jahren in der Formel 1 immer besser geworden, meinte Eddie. Nach seinem ersten Sieg, nach zweiten und dritten Plätzen im vergangenen Jahr seien 1999 nun weitere erste und zweite Plätze das Ziel: »Ich will weiter gewinnen!« Dafür nehme er auch einen Nachteil in Kauf: »Ich habe jetzt auf einmal viel mehr Arbeit, was Medien und PR angeht. Wahrscheinlich wird sich Michael darüber freuen, wenn das nicht mehr alles an ihm hängen bleibt. Ich selbst bin freilich nicht so begeistert, wenn ich in Mailand mal ausgehe und an jeder Ecke ein Fotograf steht. Bei den Dingen, die ich manchmal so treibe, ist das nicht immer vorteilhaft. Aber immer noch besser, mit Siegen und Fotografen zu leben als ohne beides ...«

Zu Saisonbeginn fiel auf, dass Irvine die Chancen seines Teams, bald auch in punkto Speed mit den McLaren gleichzuziehen, offensichtlich deutlich geringer einschätzte als Schumacher. Während der schon vor Brasilien an einen »nur noch sehr kleinen Abstand« glaubte, war Eddie vorsichtiger: »So weit zurück wie in Melbourne werden wir nicht mehr sein. Aber ich denke nicht, dass wir die McLaren in der nächsten Zeit wirklich auf der Strecke schlagen können. Wir müssen schon hoffen, dass sie auch in Zukunft ein paar Mal ausfallen, so dass wir gewinnen können.« Das hielt Eddie allerdings für gar nicht so unwahrscheinlich – zu Recht, wie sich herausstellte: »Unser Auto ist zwar vielleicht ein bisschen langsamer, aber dafür zuverlässiger. Damit kann man am Ende besser dastehen als jemand, der in allen Belangen am absoluten Limit ist. 1984 war zum Beispiel Alain Prost kontinuierlich schneller als Niki Lauda« – damals allerdings auf dem gleichen Auto –, »aber Lauda wurde Weltmeister. Wenn wir regelmäßig zweite, dritte Plätze belegen und immer dann, wenn die McLaren Probleme haben, zuschlagen können, wer weiß ...«

raufhin ich massives Übersteuern bekam. Am Ende hatte ich ein bisschen Glück: Der Motor hat viel Öl verloren, lange hätte er nicht mehr gehalten.«
Dafür ärgerte sich Rubens Barrichello umso mehr: Im Ersatzauto und vom letzten Startplatz aus war er nach seinem Motorschaden vor dem ersten Start noch Fünfter geworden: »Wenn ich von meinem normalen Startplatz aus hätte ins Rennen gehen können, wäre ein Sieg durchaus drin gewesen.«
Auch zwei der drei »Neuen« des Formel-1-Jahrgangs 1999 konnten mit ihrem Einstand nicht ganz zufrieden sein. Ricardo Zonta war zwar mit einer starken Leistung bis auf den fünften Platz nach vorne gefahren, obwohl er einen zusätzlichen Boxenstopp einlegen musste, »denn nachdem bei Jacques der Heckflügel weggebrochen war, wollte das Team mein Auto sicherheitshalber überprüfen.« Doch in der 49. Runde ereilte ihn der erste von zahllosen Defekten am BAR: »Das Getriebe hat überhitzt.«
Marc Gené, der fünfsprachige Spanier mit Oxford-Diplom in Wirtschaftswissenschaften, wäre eigentlich schon im Training an der 107-Prozent-Hürde gescheitert und hätte im Rennen zuschauen müssen, »weil mit den Reifen, die wir im Qualifying verwendeten, das Auto plötzlich nicht wieder zu erkennen war.« Nachdem Gené zuvor in den freien Trainings aber schon deutlich schneller gewesen war, durfte er mit einer Ausnahmegenehmigung starten.

Besser hätte die Saison für Eddie Irvine kaum beginnen können als mit einem Sieg in Melbourne. Dass er es später zur Nummer eins bei Ferrari bringen würde, konnte er zu diesem Zeitpunkt noch nicht ahnen.

Er kam aber nur bis in die 26. Runde, ehe er den Minardi mit einem Dreher ins Aus setzte.
Viel besser lief es dagegen für seinen Landsmann Pedro de la Rosa. Der konnte im Arrows vom 18. Startplatz aus von den vielen Ausfällen profitieren und holte als Sechster in seinem ersten Grand Prix gleich einen Punkt: »Ich bin ja selbst völlig überrascht. Aber ich habe es das ganze Rennen über geschafft, mich aus allem Ärger rauszuhalten. Ich wusste, dass wir ein zuverlässiges Auto haben, und das hat sich am Ende ausgezahlt.«

Ungewohnte Gesichter sah man mit Eddie Irvine, Heinz-Harald Frentzen und Ralf Schumacher auf dem Treppchen – in dieser Saison kein Einzelfall. Zum Glück für die Formel 1 konnten McLaren-Mercedes und Ferrari den Wettbewerb nicht so eindeutig dominieren wie im Vorjahr.

O MINISTÉRIO DA SAÚDE
ADVERTE: EVITE FUMAR NA
PRESENÇA DE CRIANÇAS

Interlagos

Häkkinen trotz technischer Probleme nicht zu schlagen

Trotz zeitweiliger Probleme mit dem Getriebe, die während des Rennens wieder verschwanden, fuhr Mika Häkkinen einen ungefährdeten Sieg heraus.
Für die gesamte Konkurrenz – einschließlich Ferrari – blieb die Frage ungeklärt. Wie groß ist der Vorsprung von McLaren-Mercedes wirklich?

Wieder Stimmung in Brasilien – Barrichello glänzt, Häkkinen gewinnt

Ein riesiger, aufgeblasener Michael-Schumacher-Helm über einer Kreuzung auf dem Weg zur Rennstrecke von Interlagos, seit Wochenbeginn regelmäßige Vorberichterstattung im Fernsehen, groß angelegte Werbekampagnen rund um die Formel 1, auch von brasilianischen Firmen, die nicht direkt als Sponsoren beteiligt sind – die Stimmung vor dem Grand Prix von Brasilien 1999 ist

Rubens Barrichello war der Held des Tages: Hätte ihn nicht ein Motorschaden gestoppt, hätte er vielleicht für eine Sensation sorgen können

anders als in den letzten Jahren. Nach dem Tod des Nationalhelden Ayrton Senna 1994 spielte die Formel 1 in Brasilien erst einmal keine größere Rolle mehr. Mangels Erfolgsaussichten der eigenen Fahrer wandte sich das verwöhnte brasilianische Publikum, das ja seit 1972 immerhin acht Weltmeisterschaftstitel feiern konnte – zwei durch Emerson Fittipaldi, je drei durch Nelson Piquet und durch Ayrton Senna – von der Szene ab.

Dank Barrichello ein Festtag für Brasilien

24 Runden lang – von der dritten bis zur 27 – durften die 60 000 brasilianischen Fans, die erstmals wieder fast so an die Strecke strömten wie zu Ayrton Sennas Zeiten, vom brasilianischen Heimsieg in Interlagos träumen. Denn nachdem David Coulthard schon am Start der Motor abgestorben war und Mika Häkkinen Ende der zweiten Runde durch Getriebeprobleme die Führung verlor, war der Weg an die Spitze erst einmal frei für Rubens Barrichello, der schon im Training mit Platz drei – vor Michael Schumacher – überrascht hatte. Doch dann musste »Rubinho«, wie ihn die Brasilianer nennen, seinen ersten Boxenstopp einlegen – Schumacher war vorn und der der Traum der Brasilianer vom Sieg eigentlich schon ausgeträumt. Dass Barrichello dann in der 42. Runde auch noch der der Motor platzte, war nur noch das Tüpfelchen auf dem i.

Getriebeprobleme verkleinern McLarens Vorsprung

»Es wird schwer werden, aber immerhin haben wir seit gestern doch noch ein bisschen was gefunden, haben jetzt mehr Erfahrung – und in der Strategie dürften wir auch nicht so schlecht sein«, hatte Michael Schumacher vor dem Start versucht, Optimismus zu verbreiten. Dass er dann am Ende des Rennes auf dem Treppchen stehen würde, nur knapp hinter Mika Häkkinen, hätte er wohl nach dem schlecht gelaufenen Qualifying mit über einer Sekunde Rückstand auf den Finnen selbst nicht gedacht. Aber wie so oft, wenn es eigentlich gar nicht danach aussieht, lief im Rennen alles viel besser für Schumacher als im Training. Ein McLaren ausgefallen – dem anderen, dem von Mika Häkkinen, konnte er zumindest in der ersten Rennhälfte Paroli bieten. »Es hätte viel schlimmer kommen können. Mit dem Abstand heute kann ich leben…« Freilich konnte Schumacher eines nicht wissen: Wieviele Reserven sich Häkkinen, der kurzzeitig ebenfalls mit Problemen kämpfen musste, noch gelassen hatte…

Schumi: »Nacktfotos wird es von mir nicht geben!«

Den lockersten Schumacher sah man am São Paulo-Wochenende allerdings nicht auf der Rennstrecke, sondern am Freitagabend in einer der populärsten TV-Shows in Brasilien – auch wenn er sich in dem Programm »H« von »Rede Bandeirantes«, das auch für seinen etwas schlüpfrigen Touch bekannt ist, mit solch ungewöhnlichen Fragen herumschlagen musste, ob er denn schon mal in sein Rennauto gepinkelt oder Sex im Auto gehabt habe. »Manchmal bleibt einem nichts anderes übrig«, bekannte er zu Punkt eins und erzählte dann auch noch eine Geschichte von Nelson Piquet, der so etwas einmal kurz vor dem Start fertiggebracht hatte. Er schreckte dann seine Mechaniker mit der

Bei der Fahrerparade war die gesamten brasilianische Formel-1-Prominenz angetreten: Lokalmatador Rubens Barrichello wird eingerahmt von Viviane Senna und Ex-Weltmeister Emerson Fittipaldi...

Meldung »Wir haben ein unerklärliches Wasserleck« und brachte sie so dazu, die dubiose Flüssigkeit auch noch nach Geschmack und Geruch zu testen. Und die zweite Sache? »Im Formel 1 Auto geht´s schlecht, da ist zu wenig Platz, das funktioniert nicht. Aber in einem normalen Auto – klar, alles schon gehabt.«

Nur einmal wurde Schumacher rigoros: »Nein, Nacktfotos wird es von mir nicht geben – höchstens das Hemd würde ich ausziehen«. Die Frage hatte sich angeboten – war doch der zweite prominente Gast neben Schumi Fußballstar Vampeta, der gerade erst ohne alles für ein einschlägiges Magazin posiert hatte. Ansonsten fand Michael aber schon Gemeinsamkeiten mit Vampeta: »Wenn ich kein Rennfahrer wäre, wäre ich gern Fußballprofi geworden«, meinte er – sehr zur Freude des Publikums. Für seine Kinder wünsche er sich auch einen anderen Sport als die Formel 1: »Mir wäre es lieber, sie würden Tennis- oder Golfprofis. Ich bin schon immer furchtbar nervös, wenn ich jetzt meinem Bruder mal beim Fahren zuschauen muss.«

Häkkinens Getriebe: »Sowas habe ich noch nicht erlebt!«

Mika Häkkinen, der als Sieger den Pokal aus der Hand von Ayrton Sennas Schwester Viviane entgegennehmen konnte, war nach seinem Triumph zwar nicht so locker-lustig, aber überglücklich. Die Erleichterung, ins Ziel gekommen zu sein, war ihm deutlich anzumerken: »So etwas wie diese Getriebegeschichte habe ich in meiner ganzen Formel-1-Zeit noch nicht erlebt: dass die Gänge weg sind und dann plötzlich wiederkommen. Normalerweise ist man mit so was draußen. Ich dachte wirklich schon, das war´s – aber die Box hat mir gesagt, ich solle es weiter probieren – und dann, nach ein paar Runden, war auf einmal alles wieder in Ordnung. Sehr merkwürdig...«

Schon vor dem Rennen hatte Mika auf die Frage nach seinem größte Gegner selbstbewusst geantwortet: »Die 72 Runden hier«. Dass man die Zuverlässigkeit immer noch nicht hundertprozentig im Griff hat, weiß man bei McLaren-Mercedes ganz genau. Trotzdem hatte Mika das Rennen genossen: »Es war schwierig, anstrengend, auch, weil der Kurs hier sehr wellig und anspruchsvoll ist. Aber das war eine gute Herausforderung – und dass ich zwei

..., aber der Sieg blieb dem Team mit dem Stern. Wieder einmal war Häkkinen auf dem deutsch-britischen Silberpfeil nicht zu schlagen.

Mit seinem dritten Platz gab Heinz-Harald Frentzen eine glänzende Vorstellung.

INTERLAGOS

Streckenlänge:
4,292 km

Gesamtdistanz:
72 Runden = 309,024 km

Rundenrekord:
Villeneuve,
Williams-Renault, 1997
(1:18.397 = 197,089 km/h)

Runden vor Schluss noch die schnellste Rennrunde gefahren bin, freut mich besonders. Schade, dass es dafür keinen Punkt gibt.«
Häkkinen war nach seinen Problem in der Anfangsphase erst einmal bis zum Boxenstopp hinter Schumacher hergefahren. Der Kerpener kam als erster der beiden Rivalen herein. Als dann Häkkinen versuchte, mit ein paar schnellen Runden einen kleinen Vorsprung herauszufahren, hätte ein taktischer Trick von Ferrari beinahe geklappt: Eddie Irvine, ebenfalls gerade aus der Box gekommen, sollte Mika offenbar ein wenig aufhalten. Doch bei McLaren-Mercedes reagierte man schnell genug, holte Häkkinen ebenfalls herein – und nach einem sehr guten Stopp übernahm der Finne die Führung, die er bis ins Ziel nicht mehr abgab.

Frentzen blüht auf

Heinz-Harald Frentzen stand nach Australien zum zweitenmal hintereinander auf dem Podium – diesmal als Dritter nach einem sehr cleveren Rennen. Er war bereits sehr zuversichtlich an den Start gegangen, hatte er sich doch mit den harten Reifen, die er gewählt hatte, bei den gestiegenen Temperaturen große Chancen ausgerechnet: »Außerdem liegt unser Auto selbst auf den Bodenwellen hier sehr gut, und wir haben von Mugen-Honda wieder ein paar PS mehr zur Verfügung.« Mit einem sehr langen ersten Turn und einem dementsprechend kurzen Boxenstopp, dazu kontinuierlichen Rundenzeiten fuhr er vom achten auf den dritten Platz vor – und musste zum Schluss doch noch zittern, als er in der letzten Runde ohne Sprit stehenblieb: »Ich weiß nicht, was los war, ich hatte von der Box keine Warnung bekommen, dass wir knapp wären. Aber zum Glück bin ich ja noch als Dritter gewertet worden.«
Dabei ging es Frentzen körperlich gar nicht gut. Der Mönchengladbacher entschuldigte sich auch, dass er nach der offiziellen Pressekonferenz sofort verschwand: »Ich musste mich erst einmal massieren lassen. Ich kann meinen rechten Arm überhaupt nicht mehr bewegen.« Für Frentzen war auch das Rennen vorher besonders schwierig: »Ich bin ja aus taktischen Gründen sehr lange mit meinem ersten Reifensatz gefahren. In den letzten Runden habe ich da schon arg gekämpft, war ein paarmal im Gras. Zum Glück ist alles gut gegangen. In der ersten Rennhälfte habe ich hinter Fisichella ziemlich viel Zeit verloren, aber er war auf weichen Reifen unterwegs, hatte viel Grip und wenig Abtrieb durch die Flügel. Deswegen bin ich nicht vorbei gekommen. Was besonders unangenehm war: Ich habe die ganze Zeit die Abgase von dem Benetton eingeatmet. Mir ist schon richtig schwummrig geworden.«
Über seinen dritten Platz und Platz zwei in der Weltmeisterschaft hinter Eddie Irvine, gleichauf mit Mika Häkkinen, freute sich Heinz-Harald trotzdem gewaltig: »Wir haben ein sehr zuverlässiges Auto, das ganze Team arbeitet super, ich muss mich wirklich bedanken.«
Auch Ralf Schumacher konnte mit seinem Ergebnis zufrieden sein: »Platz vier vom elften Startplatz aus – zum zweiten Mal hintereinander in den Punkten, da kann ich wirklich nicht meckern. Nach dem Training hätte ich wirklich nicht damit gerechnet, hier Vierter zu werde.«

Schöne Beschäftigung für Eddie Irvine am Mittwoch vor dem Rennen: Sponsor Marlboro schickte ihn zu einem Auftritt mit einer der bekannten Sambaschulen São Paulos. Die heißen Girls hatten mit Eddie ihren Spaß – und umgekehrt.

Lokalmatador Pedro-Paulo Diniz ging leicht angeschlagen in sein Heimrennen: Der neue Sauber-Pilot stürzte am Sonntag vor dem Rennen auf der Fazenda seiner Familie in der Nähe von São Paulo vom Fahrrad und zog sich eine Wunde am Knie zu, die mit 18 Stichen genäht werden musste: »Für meinen Start bestand keine Gefahr, das ist alles nur oberflächlich. Es sind keine Bänder oder Sehnen verletzt.«

In Brasilien testete die FIA erstmals bei der technischen Abnahme die Flexibilität der Heckflügel – mit einem 100-Kilo-Gewicht. Durch Verwendung biegsamen Materials werden die Flügel »beweglich«, d. h. sie verformen sich gerade bei hohem Tempo auf den Geraden durch die anströmende Luft, so daß sie weniger Luftwiderstand bieten – ein Trick, der die Buchstaben des Regelwerks umgeht, das bewegliche aerodynamische Teile eigentlich verbietet. Diese Flügel haben sich ja bereits mehrfach als gefährlich erwiesen: In der Testphase vor Saisonbeginn gab es wegen wegbrechender Flügel bereits sechs böse Unfälle, in Australien flog im Rennen Jacques Villeneuve deswegen von der Strecke. Vielen Technikexperten erscheint der neue FIA-Test allerdings etwas halbherzig, wissen sie doch, dass bei Tempo 250 auf einer Geraden Kräfte auftreten, die einem Gewicht von 1000 und nicht von 100 Kilogramm entsprechen.

Boxenstopp

Ralf Schumacher legte am Tag vor Trainingsbeginn in Brasilien noch eine Extra-Fitnessstunde ein: Zusammen mit seinem Betreuer Franz Tost tummelte er sich auf dem Tennisplatz des Hotel Transamerica, in dem die meisten Teams und Piloten untergebracht sind. Die Frage nach dem Sieger beantworteten die beiden diplomatisch: »Bei uns gibt es nur Sieger, wir gewinnen immer schön abwechselnd.« Am Hotelpool lieferte Damon Hill den Fotografen die größte Show, als er mit Hilfe einiger Freunde seinen englischen Fahrerkollegen Johnny Herbert mitsamt dessen Sonnenliege ins Wasser beförderte.

Für den Italiener Luca Badoer, der sich bei einem Testunfall in Fiorano vor eineinhalb Wochen die Hand brach, stieg in Interlagos der Franzose Stéphane Sarrazin, sonst Testpilot bei Prost, in den Minardi.

Ein neues Gesicht auf der Piste: Prost-Testfahrer Stéphane Sarrazin vertrat Luca Badoer im Minardi-Team.

Heinz-Harald Frentzen legte zusammen mit Freundin Tanja, deren Mutter und seinem Troß ein paar Tage Urlaub am Strand ein, bevor er nach São Paulo kam. »Wir waren zwei Tage in Rio, dann noch im Club Med ›Rio das Pedras‹, in der Nähe von Angra dos Reis.« Dieses Küstenstück im Bundesstaat Rio de Janeiro ist eines der schönsten der Welt. Auch Frentzens neuer Fitnessguru, der Österreicher Andreas Kos, war beeindruckt: »Es war toll, aber wir haben nicht nur gefaulenzt, sondern auch eifrig trainiert, viel Volleyball und Fußball gespielt.« Unter Kos´ Anleitung hatte Frentzen schon zuvor eifrig trainiert: »Weil Interlagos einer der wenigen Kurse ist, die gegen den Uhrzeigersinn gefahren werden, muss man besonders auf die linke Seite der Halsmuskeln achten. Die rechte Seite ist durch das Fahren, durch unser vieles Testen auf ›normalen‹ Strecken schon ausreichend gestärkt, aber die vielen schnellen Linkskurven hier sind ein Kapitel für sich.«

Viviane Senna, die Schwester des vor knapp fünf Jahren tödlich verunglückten dreimaligen Weltmeisters Ayrton Senna und Vorsitzende der Ayrton Senna Foundation, erhielt von Ford und dem Stewart-Team einen nagelneuen Ford Escort für ihre Institution. In von der Senna Foundation mit unterstützten Ausbildungs- und Erziehungsprogrammen werden derzeit in Brasilien etwa 130 000 Kinder und Jugendliche betreut.

Das komplette Desaster erlebte am Samstag das BAR-Team: Nach Zontas Unfall am Vormittag wurden dann auch noch Jacques Villeneuve alle Trainingszeiten gestrichen, weil seine Benzinprobe nicht in Ordnung war. Der Kanadier musste von ganz hinten starten. Erklärung von Teamchef Craig Pollock: »Wir hatten am Freitag einen Riss im Tank, mussten ihn tauschen – und in dem neuen war offenbar noch ein Rest einer Schutzsubstanz, die die Probe verändert hat.«

Auf den 22jährigen Ricardo Zonta richteten sich bei seinem ersten Heimauftritt in Interlagos alle Blicke, ist er doch die neue große Hoffnung der Brasilianer, in absehbarer Zeit einen Nachfolger für Ayrton Senna zu finden. Dies ist ein Vergleich, den Zonta im übrigen überhaupt nicht gerne hört, weil er weiß, daß er nur zusätzlichen Druck bedeutet. »Jeder muß seinen eigenen Weg gehen«, sagt Ricardo, der 1995 südamerikanischer Formel-3-Meister war, 1997 F-3000-Champion und 1998 zusammen mit Klaus Ludwig GT-Weltmeister für Mercedes.

Ein selbstbewußter Neuling

»Jeder muß seinen eigenen Weg gehen«

Obwohl er jetzt schon mit 22 in der Formel 1 ist, war Zonta nie eines jener Kartwunderkinder, die schon von Anfang an in allen Klassen alle Konkurrenten in Grund und Boden fuhren. Zwar bekam er den Rennsportbazillus vom Vater vererbt, der einst auf Dirt-Track-Pisten unterwegs war, »doch damals, als Kind, da war das Fahren wirklich nur Hobby. Wir haben da auch kein Geld investiert, deshalb bin ich auch nie in Spitzenteams gefahren und hatte nicht übermäßig viele Erfolge.« Zwei Jahre musste er sogar ganz aussetzten: »Ich war in der Schule sitzen geblieben, und mein Vater erklärte rigoros: Solange die Noten nicht besser werden, ist Schluss mit dem Kartfahren.« Schule und Lernen, das gehörte damals nicht gerade zu Ricardos Lieblingsbeschäftigungen. Dass er zwar die Aufnahmeprüfung an die Universität schaffte – in Wirtschaftswissenschaften –, das Studium dann aber nie aufnahm, »weil ich dann schon nach Italien gegangen bin«, macht ihm keine Probleme.
Inzwischen ist der Start in die große Karriere nämlich doch geglückt. Der Durchbruch kam 1995, als Augusto Cesário ihn in sein Formel-3-Team holte. Cesário, der schon gegen Ayrton Senna Kart und gegen Gilles de Ferran Formel Ford gefahren war, wurde mit seiner reichen Erfahrung zum ersten echten Lehrmeister für Ricardo: »Bei ihm habe ich sehr viel gelernt: Abstimmungsarbeit, Umgang mit der Technik – ich verdanke ihm sehr viel.« Umgekehrt lobt Cesário seinen damaligen Schüler noch heute in den höchsten Tönen: »Wie schnell er damals gelernt hat, das hat selbst uns im Team überrascht. Schon das erste Rennen hat er für uns gewonnen«. Bereits drei Rennen vor Saisonende stand Zonta als südamerikanischer Formel-3-Meister fest. Besonders beeeindruckt ist der Teamchef immer noch von Ricardos »Einsatzwillen und absoluter Zielstrebigkeit. Er ist immer von der ersten Sekunde an voll konzentriert, voll da, und er ist einer, der sich nicht schont. Er tut immer etwas mehr als nötig.«
Nach dem Formel-3-Titel kam der Sprung in die Formel 3000, zu Draco nach Italien – ein Schritt, der Zonta nicht ganz leichtfiel: In diesem Team war im Oktober 1995 der ebenfalls aus Curitiba stammende Marco Campos in Magny Cours tödlich verunglückt, und es war Campos´ Vater, der für Zonta den Kontakt herstellte. Aber obwohl die Draco-Truppe damals ziemlich am Boden war, gewann Ricardo 1996 zwei F-3000-Rennen, »und dann konnte ich mir für für 1997 meinen Platz in der Formel 3000 quasi aussuchen.« Da rannten ihm dann auch die Teams die Türen ein, die 1996 noch nichts von ihm hatten wissen wollen. Er ging zu Super Nova und holte sich mit knappem Vorsprung vor Juan-Pablo Montoya den Formel-3000-Titel. Das eine oder andere Formel-1-Angebot gab es da auch schon, »aber nichts Vielversprechendes, keine entsprechenden Konditionen.«
So entschloss sich Zonta, lieber noch ein Jahr zu warten, als McLaren-Testfahrer Erfahrung zu sammeln und die GT-Serie zu bestreiten. Auch dort, sagt er, habe er viel gelernt, »vor allem, was es heißt, sich in einem Team durchzusetzen.« Klar, was damit gemeint ist: Zonta hatte immer das Gefühl, Bernd Schneider genieße bei Mercedes Nummer-1-Status und die damit verbundenen Vorteile und Privilegien – eine Situation, die er zu verändern suchte, was ihm schließlich ja auch gelang. Er war der überragende Fahrer in der Mercedes-Truppe, und das hat auch Klaus Ludwig hervorgehoben: »Danke, Ricardo«, heißt ein Kapitel in Ludwigs kürzlich erschienener Biografie, in dem der alte Hase dem jungen Star Klasse bescheinigt: »Ohne Ricardo hätte ich diesen Titel nicht gewonnen. Er hat oft, wenn es kritisch wurde, die Kastanien aus dem Feuer geholt.«
Das Buch steht bei Zonta zu Hause im Regal, und er

ist sichtlich stolz auf so viel Lob aus so berufenem Munde.
Viele vergleichen ihn in Brasilien schon mit Ayrton Senna. Ricardo hört das gar nicht gern. Senna war und ist sein großes Idol, auch wenn er ihn nie persönlich kennen gelernt hat. Neben seinen eigenen Pokalen und Fotos seiner größten Erfolge finden sich in Ricardos Zimmer auch zahlreiche Erinnerungen an Senna.
Gewisse Parallelen sind in der Tat nicht zu leugnen: Da ist seine Philosophie des Perfektionismus: »Mein Ziel ist, alles, was ich tue, so gut und perfekt wie möglich zu machen, dann kommen die Ergebnisse von ganz allein.« Er macht keinen Hehl daraus, daß für ihn nur eines zählt: »Der Beste zu sein.« Auch er zeigt eine gewisse Scheu und Zurückhaltung Fremden gegenüber. »Aber wenn er erst einmal Vertrauen gefaßt hat, dann ist er der beste und verlässlichste Freund, den man sich vorstellen kann«, weiß Cesário, der außerdem Ricardos »gute Erziehung, seinen Stil und seine natürliche Bescheidenheit« zu schätzen weiß. Da sind gewisse Gesten – in Siegesposen, im Zeigen der brasilianischen Flagge auf einer Ehrenrunde nach einem Sieg –, die schon an das große Idol erinnern, auch wenn Zonta sie nicht bewusst kopiert. Die Tradition der großen Brasilianer, von Fittipaldi über Piquet bis zu Senna fortzusetzen, entspricht schon eher seinen Vorstellungen, »aber in meiner eigenen Zeit, an meinem eigenen Platz und nicht als Kopie von jemand anderem.«
Was an Ricardo Zonta auffällt: Er wirkt, nicht unbedingt äußerlich, aber von seiner Einstellung, vom Auftreten her, seiner Reife nach viel älter als 22 Jahre: »Ich glaube, das kommt automatisch, wenn man mit 19 nach Europa geht, allein lebt, von der Familie, den Freunden getrennt, nur auf ein Ziel hinarbeitet. Dann wird man vom Kopf her älter. Ich glaube, ich kann mich da schon mit manchem Dreißigjährigen vergleichen. Dafür habe ich vielleicht einiges von meiner Jugend geopfert, hatte nicht das, was andere da haben, mit Vergnügen, Ausgehen, Nächte durchmachen. Aber dafür tue ich eben in meinem Job das, was ich will, was mir am meisten Spaß macht, was mir unheimlich viel bedeutet.«
Nicht nur er selbst bedauert, daß er nur noch selten zu Hause in Curitiba sein kann. Auch seine Mutter, Dona Rosa, vermisst ihren Sohn: »Er ist doch mein Nesthäkchen. Meine beiden Töchter sind schon älter, beide haben ihre eigenen Familien und sind schon länger aus dem Haus.« So freut sie sich immer besonders, wenn Ricardo nach Hause kommt, und dann werden erst mal all die Lieblings-

gerichte gekocht, die er auf seinen Reisen nicht bekommt.
Papa Joanir ist fast immer bei den Rennen dabei. Ricardos Eltern leben seit einigen Jahren getrennt, was aber dem Kontakt zu beiden Seiten nicht geschadet hat. »Ich lebe zwar hier bei meiner Mutter, aber ich habe immer noch auch ein ganz tolles Verhältnis zu meinem Vater, der mir sehr viel moralische Unterstützung gibt.«
Senhor Joanir nennt eine Kette von 16 Supermärkten im Bundesstaat Parana sein eigen. Seine Firma ist damit zwar um einiges kleiner als jene der Familie Diniz mit seiner landesweiten Kette, aber dafür sind Ricardos Aussichten auf Formel-1-Punkte besser als die von Pedro-Paulo.
Beim ersten Heim-Grand-Prix wurde daraus freilich noch nichts. Denn am Samstag kam der Schock für die Brasilianer: Ein böser Abflug in der Ferradura-Kurve, Aufprall bei Tempo 170 in die Leitplanken. Ricardo stieg humpelnd aus dem Auto und wurde mit dem Helikopter ins nahegelegene Duprat-Krankenhaus geflogen. Dort stellten die Ärzte Sehnenverletzungen und Schnittwunden fest. Ricardo wurde sofort operiert, war danach auch gleich wieder in recht guter Verfassung, blieb aber zur Beobachtung in der Klinik. Wenn alles problemlos verlaufe, habe er Chancen, schon in Imola wieder dabeizusein, meinte BAR-Fitnessbetreuer Erwin Göllner. Erste Sorge von Ricardo nach dem Crash: »Ich habe sofort meine Mutter angerufen, um ihr zu sagen, dass es nicht so schlimm ist.« Mit Imola klappte es allerdings nicht. Erst in Kanada war Zonta wieder dabei. Ob da nicht BAR-Politik mitgespielt hat, wird man wohl nie ganz genau erfahren.

RISTO
Ferrari

Imola

Erster Ferrari-Triumph seit 16 Jahren

Für die Tifosi war es ein rauschendes Fest, für das Ferrari-Team der Triumph einer erstklassigen Kombination aus fahrerischer und taktischer Perfektion über die technisch immer noch überlegenen McLaren-Mercedes. Jenseits von Sieg und Niederlage ist Imola aber für viele immer noch in erster Linie Gedenken an den vor fünf Jahren hier verunglückten Ayrton Senna.

Michael Schumacher:

Ferrari-Triumph in Imola nach 16 Jahren

Die favorisierten McLaren-Mercedes erlebten in Imola eine Pleite: Mika Häkkinen warf – mit 20 Sekunden Vorsprung – sein Auto und einen möglichen Sieg weg, David Coulthard ging beim Überrunden so vorsichtig zu Werke, dass er sich wieder einmal Michael Schumacher und den äußerst cleveren Ferrari-Strategen geschlagen geben musste. So konnten Schumi und Ferrari jubeln – war es doch der erste Triumph der Italiener in Imola seit Patrick Tambays Sieg 1983. Ferrari-Präsident Luca di Montezemolo wurde fast poetisch: »Dieser Geist, dieses Auto und dieser Fahrer Michael Schumacher waren die Zutaten zu diesem Sieg. Ich freue mich für die Tifosi und Maranello, denn nach 16 Jahren ist das der erste Sieg in Imola, und das ist etwas Fantastisches für uns.«

Schumi kostet seinen Sieg aus

Auch Schumacher selbst war gerührt und schien auf dem Siegerpodest den Tränen nahe: »Bereits die letzte Runde ist eine sehr emotionale Sache gewesen. Ich sah in die Gesichter auf den Tribünen, als ich die letzten Kurven fuhr. Alle starrten gebannt auf den Wagen, gespannt, ob er auch die letzte Runde durchhalten würde. Dann die Zielflagge: Ich fuhr die Auslaufrunde bewusst langsam, ich wollte jede Sekunde auskosten.« Die Siegerehrung brachte neue Emotionen: »Als wäre die riesige Freude der Fans nicht ansteckend genug, entdeckte ich vom Podest aus das Gesicht meines Mechanikers Gianni Petterlini. Der war vor Begeisterung völlig aufgelöst. Da hätte es auch mich fast gerissen.«

Warum McLaren verloren hat

Niemand wollte Michael Schumacher nach dem Triumph seine Leistung absprechen – vor allem die taktischen wie strategischen Fähigkeiten des Duos Schumacher und Ross Brawn stehen außer Zweifel, und auch Schumachers Mittelturn mit Qualifying-ähnlichen Rundenzeiten war eindrucksvoll. Nur – dass diese Strategien immer wieder funktionieren, zuletzt auch schon in Ungarn 98 in einer ganz ähnlichen Konstellation, liegt auch an der Schwäche der Konkurrenz. Dass Mika Häkkinen, derzeit der Einzige, der Schumi wirklich immer und überall das Wasser reichen kann, diesmal einen seiner in letzter Zeit sehr seltenen Fehler machte, muss man ihm nachsehen. Solche Patzer kamen auch bei Schumacher in der Vergangenheit ab und zu vor. Häkkinen suchte auch gar nicht lange nach Ausreden: »Ich bin in der Zielkurve aufs Gras gekommen und ausgerutscht. Das war eine Dummheit, sorry ...«
Aber David Coulthard hätte Imola nicht verlieren dürfen. Die Qualität des McLaren-Mercedes hätte reichen müssen, um die 30 zusätzlichen Sekunden für Schumis zweiten Boxenstopp mehr als auszugleichen. Dass das Team in den meisten offiziellen Stellungnahmen den Schotten nicht kritisierte, vielmehr auf das »unkooperative Verhalten« vieler Überrundeter hinwies, das auch David als Entschuldigung für seine Niederlage anführte, spricht dafür, dass man dort einen besseren Stil pflegt als zum Beispiel bei Williams, wo man in so einem Fall sicher den eigenen Fahrer öffentlich demontiert

hätte – nur, es ändert nichts an den Fakten. Wer so zögerlich hinter dem zu überrundenden Duo Panis und Fisichella herfährt – mit 50 Meter Sicherheitsabstand wie Otto Normalverbraucher auf der Autobahn –, obwohl er weiß, dass Schumacher mit einer offensichtlichen Zwei-Stopp-Strategie versucht, einen Vorsprung herauszufahren, der darf sich nicht beschweren, wenn er verliert. Zwei Fahrer, die untereinander in einen Zweikampf verwickelt sind, werden selten freiwillig vom Gas gehen, um sich überrunden zu lassen. Da muss man schon etwas mehr Druck machen, »etwas aggressiver zu Werke gehen«, wie Mercedes-Sportchef Norbert Haug durchblicken ließ. Dass Coulthard dann, als er an Panis endlich vorbei war, prompt kurz von der Strecke rutschte und das Manöver von vorn beginnen musste, setzte dem Ganzen die Krone auf. Das Grinsen von Panis' Teamchef Alain Prost an der Boxenmauer sprach Bände.

Die guten alten Zeiten

Aber Imola hat eben wieder einmal gezeigt: Eine so dünne Spitze wie in den letzten Jahren gab es in der Formel 1 sehr selten. Blickt man 25 Jahre zurück, so gab es damals, Mitte der Siebziger, eine breite Spitzengruppe mit Fahrern wie Niki Lauda, Emerson Fittipaldi, James Hunt, Clay Regazzoni, Carlos Reutemann, Ronnie Peterson, Jody Scheckter, Mario Andretti – von denen zumindest immer drei bis vier auch mit konkurrenzfähigem Material unterwegs waren. Und dann, Ende der Siebziger, Anfang der Achtziger, da kamen schon die Neuen, Alain Prost, Nelson Piquet, bald auch Nigel Mansell, anfangs war noch Carlos Reutemann dabei, Alan Jones, Keke Rosberg, dann kam auch noch Niki Lauda für vier

Ein Champagnerbad nahm Ferrari-Rennleiter Jean Todt nach dem Sieg seines Spitzenfahrers (links). Kurz nach dem Start (unten) hatte es allerdings noch nicht nach einem Triumph des italienischen Teams ausgesehen.

Ziemlich ratlos schien die McLaren-Mercedes-Führungs-crew nach dem vollständigen Triumph der »Roten«.

Jahre zurück – und in diesen Zeiten war es keine Seltenheit, dass WM-Entscheidungen im letzten Rennen fielen, wobei noch drei Fahrer Titelchancen hatten. Und dann, ab Mitte der Achtziger bis Anfang der Neunziger, kam die große Zeit der »Viererbande« mit Ayrton Senna, Alain Prost, Nigel Mansell und Nelson Piquet. Nimmt man fahrerisches Können und Persönlichkeiten zusammen, war dies sicher eine der größten Zeiten in der Formel 1. Es war zudem eine Gruppe, hinter der eine starke »zweite Garnitur« nach vorn drängte, mit Gerhard Berger und Riccardo Patrese zum Beispiel …

Imola

Streckenlänge: 3,367 km; **Gesamtdistanz:** 78 Runden = 262,626 km; **Rundenrekord:** Häkkinen, McLaren-Mercedes, 1999, (1:25,531 = 207,503 km/h)

Auch in diesen Zeiten hätte ein Michael Schumacher sicher ganz, ganz vorne mitgemischt, aber es wäre ihm wohl kaum gelungen, die Königsklasse so zu dominieren wie in den letzten fünf Jahren, so herausragend als einziger konstanter Spitzenfahrer zu brillieren. Der Weg an die Spitze der Rekordlisten wäre deutlich steiniger gewesen. Aber seit 1994 gibt es ja eigentlich Jahr für Jahr jeweils nur einen ernsthaften Konkurrenten. Abwechselnd waren dies Hill, Villeneuve und nun Häkkinen – und der schien auch, so konnte man in den ersten Saisonrennen annehmen, über das Jahr 1999 hinaus der einzige zu bleiben. David Coulthard, einst als großes Talent gefeiert, hat zwar ab und an einen großen Moment, kann aber nicht konstant glänzen, scheint eher von Jahr zu Jahr abzubauen. Damon Hill hat seinen Zenit überschritten, Jacques Villeneuve, der neben Häkkinen dem deutschen Topstar vor allem an mentaler Stärke vielleicht am nächsten kommt, plagte sich mit einem neuen, völlig unzuverlässigen Auto herum. Und all die Unglücksraben, die in einem Williams oder gar Benetton – das Desaster des Jahres – saßen, konnte man ohnehin vergessen.

Nur zwei jagen die Favoriten

So blieben, in Imola wie überhaupt zumindest in der ersten Saisonhälfte, eigentlich nur zwei, die eine Chance hatten, auch einmal ganz vorn mitzufahren: Erstens Heinz-Harald Frentzen, der von Anfang an bei Jordan eine starke Leistung zeigte, aber seine Chancen anfangs eher unterschätzte: »Im Kreis der Titelkandidaten sehe ich mich ganz bestimmt nicht. Denn obwohl es im Moment sehr gut läuft, habe ich meinen Realitätssinn noch nicht verloren. Die McLaren-Mercedes werden in diesem Jahr vom Speed her nicht zu schlagen sein – und sie werden auch ihre Zuverlässigkeitsprobleme in den Griff bekommen. Auch wenn ich das natürlich nicht hoffe … Und auf Ferrari fehlen uns im Moment, vor allem auf Michael Schumacher gerechnet, wohl so etwa vier Zehntel. Ob wir da rankommen, kann ich jetzt noch nicht sagen. Aber Ferrari wird im Laufe des Jahres auch noch besser werden.« Frentzen war von Saisonbeginn an gegenüber seinen Williams-Jahren wie ausgewechselt. In der lockereren Atmosphäre blühte er richtig auf: »Die Stimmung bei Jordan war von Anfang an sehr gut, und jetzt, wo ich schon ein paar Punkte in der Tasche habe, wird sie natürlich noch besser.«
Ohne das Pech, auf dem von Eddie Irvine verspritzten Öl auszurutschen, wäre Heinz-Harald wohl zum drittenmal hintereinander auf's Podest gefahren.
So erbte der Zweite der »zweiten Garnitur«, Rubens Barrichello, den Podiumsplatz. Aber auch ihm fehlte wirklich konkurrenzfähiges Material für die abso-

Mit einer brasilianischen Nationalflagge sah man Rubens Barrichello in Imola. Wie er erklärte, wollte er mit dieser Geste seinen vor fünf Jahren tödlich verunglückten Landsmann Ayrton Senna ehren.

lute Spitze. Der dritte Rang in Imola war für Rubinho trotzdem etwas Besonderes. Er widmete ihn sofort Ayrton Senna, »was ich nur hier, an dieser Stelle, wirklich tun kann.« Auf das Podium hatte er schon die brasilianische Flagge mitgenommen. »Vielleicht kann mich dieses Ergebnis jetzt, nach fünf Jahren, wieder ein bisschen mit Imola versöhnen. Denn seit 1994 komme ich nur noch hierher, weil es mein Job ist.«

Vielleicht war es ja überhaupt eine bittere Ironie des Schicksals, dass sich die Schumachersche Ausnahmestellung durch die Schwäche der Konkurrenz jetzt exakt an dem Ort wieder so deutlich manifestierte, wo sie genau fünf Jahre zuvor auf tragische, brutale Weise begann – mit dem Tod von Ayrton Senna, mit dem endgültigen Ende der »Viererbande«, der alten Formel 1.

Das Sauber-Team konnte in Imola gleich doppelt feiern: Erstens bestritt die Schweizer Truppe ihren hundertsten GP der Geschichte – zum Jubiläum kamen auch die Ex-Sauber-Piloten Wendlinger, Herbert, Frentzen, Morbidelli und Fontana mal vorbei. 168 Sauber-Angestellte wurden mit einem Charterjet extra zur Feier nach Bologna eingeflogen. Man konnte gleich weiterfeiern, denn durch Jean Alesi als Sechsten gab es den ersten Weltmeisterschaftspunkt des Jahres. Kommentar von Teamchef Peter Sauber: »In diesem Jahr Weltmeisterschaftspunkte zu holen, ist ungefähr so schwierig wie Erdbeeren am Nordpol zu finden.«

Boxenstopp

Rubens Barrichellos dritter Platz machte einen seiner Mechaniker besonders glücklich – und reich: Der Engländer hatte vor Saisonbeginn gewettet, dass ein Stewart-Pilot in dieser Saison auf das Podest kommt – bei einer Quote von 200:1. Nach Imola konnte er etwa 60 000 Mark einstreichen.

Zum erstenmal krachte es in Imola zwischen Michael Schumacher und seinem Teamkollegen Eddie Irvine. Allerdings bekamen sich die beiden nicht über technische oder taktische Probleme in die Haare, sondern über ein eher politisches. Auf Anregung der Fahrergewerkschaft GPDA treffen sich die Fahrer in dieser Saison regelmäßig zwei- bis dreimal pro Wochenende mit der Rennleitung. Irvine hielt das als Einziger nicht für notwendig und übertrieben, Schumacher warf ihm daraufhin mangelnde Ernsthaftigkeit vor.

Die Sensation im Fahrerlager von Imola: Das neue Benetton-Motorhome, eigentlich eine Konstruktion aus zwei Motorhomes, die durch eine Plattform miteinander verbunden wurden, so dass unter einem Zeltdach eine Fläche von rund 80 Quadratmetern entstand. Die Idee zu diesem Riesenwerk, das drei Millionen Dollar gekostet haben soll, hatte Benetton-Teammanager Joan Villadelprat. Angesichts der anhaltenden Benetton-Erfolglosigkeit kommentierte freilich Peter Cramer, Manager von Alexander Wurz: »Ich würde gern auch auf einem Klappstuhl sitzen, wenn das Geld in die Entwicklung des Autos gesteckt worden wäre.«

Teamchef Eddie Jordan wurde eine besondere Ehre zuteil: In England wurde er in die »Hall of Fame« der größten Fußballfans aufgenommen. Jordan ist ein fanatischer Anhänger von Coventry City.

Wie erwartet ersetzte der Finne Mika Salo bei BAR den nach seinem Brasilien-Unfall noch verletzten Ricardo Zonta. Salo, ein guter Freund von Jacques Villeneuve, kam allerdings auch nicht ins Ziel: Ausfall in Runde 60 mit gebrochener Benzinleitung, auf Platz sieben liegend.

Bei Ferrari hatte man offensichtlich nicht mit einem Sieg in Imola gerechnet: Nicht eine einzige Flasche Champagner war kaltgestellt. Als Schumi nach Siegerehrung, Pressekonferenz und Fernsehinterviews zu seinem Team zurückkam, wurde dort schon gepackt.

Fünf Jahre danach –
Ein Brief an einen Freund

Sind es wirklich schon fünf Jahre, Ayrton, seit wir uns von Dir verabschieden mussten? Fünf Jahre ohne Deine eindrucksvollen Demonstrationen von Perfektion auf den Rennstrecken, ohne Deine manchmal philosophischen Gedanken zu vielen Dingen auf der Welt, nicht nur zur Formel 1, ohne Deine starken Emotionen, die Du nie verborgen hast, Dein Lächeln, das verzaubern konnte, und manchmal auch Deine Tränen?
Fünf Jahre – manchmal unendlich lange und weit weg, machmal so nah wie gestern. Wir erinnern uns immer wieder – und nicht nur wir, Deine Freunde und Fans, sondern auch manche Deiner heutigen Kollegen: Mika Häkkinen hat erzählt, er habe auf seiner Fahrt zu seinem ersten Sieg in Monaco an Dich gedacht. In Monaco, da ist die Erinnerung immer besonders stark, Deine sechs Siege dort, fünf in Serie von 1989 bis 1993 – dieser Rekord wird wohl noch sehr lange bestehen bleiben, wenn nicht sogar für immer. Genauso wie Deine 65 Pole-Positions: Den Status als absoluter König in dieser Disziplin wird Dir wohl auf absehbare Zeit niemand streitig machen.

Die Erinnerungen kommen immer wieder, an vielen Orten, in vielen Momenten. Die schönen, wenn McLaren und Mika Häkkinen in Suzuka ihren WM-Titel feucht-fröhlich im Log Cabin feiern – und uns einfällt, wie Du damals, vor zehn Jahren, 1988, Deine erste von drei Weltmeisterschaften genossen hast. Ganz allein, in Deinem Hotelzimmer, hast Du Dir damals Dein Siegesrennen noch einmal auf Video angeschaut, auf einem speziellen Band, das Fuji TV Dir gegeben hatte, ohne Kommentar, nur mit den Originalrenngeräuschen … Oder wenn es mal wieder irgendwo regnet und uns Donington 93 einfällt, Deine erste Runde dort, von Platz fünf auf Platz eins – eine Runde, die alle anderen wie Anfänger aussehen ließ, Dein überlegener Sieg in einem unterlegenen Auto. Oder Interlagos, Dein erster Heimtriumph dort, 1991, unter größten Schmerzen erkämpft und doch so unendlich schön für Dich.
Aber auch die schlimmen, die traurigen, die Erinnerungen, die wir doch am liebsten für immer vergessen würden, sie kommen wieder, immer wieder in Imola, wo die einzelnen Momente dieses 1. Mai bei vielen für immer ins Gedächtnis eingebrannt sind, so wie bei Deinen brasilianischen Landsleuten, die fast alle heute noch ganz genau wissen, wo sie an dem Tag waren, was sie gerade getan haben, als sie erfuhren, dass sie Dich verloren hatten, Dich, der ihnen immer so viel geben konnte, so viel Freude, so viel Stolz auch auf ihr Land, trotz aller sonstigen Probleme und Miseren.
Sie haben Dich nicht vergessen, auch wenn sie ansonsten gern von sich selbst sagen: »Brasilianer haben ein kurzes Gedächtnis.« Gerade haben sie Dich in einer Umfrage der Zeitschrift »Isto é´« zum brasilianischen Sportler des Jahrhunderts gewählt – noch vor dem Fußballidol Pelé. Eine große Straße,

ein Denkmal erinnern in São Paulo an Dich – und immer wieder möchten zum Beispiel Schulen oder Krankenhäuser ihre Einrichtungen nach Dir benennen. Dein Wunsch, den bedürftigen Kindern und Jugendlichen Deiner Heimat zu helfen, wird erfüllt: Durch die Stiftung, die Deinen Namen trägt, werden inzwischen insgesamt über 60 000 von ihnen auf die ein oder andere Weise gefördert und unterstützt. Aber Du hast auch Menschen auf der ganzen Welt inspiriert, sich mehr mit Brasilien und seinen Problemen zu beschäftigen und sich dort auch zu engagieren. Und hier, in Deinem Land, werden es immer mehr erfolgreiche Sportler, die, auch durch Dein Beispiel inspiriert, anfangen, soziale Projekte auf die Beine zu stellen, der Gesellschaft etwas von ihrem Erfolg zurückzugeben.

Du hast etwas bewirkt, hast etwas verändert in den Köpfen vieler Menschen, die Dich persönlich gekannt oder auch nur aus der Distanz verehrt und geliebt haben – und das ist viel mehr, als die meisten Sportler oder sonstigen Stars erreichen. Denn es waren nicht nur Deine Erfolge, Dein Können, Dein Talent auf der Rennstrecke, Dein Status als wahrscheinlich bester Formel-1-Fahrer aller Zeiten – auch wenn solche Wertungen immer schwierig sind – die Dich zu dem gemacht haben, der Du warst und für uns alle immer noch bist. Es war viel mehr, es war Deine Ausstrahlung, Dein Charisma, Deine ganze Persönlichkeit, Deine tiefe Menschlichkeit, die Dich von allen anderen so meilenweit unterschieden hat.

Vielleicht ist es für die jungen Formel-1-Fans von heute, für die, die Dich und Deine Zeit nicht miterlebt haben, schwierig, das alles zu verstehen, auch die Gefühle derer, die Deinen Weg begleitet haben. Denn was man nicht kennt, das kann man ja auch nicht vermissen. Vielleicht fällt es ihnen dadurch leichter, sich jetzt hundertprozentig für die Formel 1 der Gegenwart zu begeistern – aber sie haben auch etwas ganz Großes verpasst.

Wir anderen, wir von »damals«, haben in diesen fünf Jahren lernen müssen, ohne Dich zu leben, und die meisten von uns haben es wohl auch mehr oder weniger geschafft. Vielleicht hast Du uns ja dabei auch geholfen. Nicht wenige Menschen, die Dir nahe standen, hatten immer wieder das Gefühl, noch etwas von Dir, von Deiner Kraft zu spüren. Du würdest nicht wollen, dass wir lange um Dich weinen, habe ich damals geschrieben, in jenen Maitagen 1994, sondern dass wir weitermachen, in die Zukunft schauen, in Deinem Sinne. Das gilt heute genauso, wenn nicht mehr denn je. Nicht nur die Formel 1, die Welt braucht etwas von Deiner

Menschlichkeit, Deiner Kraft und Deinem Engagement. Wir, für die Du immer Vorbild sein wirst, werden es versuchen. Damit Du, wo auch immer Du bist, mit uns zufrieden sein kannst.

Und alle fünf Jahre ziehen wir dann wieder Bilanz, okay? Ob Michael Schumacher bis dahin mehr als dreimal Weltmeister war, ist Dir wahrscheinlich weniger wichtig als ob es bis dahin für alle brasilianischen Kinder Plätze in einer Schule gibt. Hoffen wir, dass wir dann im Jahre 2004 gute Nachrichten für Dich haben – aber vielleicht kriegst Du ja sowieso mit, was hier so passiert.

Bis bald,

Deine Freunde von einst und jetzt

Monte Carlo

Grandioser für Ferrari

Italien und Umgebung scheint ein gutes Pflaster für die Roten aus Maranello zu sein. Nach Schumachers Erfolg in Imola folgte sogleich ein eindrucksvoller Ferrari-Doppelsieg in Monte Carlo. Fast noch überraschender, aber angesichts des Zweikampfs an der Spitze gern übersehen: Heinz-Harald Frentzen pirschte sich im Jordan immer näher an das Spitzenduo heran.

Doppelsieg

Michael Schumacher galt von Anfang an als klarer Favorit für den Großen Preis von Monaco. Sogar Prinz Albert höchstselbst erklärte ihn zu seinem persönlichen Superstar: »Wenn ihm das Auto nur ein bisschen hilft, dann sollte er gewinnen. Er ist überall ausgezeichnet – aber auf dieser Strecke ganz besonders.« Schließlich konnte der Prinz den Deutschen schon dreimal als

Favoritensieg für Schumi

Bittere Niederlage für McLaren-Mercedes

Sieger in der Fürstenloge begrüßen: 1994, 1995 und 1997. Mit seinem Sieg in diesem Jahr konnte Schumacher zu Alain Prost aufschließen, der hier viermal gewann. Vor ihm liegen jetzt nur noch Graham Hill mit 5 Monte-Carlo-Siegen und natürlich der ewige König von Monaco, Ayrton Senna, mit seinen sechs Triumphen im Fürstentum.

Michael Schumacher zieht mit einem furiosen Start an seinem schärfsten Konkurrenten Mika Häkkinen vorbei.

Schumi konnte nach seinem Sieg jubeln: »Das war natürlich optimal. Hier zu gewinnen ist immer etwas ganz Besonderes. Dazu kommt, dass es in der Weltmeisterschaft jetzt wirklich super aussieht. Nachdem es im Qualifying ein bisschen danebenging, können wir uns jetzt erst recht freuen! Das Wichtigste ist, dass wir uns jetzt doch ein kleines Polster geschaffen haben für einige Strecken, die jetzt kommen und die uns vielleicht nicht so gut liegen. Letztes Jahr musste ich da immer voll angreifen, übers Limit gehen, weil wir hinten lagen. Diesmal kann ich mich dann vielleicht auch mal mit Platz zwei oder drei begnügen und auf Nummer sicher gehen.«

Alles läuft für Schumacher

Von Anfang an hatte im Fürstentum für Schumacher alles gepasst: Am Start quetschte er sich gleich an Mika Häkkinen vorbei, der ihm am Samstag in einem äußerst spannenden Qualifying in letzter Sekunde noch die Trainingsbestzeit abgejagt hatte, und auch Teamkollege Eddie Irvine setzte sich vor den vor ihm gestarteten McLaren von David Coulthard – der später mit Getriebeschaden ausfiel. »Ich hatte schon nicht meinen besten Start. Wir hatten weniger Traktion von der Linie weg als die Ferraris. Ich habe versucht, ein Gefühl für das Auto mit vollem Tank zu bekommen, und als ich mich besser

Dass er sich mit einer sensationellen Abschlussrunde im Qualifying noch die Pole-position sicherte (oben), nützte Mika Häkkinen im Rennen wenig. Michael Schumacher beherrschte den durch einen Fahrwerksschaden gehandicapten Finnen fast nach Belieben. Der Siegerpokal aus der Hand des Fürsten Rainier war der Lohn (Mitte).

daran gewöhnt hatte, konnte ich auch konkurrenzfähige Zeiten fahren. Dann bekam ich aber Getriebeprobleme, und das Team hat mir gesagt, dass der Öldruck im Getriebe nachlässt. Ich bin dann an die Box gekommen – der Ausfall ist leider unvermeidlich gewesen«, stellte der Schotte resigniert fest.

Auch Eddie Irvine im Glück

Ganz anders dagegen die Stimmung bei Irvine: »Ein Glück, dass ich gleich am Start an Coulthard vorbeikam, sonst hätte er mich aufgehalten. Wir waren schon im Training nahe dran und nach dem Warm-up hatte ich bereits das Gefühl, dass es im Rennen vielleicht noch besser laufen könnte. In den ersten 20 Runden hat sich mein Auto etwas eigenartig angefühlt, so, als ob mit dem Reifendruck etwas nicht gestimmt hätte. Aber dann, mit weniger Benzin an Bord, wurde es besser, und ich konnte Mika attackieren und durch die Boxenstopps überholen. Wir waren flexibel in der Strategie, aber die Zweistopp-Version hat gut funktioniert.
Die Startübungen von Schumacher am Freitag in Fiorano hatten sich für Ferrari jedenfalls ausgezahlt.

Training

Michael Schumacher war nach dem Abschlusstraining in Monte Carlo mehr als sauer. Dass ihm Mika Häkkinen in letzter Sekunde mit einer Traumrunde, sieben Zehntel schneller als zuvor, noch die schon sicher geglaubte Pole-Position entreißen würde, hatte Michael nicht für möglich gehalten – schließlich hatte er bis dahin das Training von Donnerstag an komplett dominiert. So suchte er nach Schuldigen: Häkkinen selbst zum Beispiel, weil er gelbe Flaggen – wegen des stehen gebliebenen Hill-Jordan – nicht beachtet habe. Aber die waren nun nicht geschwenkt worden – was einen deutlichen Unterschied ausmacht. Außerdem hatte Häkkinen an der Stelle deutlich sichtbar die Hand gehoben, »um anzuzeigen, dass ich die Flaggen gesehen habe und die Situation überblicke. Ich bin auch etwas vom Gas gegangen – sonst hätte ich noch eine Zehntelsekunde schneller sein können.«
Außerdem, so schimpfte Schumacher weiter, habe ihn Olivier Panis völlig unnötig auf seiner schnellsten Runde aufgehalten. »Der hätte genug Platz gehabt, um auszuweichen.« Und das Ersatzauto, mit dem er fahren musste, sei auch nicht so schnell gewesen wie sein eigentliches Einsatzauto ... Aber das hatte er bei einem Ausritt am Ende des freien Trainings am Samstag vormittag – »ich dachte, es müsse noch ein bisschen schneller gehen« – selbst in die Leitplanken gesetzt. Dass sich auch David Coulthard in letzter Sekunde noch von Platz sechs auf Rang drei und damit zwischen Schumacher und Eddie Irvine schob, besserte die Laune des Kerpeners auch nicht. Überglücklich dagegen Häkkinen, der es erst kaum fassen konnte: »Denn als ich die gelben Flaggen sah, dachte ich schon, das war´s. Dass es dann doch gereicht hat, ist grandios. Das ganze Team hat toll gearbeitet, das Auto während des Qualifyings weiter verbessert.«

Normalerweise sind in einer Rennwoche ja keine Tests mehr erlaubt, aber Ferrari hatte das Ganze clever als Funktionsprüfung eines neuen Ersatzautos deklariert, und wenn man dabei unter 50 Kilometer Distanz bleibt, ist das in Ordnung. Und sollte man dabei ganz zufällig die Chance gehabt haben, das eine oder andere neue technische Detail auszuprobieren, wie in Italien gemunkelt wurde – umso besser. »Der Start war schon entscheidend. Dadurch konnte ich meine Strategie, anfangs mit etwas weniger Benzin einen Vorsprung herauszufahren, perfekt umsetzen. Anders wäre es sicher sehr viel schwieriger geworden.«

Häkkinen unzufrieden mit dem Handling

Einmal hinten, hatte Mika Häkkinen keine Chance mehr, an dem Ferrari dranzubleiben. »Mein Start war einfach schlecht, die Räder haben zu stark durchgedreht. Ich hatte zwar nicht gleich alle Hoffnung aufgegeben – in so einem langen Rennen kann viel passieren –, aber irgendwie hatte mein Auto nie die Balance, um konstant gute Rundenzeiten zu fahren.« Später stellte sich heraus, dass an Häkkinens Auto eine Aufhängung leicht verbogen war, was möglicherweise von einer leichten Feindberührung am Start oder einem Touchieren einer Leitplanke herrührte. So war der Finne gehandicapt, und Ferrari brachte mit einer – in Monte Carlo eigentlich gewagten – Zweistopp-Strategie auch noch Eddie Irvine auf Platz zwei. Häkkinen hatte dabei allerdings unfreiwillig ein bisschen mitgeholfen, als er auf dem Öl eines geplatzten Arrows-Motors ausrutschte. »Um nicht in der Leitplanke zu landen, bin ich lieber geradeaus in den Notausgang gefahren«, bekannte der Finne.

Gedrückte Stimmung natürlich bei McLaren, aber zumindest nach außen hin herrschte noch keine Panik: »Sicher reisen wir nicht sehr glücklich aus Monaco ab, aber wir werfen die Flinte noch lange nicht ins Korn. Ich denke, das Pendel wird in diesem Jahr noch mehrmals in die eine oder andere Richtung ausschlagen. Es wird bis Saisonende sehr spannend bleiben«, gab sich Ron Dennis trotzig optimistisch. Auch Michael Schumachers Statement, dass Ferrari McLaren erstaunlich schnell eingeholt habe, versucht er abzuschwächen: »Es ist leicht zu durchschauen, was da abläuft. Spätestens seit Mitte vergangenen Jahres versucht Michael ständig, sich durch solche Sprüche psychologische Vorteile zu verschaffen. Nur – das hat im vergangenen Jahr nicht funktioniert, und das wird er auch dieses Jahr nicht schaffen. Weder unsere Fahrer noch unser Team sind für so etwas empfänglich.« Im Übrigen sei dieser Eindruck eines technischen Patts leicht zu erklären: »Wir haben auch Fehler gemacht. Man muss ja zum Beispiel sehen, dass

Monte Carlo

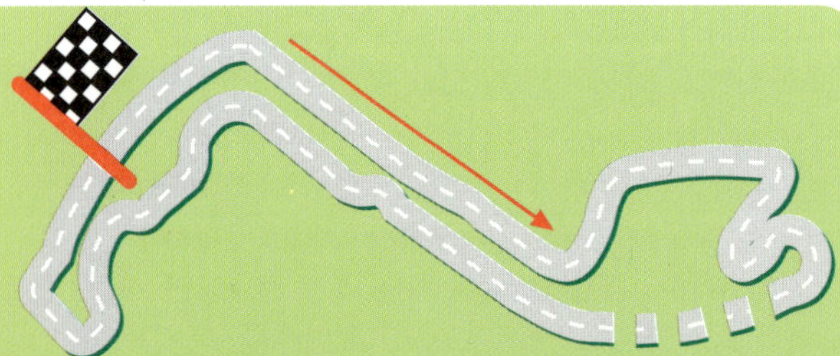

Streckenlänge: 3,367 km; **Gesamtdistanz:** 78 Runden = 262,626 km;
Rundenrekord: Häkkinen, McLaren-Mercedes, 1999 (1:22,259 = 147,354 km/h)

Eine unvergleichliche Atmosphäre bietet der Stadtkurs von Monte Carlo.

Mika Häkkinen in Imola bei seinem Ausfall schon rund 20 Sekunden Vorsprung hatte. Und hier hatten wir das ganze Training über Abstimmungsprobleme, die wir erst in letzter Minute lösen konnten. Im Rennen war Mikas Auto dann auch nicht ganz in Ordnung.« Dass man sich so etwas in der heutigen Formel 1 gegen Konkurrenten wie Schumacher und Ferrari nicht leisten könne, liege auf der Hand. Das heiße aber bei weitem nicht, so Dennis, dass man mit seinem Latein bereits am Ende sei. »Wir haben entwicklungsmäßig noch einige Pfeile im Köcher, die in den nächsten Rennen eingesetzt werden.«
Mercedes-Sportchef Norbert Haug betonte, dass er von der Stärke der Ferrari in Monte Carlo nicht überrascht sei: »Wir haben Schumacher und Ferrari nie unterschätzt, immer gewusst, was sie zu leisten vermögen. Unser größtes Problem ist sowieso nicht der Speed, sondern die Zuverlässigkeit. Man darf nicht von acht möglichen Zielankünften nur drei schaffen, wenn man um den Titel mitfahren will. Daran müssen wir jetzt massiv arbeiten, das darf nicht so weitergehen.«
Ferrari-Rennleiter Jean Todt konnte dagegen jubeln: »Das ist ein fantastisches Ergebnis. An diesem Wochenende hat für uns alles bestens funktioniert. Die Fahrer und das ganze Team, hier und zu Hause in Maranello, haben einen großartigen Job gemacht. Bis Montag früh können wir dieses Ergebnis genießen, aber dann müssen wir schon wieder an das nächste Rennen denken, das sehr hart werden wird. Wir haben erst das erste Viertel der Saison hinter uns. Der weitere Weg wird noch sehr lang und hart.

Seit fünf Jahren ist sie die Frau an seiner Seite: Tanja Nigge, heute 25, war gerade mal 20, als sie Heinz-Harald Frentzen kennen lernte. Wie er stammt sie aus einem kleinen Ortsteil von Mönchengladbach – der Sprung in die Glamourwelt der Formel 1 war für sie riesig. Doch inzwischen ist Tanja ein fester Bestandteil der Formel-1-Szene – und eine ganz wichtige Stütze für Heinz-Harald.

Tanja Nigge: »Inzwischen bin ich glücklich in der Formel 1!«

? Frage: Viele Außenstehende glauben ja, das Leben als Freundin eines Formel-1-Piloten sei ein Traum. Ist es das wirklich?

! Nein, nicht unbedingt. Klar, man kommt viel in der Welt herum – aber oft sieht man doch nur Flughäfen, Hotels, Rennstrecken – und hat keine Zeit, sich wirklich etwas anzuschauen. Manchmal tut mir das wirklich Leid – in Australien zum Beispiel. Da hat man erst den langen Flug – und dann doch keine Chance, wirklich was zu sehen, vielleicht mal ein, zwei Wochen vorher schon hinzufahren oder länger zu bleiben. Aber das geht ja nicht, weil für Heinz-Harald ständig Tests auf dem Programm stehen. Das ist schon schade.

? Du hast ja einen großen Teil deines eigenen Lebens aufgegeben, um Heinz-Harald begleiten zu können – vermisst du da manchmal etwas?

! Ja, schon. Ich habe meinen Beruf als Anästhesieschwester an den Nagel gehängt. Es geht nur eines von beiden. So einen Job kann man nicht halb machen – und wenn ich ihn voll machen würde, würden wir uns ja nie sehen. Aber ich vermisse es schon, einfach, weil es meine eigene Sache war, über die ich dann auch mal reden konnte. Und außerdem fehlt mir manchmal die Herausforderung, wirklich etwas zu tun zu haben. Ich versuche deshalb viel zu lesen – um auf dem Laufenden zu bleiben.

? Denkst du darüber nach, dir langfristig doch wieder eine Aufgabe zu suchen?

! Ich denke da schon öfters dran, aber es ist schwierig, mir fällt irgendwie nicht so recht was ein, was ich machen könnte. In meinen alten Beruf zurückzugehen, das ist mir zu riskant nach so einer langen Pause. Man hat da ja doch sehr viel Verantwortung, hat letztlich Menschenleben in der Hand. Werbung, PR, was mir immer wieder vorgeschlagen wird, das ist auch nicht so ganz meine Sache. Ich bin nicht der Typ, der sich gern öffentlich präsentiert.

? Als du Heinz-Harald kennen gelernt hast, wusstest du da, worauf du dich einlässt?

! Überhaupt nicht. Ich wusste ja nicht mal, dass er Formel-1-Fahrer ist. Das war schon lustig – ich hatte mich ja nie für die Formel 1 interessiert, der Name hat mir nichts gesagt. Wir haben uns über gemeinsame Freunde kennen gelernt, sind ein paar Mal zusammen weg gegangen – ich hatte keine Ahnung. Meine Mutter hat mich dann mal gefragt, wer das eigentlich sei, mit dem ich mich da immer treffe, und als ich ihr den Namen gesagt habe, hat sie mich erst aufgeklärt ... Und dann ist mir auch einiges klar geworden, ein paar Anspielungen, die er gemacht hatte, zum Beispiel, als wir zum erstenmal zusammen wohin gefahren sind, da hatte er so beiläufig gesagt: ›Du, ich will jetzt hier nicht angeben, wenn ich fahre, das ist nun mal so...‹Damals habe ich mir gedacht: ›Was ist denn das für einer?‹ Erst danach konnte ich verstehen, worum es ging.

? Und als du es dann wusstest, wer er ist – hat das etwas verändert?

! Es war schon etwas komisch. Zuerst war ich schon ein bisschen schüchterner als zuvor. Ich war ja noch sehr jung, und ich konnte mir auch gar nicht so richtig vorstellen, was das bedeutet...

? Ist der Heinz-Harald Frentzen der Rennstrecken ein anderer Heinz-Harald Frentzen als der private?

! Auf jeden Fall. Ich sage immer, je näher wir an die Rennstrecke kommen, desto mehr wird er von meinem Freund zum Rennfahrer. Er wird professioneller, zielstrebiger. Alles andere, was um ihn herum vorgeht, wird völlig nebensächlich, es geht nur noch um das Auto, um den Erfolg am Wochenende.

? Was sind aus deiner Sicht seine wichtigsten privaten Züge?

! Dass er mir zu Hause das zurückgibt, was ich glaube, ihm an den Rennwochenenden zu geben. Ich nehme da alles zurück, ordne alles seinem Job, seinen Bedürfnissen unter – aber im Privaten ist das umgekehrt, da kommt er dann auf mich zu, gibt mir das alles wieder. So funktioniert das eigentlich sehr gut.

? Was ist das Besondere, das dich an Heinz-Harald fasziniert?

! Seine Ausstrahlung, sein Gesicht, das so viel ausdrückt, vor allem seine Augen – das war das Erste. Und dann eben seine Art: Er vertritt eigene Positionen, übernimmt nicht automatisch fremde Meinungen, zum Beispiel über andere Menschen. Und er hat mir gezeigt, dass es im Leben nicht nur Schwarz und Weiß gibt, sondern auch viel Grau, was ich früher nie habe sehen wollen.

? Was ist für dich das Schönste an der Formel 1, wenn du dabei bist?

! Dass ich jetzt, nach der langen Zeit – es ist ja immerhin schon meine fünfte Saison –, viele Leute kennen gelernt habe, mit denen man sich unterhalten kann, mit denen man doch ein bisschen mehr zusammen ist und Spaß hat.

? Am Anfang hattest du also schon ein paar Probleme, dich in der Formel-1-Welt zurechtzufinden ...

! Ziemlich große sogar. Am Anfang habe ich das alles gehasst, das war wirklich furchtbar. Auch für Heinz-Harald war das nicht einfach. Denn es ist ja eigentlich das Schlimmste, was man einem Fahrer antun kann, wenn man dann anfängt, rumzumotzen, schlechte Laune zu haben. Er muss sich ja schließlich aufs Rennen konzentrieren. Und wenn er dann eine Furie neben sich hat, ist das schon übel. Aber das Problem für mich war einfach, dass das alles für mich völlig neu und fremd war.

? Habt ihr dann versucht, diese Schwierigkeiten auch untereinander zu besprechen?

! Ich habe ihm das schon erklärt. Denn er hat sich natürlich auch gefragt, was los ist. Aber wenn man eben mit gerade 20 Jahren aus seinem Dorf dann plötzlich in diese Welt kommt, dann fühlt man sich halt erst mal schon sehr einsam und irritiert.

? Aber jetzt bist du schon glücklich in dieser einst so fremden Welt?

! Ja, obwohl ich ab und zu Dinge aus meinem früheren Leben schon auch vermisse. Ich war ja damals auch glücklich, es hat mir an nichts gefehlt, ich war unabhängig, hatte mein eigenes Geld, konnte damit leben, hatte meine Freunde, meine Familie, und das habe ich halt jetzt nicht mehr so. Diese Kontakte gehen im Laufe der Zeit kaputt, auch dadurch, dass sehr viel Neid da ist – selbst in der entfernteren Verwandtschaft.

? Bist du vor und während der Rennen eigentlich sehr nervös?

! Schon, vor allem kurz vor dem Start. Ich kann dann meistens gar nichts mehr essen, fühle mich körperlich unruhig und etwas zittrig. Aber ich versuche natürlich, das nicht zu zeigen – weil es sich ja auf Heinz-Harald übertragen würde. Deshalb gehe ich zum Beispiel nur selten mit in die Startaufstellung, damit sich das bloß nicht auf ihn übertragen kann.

? Ist das »nur« Nervosität – oder schon echte Angst um ihn?

! Ich glaube, beides. Aber so richtig schlimm ist es eigentlich wirklich nur kurz vor dem Start. Bei den Tests oder im Training eigentlich nicht, höchstens im Qualifying. Und dann nach dem Start, wenn die erste Kurve vorbei ist, legt es sich meistens auch ziemlich schnell wieder.

? Redet ihr zu Hause dann eigentlich nochmal über das Rennen?

! Ja, meistens sogar noch am gleichen Abend, manchmal auch beim Frühstück am nächsten Morgen – aber dann ist´s vorbei.

? Was machen eigentlich die Heiratspläne, über die gelegentlich gemunkelt wird?

! Wir reden schon immer wieder darüber. Spätestens, wenn mal Kinder kommen, will ich auf jeden Fall heiraten – da bin ich doch ziemlich konservativ.

Auch Bridgestone hat sehr viel geleistet, und unsere Zusammenarbeit wird von Rennen zu Rennen besser. Das Team ist sehr geschlossen und entschlossen, wir wissen aber auch, dass nicht jedes Rennen so gut laufen wird wie dieses.«

Crash

Der ungeduldigste Zuschauer in Monaco war Ricardo Zonta. Der Brasilianer, der sich bei seinem Heim-Grand-Prix fünf Wochen zuvor bei einem spektakulären Unfall Sehnenrisse im linken Fuß zugezogen hatte, fühlte sich fit, bekam aber noch keine Freigabe für das Rennen und wurde bei BAR noch einmal von Mika Salo ersetzt. Aber in Barcelona durfte Zonta immer noch nicht fahren. Eigenartig – denn da entschied die FIA, wie es hieß, nach einer ausgiebigen medizinischen Untersuchung am Sonntag in Monaco, dass Zonta auch in zwei Wochen in Barcelona noch nicht einsatzfähig sei. Auf Wunsch von BAR? Denn Ricardo selbst fühlte sich ja absolut fit, konnte sich auch, zumindest hatte es optisch den Anschein, ganz normal bewegen. Wollte man bei BAR dem Brasilianer eine Lektion erteilen, weil er direkt nach seinem Unfall im Krankenhaus brasilianischen Journalisten erzählt hatte, er gehe davon aus, dass die Aufhängung gebrochen sei – was das Team später dementierte? Oder wollte man sich bei Honda einschmeicheln, wo man ja den bisher einzigen Erfolg der Teamgeschichte landen konnte – einen Dreijahresvertrag für Honda-Werksmotoren, der zwischen Monaco und Barcelona bekannt gegeben wurde? Und Honda protegiert Mika Salo, der dort schon Testfahrer war und auf diese Weise zu einem weiteren Einsatz kam.

Auch Frentzen fährt Bilderbuchrennen

Fast genauso gut wie für Ferrari und Michael Schumacher lief es für Heinz-Harald Frentzen: das vierte blitzsaubere Rennen in Folge, Platz vier – »das Optimale, was wir erreichen konnten« –, dazu eine perfekt funktionierende Strategie: »Ich habe meinen Boxenstopp sehr spät gemacht, konnte deshalb, als ich freie Fahrt hatte, einen sicheren Vorsprung auf Barrichello herausfahren.« Immerhin fuhr Frentzen dann sogar die drittschnellste Rennrunde überhaupt: »Ich habe bloß mal probiert, was geht. Aber das Team hat mich ermahnt, vorsichtig zu sein.«
Es sei von Anfang an ein von der Taktik bestimmtes Rennen für ihn gewesen, meinte Heinz-Harald. »Wir haben befürchtet, dass wir hier Probleme mit der Antriebswelle bekommen könnten, nachdem im Training bei Damon und bei mir im Warm-up Schwierigkeiten aufgetreten sind. So bin ich zum Beispiel meistens in den ganz langsamen Kurven im zweiten statt im ersten Gang gefahren, damit die Belastung geringer ist. Aber wir waren trotzdem immerhin mit Ferrari und McLaren in einer Runde. Ich denke, da kann man zufrieden sein. Ich hoffe ja, dass wir vom Speed her bis Silverstone, wenn wir unser neues, auch aerodynamisch modifiziertes Auto bekommen, noch etwas zulegen können.«
Großes Lob kam auch von Teamchef Eddie Jordan: »Heinz-Harald ... war sehr eindrucksvoll, vor allem in der zweiten Rennhälfte, als er einige tolle Rundenzeiten hingelegt hat. Unsere Strategie hat perfekt funktioniert, und Heinz-Harald konnte genug Zeit auf Barrichello gutmachen, um ihn in den Boxen zu überholen. Dieses Ergebnis festigt unseren dritten Platz in der Konstrukteurs-Weltmeisterschaft.«

Ralf Schumacher fliegt ab

Ralf Schumacher musste sich dagegen damit trösten, sich über den Erfolg seines Bruders zu freuen. Er selbst erwischte nämlich einen rabenschwarzen Tag: Erst endete ein Überholversuch seines Ex-Teamkollegen Damon Hill gegen ihn mit einer Kollision. »Ich muss zugeben, der Unfall mit Ralf war mein Fehler«, gestand Damon ein. »Ich habe einfach ein bisschen zu viel versucht. Wenn man vom 17. Platz aus losfährt, muss man eine aggressive Strategie verfolgen.« Schumi 2 konnte zwar weiterfahren, lag aber bereits ziemlich am Ende des Feldes – um dann in der 56. Runde endgültig abzufliegen, diesmal allerdings ohne Fremdbeteiligung: »Ich habe das Auto einfach verloren.«

Rubens Barrichello fuhr in Monte Carlo seinen 100. Grand Prix – zumindest nach offizieller Zählweise. Der Brasilianer hatte ja schon vor zwei Wochen in Imola geglaubt, sein Jubiläumsrennen zu bestreiten – aber die FIA zählt Spa 1998, wo Barrichello beim zweiten Start nach dem Abbruch in der ersten Runde wegen des Massenunfalls im Regen nicht mehr dabei war, nicht mit.

Boxenstopp

Noble Freizeitbeschäftigung für einige der Piloten am Freitag: ein von Fürst Rainier organisiertes Wohltätigkeits-Prominenten-Golfturnier, für das sich unter anderem David Coulthard, Damon Hill, Olivier Panis und Gianni Fisichella angesagt hatten. Ex-Formel-1-Fahrer, wie Riccardo Patrese, Michele Alboreto oder Alessandro Nannini, Motorad-As Max Biaggi und aus dem Skizirkus unter anderem Alberto Tomba und Kjetil-Andre Aaamodt waren ebenfalls mit von der Partie.

Kaum tauchte am Samstag Mercedes-Vorstand Jürgen Schrempp an der Strecke auf, da brach zum erstenmal an diesem Wochenende die Sonne durch die Wolken. Kommentar von McLaren-Boss Ron Dennis zu Schrempp: »Ich wusste zwar, dass Sie viel Macht besitzen – aber dass es so viel ist ...«

Pech für Mercedes-Nachwuchsstar Nick Heidfeld: Nach seiner Trainingsbestzeit lag er im Formel-3000-Rennen von Monaco auch sicher in Führung, als er sich eine 10-Sekunden-Zeitstrafe einfing, weil er seine schnellste Rennrunde bei geschwenkten gelben Flaggen gefahren war. So blieb ihm am Ende nur Rang sieben. Der Sieg ging an den Uruguayer Gonzalo Rodriguez vor dem Dänen Jason Watt und dem in Hamburg geborenen Brasilianer Max Wilson.

Pech für Ralf Schumacher: Nicht nur, dass bei ihm am Donnerstag im Training nicht viel lief – zu allem Überfluss musste er auch noch 750 Dollar Strafe zahlen, hatte man ihn doch in der Boxengasse mit 82,3 statt der maximal erlaubten 80 km/h erwischt. Bei Gianni Fisichella waren es 81,3 km/h, und der Italiener kam mit 500 Dollar davon.

Pech auch für Formel-1-Boss Bernie Ecclestone: Im Fahrerlager gelang ihm das Kunststück, den Schlüssel seines Mercedes im Kofferraum einzusperren – nichts ging mehr. Mercedes-PKW-Vorstand Jürgen Hubbert bemühte sich persönlich, kroch sogar unter dem Auto herum – aber am Ende musste doch der 24-Stunden-Notdienst bemüht werden.

Alexander Wurz fehlte am Donnerstag auf der offiziellen FIA-Pressekonferenz – bekam aber keine Strafe. Schließlich gab es für seine Abwesenheit einen Grund: Ein überraschender Besuch von Prinz Albert hatte beim Benetton-Team und in der Umgebung des Motorhomes ein gewaltiges Chaos ausgelöst und alle Pläne durcheinander gebracht.

Es war nicht sein Tag: Ziemlich ratlos schaute Ralf Schumacher drein, nachdem er erst mit Damon Hill kollidiert und dann auch noch ohne Fremdeinwirkung abgeflogen war.

Diesmal hatte er die Nase vorn: In Monza war der Ferrari-Zehnzylinder dem Mercedes-Kontrahenten nicht nur an Standfestigkeit überlegen. Auch in der Leistung schien der Italiener ein Plus aufzuweisen.

McLaren-Mercedes dreht den Spieß um

Barcelona

Nach den Ferrari-Erfolgen auf den Heimstrecken der »Roten« demonstrierten Mika Häkkinen und David Coulthard in Barcelona eindrucksvoll, dass sie das Rennen um die Weltmeisterschaft noch nicht aufgegeben hatten.

Einige hatten nach Monaco McLaren-Mercedes schon abgeschrieben und Ferrari zum großen Weltmeisterschaftsfavoriten erhoben. Doch die Titelverteidiger schlugen in Barcelona zurück und zeigten, dass sie nicht gewillt waren, Ferrari kampflos das Feld zu überlassen. Es blieb also spannend. Einziger Wermutstropfen für die Fans: Es war ein Rennen, das niemanden von den Sitzen gerissen hat – Überholmanöver: Fehlanzeige.

Mika Häkkinen: »Dieses Rennen hat einiges bewiesen!«

Mika Häkkinen konnte nach seinem souveränen Sieg freilich strahlen: »Ich bin schon erleichtert. Vor allem, weil dieses Rennen ein paar Punkte bewiesen hat. Dass die Zuverlässigkeit bei uns jetzt kein Problem mehr ist, dass wir durchaus auch gut starten können, zum Beispiel.«

Erster Doppelsieg für McLaren-Mercedes

Mercedes-Sportchef Norbert Haug meinte nach dem ersten McLaren-Mercedes-Doppelsieg des Jahres – David Coulthard hatte Michael Schumacher auf Platz drei verweisen können: »Das war der erste Doppelschlag. Noch so einer und die WM ist wieder absolut ausgeglichen.«
Es sah nach einer souveränen, kontrollierten Demonstration aus. Trotzdem wollte Mika Häkkinen nach seinem zweiten Saisonsieg nicht von einem leichten Rennen sprechen: »Es gibt keine leichten Rennen. Gerade wenn man sicher führt, gibt es andere Herausforderungen. Da muss man sich dann zusammenreißen, um ja nicht die Konzentration zu verlieren, man fängt auch an, über verschiedene Taktiken nachzudenken. Soll man jetzt weiter voll attackieren, um sich einen noch größeren Vorsprung zu verschaffen – mit dem Risiko, einen Fehler zu machen, rauszufliegen? Oder soll man vorsichtig sein, aber riskieren, dass die Reserven nicht reichen, falls zum Beispiel bei einem Boxenstopp etwas schief geht?« Häkkinen meinte, er habe sich diesmal für die zweite, konservativere Variante entschieden. »Das gibt zwar dann vielleicht nicht die perfekte Optik mit Rekordrunden und Riesenvorsprüngen, aber am Ende sitze ich hier und habe zehn Punkte in der Tasche. Und das zählt.«

Immer mehr Rennen werden an den Boxen entschieden. Hier wird David Coulthards McLaren-Mercedes betankt.

Häkkinen: »Wir müssten noch viel schneller sein!«

Trotz des Triumphes blieb der finnische Weltmeister bei dem, was er schon das ganze Wochenende verbreitet hatte: »Unser Auto hat noch viel mehr Potential, als wir im Moment zeigen können. Es ist immer noch sehr schwierig zu fahren, wir sind balancemäßig immer noch nicht da, wo wir eigentlich sein sollten. Wir müssten noch viel schneller sein. Die Ingenieure sind aber dabei, alle Test- und Renndaten auszuwerten, und bis Mitte der Saison sollten wir eigentlich dahin kommen. Ich hoffe natürlich, dass wir schon in Montreal so weit sind.«

Einträchtig drehten die beiden Ferraris in Barcelona ihre Runden. Mit der Entscheidung hatten sie allerdings nichts zu tun. Die machten die Silberpfeile unter sich aus.

Nach dem Qualifying in Barcelona hatte die Stimmung der McLaren-Mercedes-Verantwortlichen noch zwischen Erleichterung und leichter Enttäuschung geschwankt: Zwar hatte man es gerade noch geschafft, sich die Startplätze eins und drei zu sichern, aber der Zeitabstand zu Ferrari war doch viel geringer, als man gerade auf diesem Kurs, der als McLaren-Strecke gilt, erwartet hatte. »Mikas fünfte Pole-Position hintereinander ist natürlich eine tolle Leistung, aber mit unserer eigenen Leistung als Team bin ich weniger zufrieden«, erklärte Mercedes-Sportchef Norbert Haug. »Es war eine Zitter-Pole, der Vorsprung müsste eigentlich viel deutlicher sein, wir haben noch eine arbeitsreiche Nacht vor uns.«

Vor dem Start waren die Reifen das große Thema gewesen, McLaren auf Hart, Ferrari auf Weich, Häkkinen hatte ja sogar befürchtet, es könne bei großer Hitze ein ähnliches Desaster geben wie 1997, als der Gummi überall Blasen geworfen hatte und drei bis vier Boxenstopps eher die Regel als die Ausnahme gewesen waren, »weil damals die Temperaturen um gut fünf Grad höher waren als erwartet«. Wie würde es also diesmal aussehen, vor allem, wenn die Asphalttemperaturen, wie am Samstag, wieder auf deutlich über 40 Grad steigen würden?

Da sich dann aber doch die ein oder andere Wolke vor die Sonne schob, blieben sie eher im Bereich von 35 Grad – und das führte zu der kuriosen Situation, dass am Ende die Frage nach harten oder weichen Reifen zumindest im Duell zwischen McLaren und Ferrari überhaupt keine große Rolle mehr spielte. Mit beiden Mischungen musste man zweimal stoppen, praktisch zur gleichen Zeit, die weichen Reifen hielten, aber den ganz großen Geschwindigkeitsvorteil schienen sie im Rennen auch nicht zu bringen.

Kein Traumstart für Schumacher

So entschieden andere Faktoren – in erster Linie bereits der Start. Michael Schumacher hatte ja schon in der Startaufstellung geunkt: »Ich bräuchte heute eigentlich wieder einen Start wie in Monaco. Aber leider spricht die Statistik eher dagegen, dass wir so etwas zweimal in Serie hinkriegen. Aber ich werde natürlich versuchen, wieder einen Traumstart hinzulegen.« Was nicht gelang, weder ihm noch seinem Teamkollegen Eddie Irvine. Die McLaren-Mercedes zogen in Formation – Häkkinen vor Coulthard – vorne weg, und was für Schumacher noch schlimmer war: Jacques Villeneuve setzte sich vom sechsten Startplatz aus mit einem echten Traumstart noch vor ihn und bis zum ersten Boxenstopp war an Überholen nicht mehr zu denken. Aber da war der Rückstand auf Häkkinen schon auf 27 Sekunden angewachsen.

»Mein Start war eigentlich gar nicht so schlecht, aber dann war ich plötzlich zwischen David und Eddie eingeklemmt und musste regelrecht bremsen, um nicht in die reinzufahren. Dabei konnte Jacques dann an mir vorbeiziehen.« Gleich in der fünften Kurve der ersten Runde habe er die einzige Chance gehabt, an dem später mit Getriebedefekt ausgefallenen Kanadier vorbeizugehen, »aber ich habe es dann doch nicht riskiert, innen durchzustechen, weil ich nicht wusste, wie er reagieren würde. Ich wollte dann doch lieber auf Nummer sicher gehen.« Nach dem ersten Stopp dann endlich an Villeneuve vorbei, konnte Schumi auch deutlich Boden auf David Coulthard gutmachen. Der Schotte hatte eine

Der Große Preis von Spanien gehörte zu den langweiligsten Rennen der Saison. Doch wo Überholen unmöglich ist, kommt es an der Box auf Zehntelsekunden an. Binnen Sekunden wechseln die Ferrari-Mechaniker die Reifen und tanken das Auto auf.

Catalunya

Streckenlänge: 4,728 km; **Gesamtdistanz:** 65 Runden = 307,320 km;
Rundenrekord: Fisichella, Jordan-Peugeot, 1997 (1:22.242 = 209,960 km/h)

Änderung am Reifendruck gefordert, »weil ich mit dem ersten Satz Reifen etwas Übersteuern hatte. Aber der Schuss ging nach hinten los, jetzt hatte ich das Übersteuern immer noch und dazu Untersteuern in den schnellen Kurven.«
Schumacher kam auf eine Sekunde heran, hoffte auf ein Überholmanöver beim zweiten Stopp – »aber da schlich dann genau vor mir ein Arrows so langsam in die Box, als wäre er auf einer Kaffeefahrt. Das hat mich die Zeit gekostet, die ich gebraucht hätte. So was ist im ersten Moment natürlich schon enttäuschend. Aber was soll´s – unser Rückstand war hier geringer, als ich nach dem Testen erwartet hätte. Wir haben zwischen Qualifying und Rennen das Auto noch mal verbesssert – ich bin nicht unzufrieden. Es ist schon viel versprechend, dass wir auf einer Strecke, die uns ja nicht besonders liegt, nicht so weit hinten sind. Auch wenn heute sogar ein zweiter statt des dritten Platzes drin gewesen wäre.«

Schumacher-Brüder beide zufrieden

Bruder Ralf war auch zufrieden: Platz fünf, erneut zwei Punkte, nach einem fehlerfreien Rennen »das derzeit Mögliche herausgeholt. Nach dem zehnten Platz im Training muss ich sagen, dass ich sehr froh bin, wieder zwei Punkte geholt zu haben. Das Auto war im Rennen gut, ähnlich wie zu Saisonbeginn.«

BMW hatte es lange dementiert, aber jetzt wurde es doch bestätigt: Paul Rosche, der »Vater« des 4-Zylinder-Turbomotors, mit dem Nelson Piquet 1983 im Brabham-BMW der erste Turbo-Weltmeister der Geschichte wurde, sollte künftig nicht mehr für den neuen BMW-Motor verantwortlich sein, der im Jahr 2000 im Williams debütieren wird: Tatsächlich ging Rosche im Oktober in Pension. Am Montag nach dem Barcelona-GP wurde sein Nachfolger vorgestellt: Werner Laurenz, ein Studienkollege des neuen BMW-Sportchefs Dr. Mario Theissen, kommt von Audi.

Boxenstopp

Großes Jubiläum für Williams: Das englische Team von Ralf Schumacher und Alex Zanardi fuhr in Barcelona seinen 400. Grand Prix: Seit dem Debüt beim GP von Argentinien 1973 eroberten Williams-Piloten dabei 103 GP-Siege, sieben Fahrer- und neun Konstrukteurs-Weltmeistertitel.

Zum ersten Mal seit 1989 waren wieder Spanier bei einem spanischen GP am Start: Arrows-Pilot Pedro de la Rosa und Marc Gené im Minardi. »Durch sie ist das Interesse an der Formel 1 hier wieder deutlich angestiegen«, sagt der »Halbspanier« Heinz-Harald Frentzen. »Jetzt werden hier sogar die Grand Prix wieder live übertragen. Dabei hat sich meine Mutter« – eine Spanierin, die in der Nähe von Alicante lebt – »im vergangenen Jahr extra eine Digital-Box gekauft, um meine Rennen live sehen zu können.«

Wirbel bei BAR: Dort hatte man bereits 47 Millionen aus dem 50-Millionen-Dollar-Jahresbudgets von Zigarettensponsor BAT ausgegeben – ohne zählbare Erfolge. Um gegenüber seinen amerikanischen Geldgebern Handlungswillen zu demonstrieren, entließ Teamchef Craig Pollock erst einmal Teammanager Greg Field und zwei Chefmechaniker.

Mercedes-Nachwuchspilot Nick Heidfeld rehabilitierte sich nach seinem Missgeschick in Monaco, wo er einen sicheren Sieg durch eine unnötige Zeitstrafe verschenkt hatte. In Barcelona gewann er mit einem überlegenen Start-Ziel-Sieg sein zweites Formel-3000-Rennen in dieser Saison und übernahm mit 20 Punkten die Führung in der Europameisterschaft vor dem diesmal zweitplatzierten Gonzalo Rodriguez aus Uruguay.

Die Fotografen in der Formel 1 haben ein neues Ziel: Kein »Boxenluder«, sondern die neue Freundin von Jacques Villeneuve: Danni Minogue, Starlet, Schauspielerin und Schwester der Popsängerin Kylie Minogue. Die beiden hatten sich eine Woche zuvor auf einer Party kennen gelernt – jetzt lud Jacques sie ein in sein großes Wohnmobil, in dem er immer an der Strecke übernachtet – wie einst sein Vater Gilles vor 20 Jahren ...

Hoher Besuch in Barcelona bei Mercedes: Spaniens König Juan Carlos ließ sich im McLaren-Mercedes-Doppelsitzer um die Strecke chauffieren – ein sicherheitstechnisch nicht ganz einfaches Unterfangen. »Der König selbst ist absolut unkompliziert. Der war bei uns in der Box und hat jedem Mechaniker die Hand geschüttelt«, hörte man. »Schwierig macht es nur der ganze Hofstaat.« Am Samstag war bereits Skispringer Dieter Thoma in den Genuss einer Runde im Doppelsitzer gekommen: »Ein tolles Gefühl – besonders beeindruckt haben mich die Bremsen. Es ist sensationell, wie spät man mit so einem Auto bremsen kann.«

Linke Seite: Nichts war's mit dem Traumstart für Schumacher. Souverän zogen die McLaren-Mercedes den beiden Ferraris und dem übrigen Feld davon – uneinholbar bis zur Zielflagge.

Links: Skispringer Dieter Thoma durfte eine Runde im McLaren-Doppelsitzer mitfahren.

Rechts: Blaues Blut im Rennoverall. Auch der spanische König Juan Carlos ließ es sich nicht nehmen, die Leistung der Silberpfeile persönlich zu testen.

Wenn Wind und Turbulenzen für Stürme der Entrüstung sorgen

Leise vor sich hin wehte die Brise der Unzufriedenheit unter den Formel-1-Piloten ja schon seit Saisonbeginn. Nach Barcelona aber wurde aus dem lauen Lüftchen zumindest der Ansatz eines Sturmes der Entrüstung. Ex-Weltmeister Damon Hill war der Erste, der das Thema wieder massiv auf den Tisch brachte: »Wir haben uns mit der heutigen Konzeption der Autos – schmale Reifen mit immer mehr Rillen, schmalere Autos, die ihren Abtrieb komplett über die Aerodynamik aufbauen – in eine Sackgasse manövriert. Wir müssen da wieder raus, einen anderen Weg finden. Denn die heutigen Autos sind so nervös, reagieren so empfindlich zum Beispiel auf Wind, dass es wirklich keinen Spaß mehr macht.« Es könne doch nicht angehen, so Hill, »dass ein Auto, das hier eine Woche zuvor beim Testen noch optimal ging, jetzt quasi unfahrbar ist, nur weil der Wind etwas aufgefrischt hat.« Und sein Teamkollege Heinz-Harald Frentzen gab zu bedenken: »Die Probleme mit dem Wind hier illustrieren das Problem ja nur speziell. Es ist doch so, dass die Aerodynamik der Autos heute so anfällig ist, dass ein anderes Auto, das 100 oder 200 Meter vor einem fährt, schon einen massiven Störeffekt durch die entstehenden Turbulenzen bewirkt.« – Ergebnis unter anderem die langweiligen Prozessionsrennen à la Barcelona, ohne Überholmanöver …

Die Lösung, darin waren sich fast alle einig, kann nur in einer Beschränkung der aerodynamischen Hilfsmittel liegen: »Wir sollten wieder breitere Autos mit breiteren Reifen bauen, die mehr mechanischen Grip aufbauen, dafür die Aerodynamik radikal einschränken, zum Beispiel durch einen absolut flachen Unterboden, um die Geschwindigkeiten im Griff zu behalten«, erklärte Alexander Wurz, der dank seines Ingenieursstudiums in seinem Technikverständnis vielen anderen Formel-1-Piloten überlegen ist. Williams-Konstrukteur Patrick Head sah es ähnlich – und war überzeugt: »Wenn wirklich der Wille dazu da ist, so etwas durchzusetzen, dann geht es auch.«

Michael Schumacher, zusammen mit Wurz und David Coulthard Sprecher der Fahrergewerkschaft GPDA, erklärte, dass es ja schon ein Gespräch mit FIA-Präsident Max Mosley zu diesem Thema gegeben habe, »jetzt müssen wir halt mal warten, was da rauskommt. Es bringt ja nichts, immer nur neue Meetings zu fordern … Aber ich habe ja schon oft gesagt, dass sich was ändern müsste. Man kann es nur immer wiederholen.« Dass einige Ex-Piloten wie Gerhard Berger oder Niki Lauda die Kritik der Fahrer als unberechtigt abtaten und meinten, »Formel-1-Autos müssen schwierig zu fahren sein, sonst wäre es nicht die Formel 1«, oder »die Fahrer jammern ja nur, weil es vorher bequemer war«, stieß bei Schumacher auf Unverständnis: »Es geht nicht darum, dass die Autos schwierig zu fahren sind. Es geht um die Gewichtung der verschiedenen Aspekte und um interessante Rennen. Dass wir uns dabei nach dem Wind richten müssen, das kann es doch eigentlich nicht sein. Die Formel 1 macht ja ihre Regeln sonst auch nicht nach dem Wind …«

Auch für Weltmeister Mika Häkkinen stand nicht unbedingt der Fahrspaß im Vordergrund, sondern die Sicherheit: »Wenn eindeutig nachzuweisen wäre, dass eine Änderung in diese Richtung einen Gewinn an Sicherheit brächte, dann würde ich das sofort voll unterstützen.« Nun, Rubens Barrichello zum Beispiel war überzeugt: »Man braucht sich doch nur meinen Monaco-Unfall anzuschauen, wie weit ich da geflogen bin. Mit einem Auto mit breiteren Reifen, richtigen Slicks vor allem, wäre das nicht passiert. Da hätte sich das Auto viel früher abgebremst.«

Häkkinen blieb vorsichtig: »So etwas kann gut möglich sein – aber wie will man es beweisen?«

Auf der »anderen Seite« schien man entschieden weniger Handlungsbedarf zu sehen. Mercedes-Sportchef Norbert Haug hielt das Ganze für nicht so dramatisch: »Es ist doch klar, dass die Autos heute nervöser reagieren als früher. Schließlich ist alles weiter am Limit. Wir fahren heute Zeiten, die früher von Autos mit 1400 PS und breiten Slickreifen gefahren wurden. Dazu kamen die Reifen von drei verschiedenen Reifenherstellern, die sich gegenseitig hochgepusht haben.« Außerdem hält er sowieso nicht viel von häufigen Reglementänderungen: »Wir müssen uns doch überlegen, was wir wollen. In erster Linie doch wohl spannende Rennen. Und eine dichte Spitze entsteht nur, wenn das gleiche Reglement über längere Zeit hinweg bestehen bleibt. Dann rückt alles enger zusammen, das zeigt sich doch immer wieder.«

Ein für Anfang Juni angesetztes Meeting der Teamchefs mit der FIA – gedacht als »Brainstorming« vor allem zu diesem Thema – wurde sogleich wieder auf unbestimmte Zeit verschoben. Arrows-Boss Tom Walkinshaw forderte deshalb die Fahrer auf: »Wenn ihr wirklich etwas erreichen wollt, dann müsst ihr erst einmal auf eure eigenen Teamchefs Druck machen, dass die sich damit beschäftigen und wenigstens mal zu so einem Meeting kommen.«

Als Ex-Formel-1-Pilot und RTL-Kommentator Christian Danner davon hörte, grinste er freilich nur: »Fahrer, die sich einig sind und wirklich Druck machen? Dass ich nicht lache ...«

Er sollte Recht behalten: Nachdem die beiden nächsten Rennen – bedingt durch äußere Umstände – wieder spannend waren, Max Mosley mehrfach erklärte, er lasse über das Reifenreglement nicht mit sich reden und dann nach dem Unfall von Silverstone mit Michael Schumacher auch der Wortführer der Fahrerbewegung nicht mehr vor Ort war, versank das ganze Thema wieder in der Versenkung.

Dadurch war ich in der Lage, diesen fünften Platz zu holen. Alles hat hervorragend geklappt, auch die Stopps. Ich habe ja durch meine Boxenstopps Plätze gutmachen können.«

Heinz-Harald Frentzens gute Serie ohne technische Defekte seit Saisonbeginn riss in Barcelona: Ausfall in der 37. Runde mit Differentialschaden. Aber schon bis dahin war es für den Mönchengladbacher nicht so gut gelaufen: »Mein Start war nicht überwältigend, und nachdem man hier kaum überholen kann, war´s das. Die harten Reifen haben im Rennen keinen Vorteil gebracht.«

Trauer auch bei Sauber: Eine Zeit lang schien es so, als könne Jean Alesi seine gute Trainingsleistung bestätigen. Nach seinem Boxenstopp lag der Franzose in der 28. Runde sogar auf Platz vier, als ihn ein Defekt im Kraftübertragungsbereich aus dem Rennen warf. Auch Teamkollege Pedro Paulo Diniz scheiterte an einem Defekt an der Kraftübertragung, konnte aber immerhin in einer Gruppe mit Barrichello und Hill mithalten. »Wenigstens waren wir vom Speed her konkurrenzfähig«, versuchte sich Peter Sauber zu trösten.

Das Gegenteil galt für Benetton. Dort brachte man zwar erneut beide Autos ins Ziel, aber wo Gianni Fisichella (9.) und Alexander Wurz (10.) in dieser Saison herumfuhren, war ein Trauerspiel. Was der Österreicher in dem ganzen Desaster am wenigsten verstand: »Das Auto ist gegenüber dem Vorjahr zwischen 20 und 30 Kilo schwerer geworden. Wie so etwas passieren kann, das ist mir schleierhaft.«

Ärger auch bei Stewart – diesmal konnte man nicht ganz an die Leistung der letzten Rennen anschließen. Und dass dann am Ende Rubens Barrichello auch noch aus der Wertung flog, weil an der Befestigung des Skidblocks etwas nicht stimmte, war nur das Tüpfelchen auf dem i.

Linke Seite: Bei den Formel-1-Rennen 1999 ein vertrautes Bild: Die Autos fahren Kolonne, und da Überholen kaum möglich ist, wird bei den Boxenstopps über die Platzierungen entschieden.

Unten: Auch wenn das Rennen langweilig war – der Sieger jubelt!

Endlich Glück für Häkkinen

Montreal

Es war ein kurioses Rennen, das keiner der deutschen Fahrer beenden konnte. Ralf Schumacher schied durch Unfall aus, Heinz-Harald Frentzen krachte nach einem Bremsdefekt in die Reifenstapel und Michael Schumacher leistete sich einen Fahrfehler, der ihn von der Strecke katapultierte. Weltmeister Mika Häkkinen profitierte vom Pech der Kollegen. Er siegte souverän und überwand damit gleichzeitig sein »Kanada-Trauma«. Denn bisher war ihm in Montreal noch nie viel gelungen. Sieben Starts – sechs Ausfälle, so die denkbar negative Bilanz des Finnen.

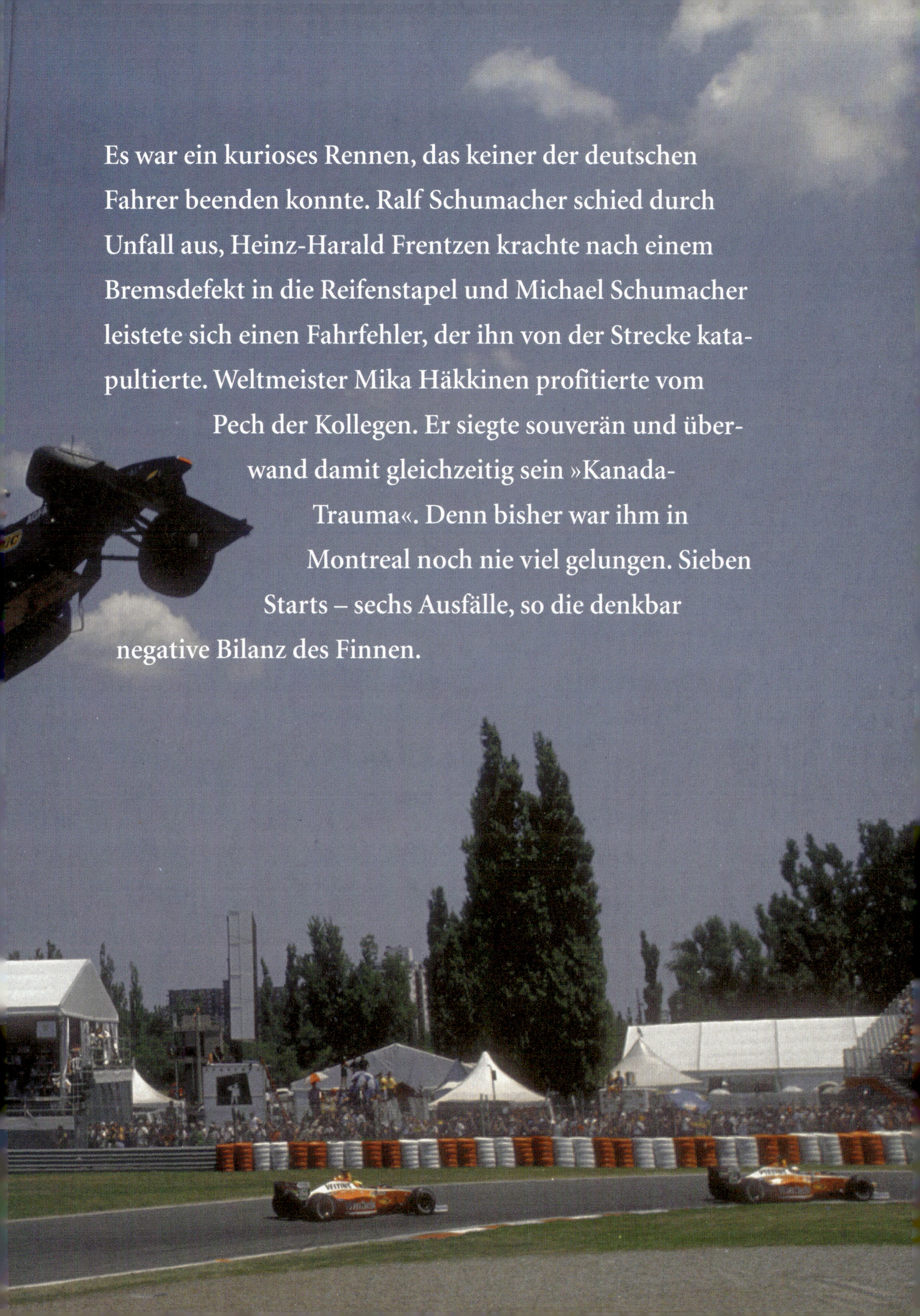

Schumi out, Häkkinen triumphiert – Pech für Frentzen

Denn erstens kommt es anders – und zweitens als man denkt: Michael Schumacher war der große Favorit für den Großen Preis von Kanada – doch dann konnte er Pole-Position und Führung nicht nutzen, warf mit einem Fehler Sieg und WM-Führung weg. Der große Nutznießer in einem äußerst turbulenten Rennen war Mika Häkkinen, der sich mit seinem dritten Saisonsieg auch an die Spitze der Weltmeisterschaftstabelle setzte. Unglaubliches Pech hatte Heinz-Harald Frentzen, der drei Runden vor Schluss einen sicher scheinenden zweiten Platz durch eine explodierte Bremsscheibe verlor und sich am Knie verletzte.

Hitzeschlacht bei 30 Grad

Nach der Langeweile von Barcelona konnte sich die Formel 1 diesmal über fehlende Action nicht beklagen: Zahlreiche Unfälle und insgesamt vier Safety-Car-Phasen sorgten bei der Hitzeschlacht bei Temperaturen von 30 Grad auf dem äußerst rutschigen »Circuit Gilles Villeneuve« für die schon fast Kana-

Montreal

da-übliche Turbulenz. Es begann gleich am Start – mit Alexander Wurz als Augenzeugen: »Wie ich im Vorjahr ist diesmal Trulli immer weiter rausgedrängt worden und konnte dann gar nichts anderes mehr tun als in die Wiese zu fahren.« So Alexander aus eigener Erfahrung zum Entstehen des Startcrashs. Als Trulli dann ins Feld zurückflog, riss er prompt Jean Alesi mit aus dem Rennen – die beiden hatten schon im letzten Jahr an gleicher Stelle übereinander gelegen … Wurz selbst kam auch keine Runde weit – gebrochene Antriebswelle.
An der Spitze schien in der Anfangsphase Michael Schumacher das Rennen zu kontrollieren, so wie er bereits das Qualifying kontolliert hatte: Mehr als sieben Zehntelsekunden brummte er den McLaren gleich im ersten Anlauf auf, Häkkinen kam in den weiteren Anläufen nur noch bis auf 29 Tausendstel heran. »Aber das lag mit Sicherheit auch daran, dass ich mich bei meinen weiteren Versuchen nicht mehr verbessern konnte, teils wegen gelber Flaggen, einmal, weil ich selbst überzogen habe«, meinte Schumacher, der zum vierten Mal in Kanada auf dem ersten Startplatz stand.
Bruder Ralf hatte dagegen im Training mit vielen Übeln zu kämpfen. Zuerst bekam er am Freitag eine Strafe von sage und schreibe 11500 Dollar aufgebrummt – weil er mit über 125 Stundenkilometern in der Boxengasse erwischt worden war, wo nur 80 erlaubt sind … »Aber zum Glück zahlt hier das Team, weil es ja nicht mein Fehler war. Der Tempo-

Der Startcrash von Montreal bahnt sich an. Im Getümmel wird Jarno Trulli in die Wiese abgedrängt. Beim Versuch, wieder zurück auf die Piste zu kommen, wird er mit Jean Alesi kollidieren.

Seinen »Montreal-Komplex« überwunden hat Mika Häkkinen. Dass er seinen Sieg dem Missgeschick des lange führenden Michael Schumacher verdankte, interessierte bei der Endabrechnung niemanden mehr.

begrenzer war falsch programmiert, und als ich beim Beschleunigen vom Gefühl her gemerkt habe, dass ich viel zu schnell werde, da war es schon zu spät, da hatten sie mich schon.« Am Samstag im Zeittraining leistete sich »Schumi 2« dann allerdings zwei Unfälle innerhalb weniger Minuten durch eigenes Verschulden: »Erst bin ich auf meiner schnellsten Runde in der Schikane vor Start und Ziel in die Mauer geknallt – eigene Dummheit, aber in unserer Situation muss man eben alles riskieren.« Als er kurz darauf mit dem Ersatzauto aus der Box kam, lief von hinten Ricardo Zonta im BAR auf ihn auf: »Ich habe ihn sehr spät gesehen, wollte ihn durchlassen, bin dabei in den Dreck gekommen und

wieder nach innen gerutscht, als er gerade neben mir war, und dann sind wir uns über die Räder gefahren. Das war halt ziemlich unglücklich…« Mehr als unglücklich auch, was Michael im Rennen passierte: In der 31. Runde knallte er durch einen Fahrfehler in der Zielkurve in die Mauer – der Traum vom vierten Kanada-Sieg war geplatzt. »Ich habe in der letzten Schikane die Kontrolle über das Auto verloren, weil ich von der Linie abgekommen und etwas in den Dreck geraten bin. Es scheint, dass ich einmal im Jahr Mist mache – diesmal war es eben hier. Ich hoffe nur, dass es jetzt wirklich das letzte Mal für dieses Jahr war. Tut mir Leid für das Team. Natürlich werden mir diese Punkte fehlen – aber es gibt keinen Grund, den Kopf in den Sand zu stecken – die WM bleibt weiter völlig offen«, versuchte er sich nach dem schlechten Ende eines bis dahin so guten Montreal-Wochenendes zu trösten.

Schumachers Fehler – Häkkinens Glück

Gut erholt, gut gelaunt und locker war Schumi nach Kanada gekommen, zu einer Rennstrecke, auf der er immerhin bereits dreimal gewonnen hatte – 1994, 1997 und 1998. Die Woche Abenteuerurlaub in Utah in den USA, die er sich zusammen mit Ehefrau Corinna und einer Clique von sechs Freunden gegönnt hatte, hatte ihm sichtlich eine Menge Spaß gemacht: »Wir haben alles ausprobiert, Klettern, Abseilen, Mountainbike-Fahren – und sogar Rafting.« Eiskalt sei das Wasser in dem Canyon gewesen, »vielleicht 12 Grad – aber es war ein tolles Erlebnis.« Besonders auf Corinna war Michael stolz: »Es war super, wie sie bei allem mitgemacht und mitgehalten hat – denn so einfach ist das ja nicht. Das erfordert ja doch schon einiges an Anstrengung.« Und dann schien ja auch alles für ihn zu sprechen, die Streckencharakteristik vor allem: ein Kurs ohne schnelle Kurven, aber mit vielen Schikanen und wenig Grip, bei dem es vor allem auf Bremsen und schnelles Herausbeschleunigen aus den langsamen Ecken ankommt, dann die Trainingsbestzeit … So war die Enttäuschung natürlich umso größer, auch bei Ferrari-Rennleiter Jean Todt: »Aber so was passiert eben auch dem besten Fahrer mal …«

An gleicher Stelle wie Schumacher hatte es zuvor schon Damon Hill und Ricardo Zonta bei seinem Comeback nach zwei Monaten Pause erwischt, danach noch Lokalmatador Jacques Villeneuve – den gleich so heftig, dass wieder eine Safety-Car-Phase fällig wurde. »Es war mein Fehler. Ich war einfach ein bisschen zu schnell. Es lag auch viel Dreck auf der Strecke, und da macht man leicht einen Fehler. Ich habe die Kontrolle verloren. Ich war auch ziemlich sauer, weil Diniz mich unter gelber Flagge überholt hat, als das Safety-Car draußen war, deshalb wollte ich ihn unbedingt wieder kriegen. Es ist schade, denn im Rennen war das Auto bessser als im Qualifying, und jetzt lag es am Fahrer, dass ich wieder nicht ins Ziel gekommen bin …«

Ein ganz besonderers »Geschenk« erhielt Jackie Stewart zu seinem 60. Geburtstag am Freitag, der am Nachmittag mit einer Kuchenparty in der Box gefeiert wurde: Autogigant Ford, bisher nur als Motorenlieferant bei Stewart Grand Prix, kaufte das komplette Team: »Fords weiter gesteigertes Engagement in der Formel 1 ist eine tolle Nachricht für uns«, sagte der dreimalige Ex-Weltmeister (1969, 1971 und 1973), der in den letzten Monaten immer wieder angedeutet hatte, für ihn würde es allmählich Zeit, da und dort ein bisschen kürzer zu treten. »Um heute in der Formel 1 wirklich erfolgreich zu sein und alle Möglichkeiten ausschöpfen zu können, braucht ein Team einen starken finanziellen und technischen Hintergrund. Ford kann das bieten.« Zusammen mit seinem Sohn Paul blieb er weiter verantwortlich für die Teamführung und träumte gleich nach der Übernahme von einer großen Zukunft – und von Top-Piloten: »Mit dem Geld von Ford im Rücken müssten wir jetzt in der Lage sein, uns auch mal um Leute wie Michael Schumacher zu bemühen – was bisher völlig undenkbar war.«

Boxenstopp

Alexander Wurz musste für die 24 Stunden von LeMans seit Samstagabend der Konkurrenz von Toyota die Daumen drücken: Der LeMans-Sieger von 1996 hatte mit Benetton-Testpilot Laurent Redon gewettet: »Ich habe auf Mercedes gesetzt, er auf Toyota. Wer verliert, muss dem Anderen das Auto innen und außen blitzblank putzen.« Als der Rückzug von Mercedes publik wurde, meinte er: »Jetzt kann ich nur noch hoffen, dass Toyota auch nicht gewinnt, dann kommen wir beide drumrum.« Am Ende siegte BMW – Glück für Wurz ...

Zum ersten Mal fand in Montreal ein offizieller Grand-Prix-Ball statt: Von den Fahrern waren unter anderem Weltmeister Mika Häkkinen, Heinz-Harald Frentzen und Damon Hill mit dabei. Lokalmatador Jacques Villeneuve glänzte zum Ärger der Organisatoren durch Abwesenheit – aber gesellschaftliche Veranstaltungen sind ihm nun mal ein Gräuel.

Auch wenn er in diesem Jahr mit dem neuen BAR bisher nie ins Ziel kam, der Weltmeister von 1997, Jacques Villeneuve, ist der Held der kanadischen Fans und der Öffentlichkeit. 300 lokale Journalisten kamen zu seiner ersten Pressekonferenz, am »Tag der offenen Tür«, am Mittwoch, drängten sich fast mehr Fans vor der BAR-Box als vor Ferrari oder McLaren – und die neue Villeneuve-Freundin, die australische Schauspielerin Danni Minogue, zierte schon regelmäßig die Montrealer Boulevard-Blätter.

Heinz-Harald Frentzen legte bei seiner Anreise nach Montreal einen zweitägigen Zwischenstopp in Chicago ein – und ging vor allem ausgiebig einkaufen: »Ich habe mich komplett neu eingekleidet. Irgendwann braucht man ja mal ein paar Klamotten – und wenn, dann erledige ich so was lieber in einem Rutsch.«

Eine besondere Attraktion bot das Williams-Team den kanadischen Formel-1-Fans mitten im Stadtzentrum von Montreal: Dort setzte eine Gruppe von acht Leuten in drei Tagen einen Williams FW21 aus insgesamt 7000 Teilen zusammen.

Heinz-Harald Frentzen hatte schon am Freitag in Montreal für allgemeine Heiterkeit gesorgt, als er im Training während des Fahrens einmal – über die Inboard-Kamera deutlich sichtbar – auf seine Armbanduhr schaute. Doch der Mönchengladbacher hatte für die Aktion eine plausible Erklärung: »Ich hatte eine größere Modifikation am Auto im Kopf, wollte sehen, ob die Zeit noch reicht, an die Box zu fahren, das machen zu lassen und es danach noch einmal auszuprobieren.« Kleiner Tipp an Jordan: Andere Teams, zum Beispiel Benetton, haben für solche Situationen eine Uhr am Lenkrad ...

Jackie Stewart machte sich mit dem Verkauf seines Teams an Ford bei ungeschmälerten persönlichen Kompetenzen das wohl schönste Geburtstagsgeschenk. Die Riesentorte war dann nur noch das Tüpfelchen auf dem i.

Die Benetton-Krise macht Alexander Wurz das Leben schwer

1997 feierte er beim Grand Prix von Kanada in Montreal als Ersatzmann für Gerhard Berger ein sensationelles Debüt, stand dann ein paar Wochen später im englischen Silverstone, in seinem dritten Rennen, bereits auf dem Podium. Auch noch im letzten Jahr galt er als große Entdeckung, doch 1999 musste er durch ein tiefes Wellental. Das lag allerding nicht daran, dass Alexander Wurz auf einmal schlechter Auto fahren würde. Aber der Benetton, der dem Österreicher in diesem Jahr zur Verfügung stand, war, um es im Formel-1-Jargon einmal deutlich zu sagen, eine »Gurke«.

Das Team, das mit Michael Schumacher in den Jahrern 1994 und 1995 zweimal Weltmeister wurde, das 1997 in Hockenheim mit Gerhard Berger zum letzten Mal einen Grand Prix gewann, steckt im Moment in der tiefsten Krise seiner Geschichte. Erst der Weggang von Schumacher, der ja dann auch noch Schlüsselfiguren wie die Technikchefs Ross Brawn und Rory Byrne zu Ferrari mitnahm, dann interne Veränderungen der Besitzverhältnisse, der – erzwungene? – Ausstieg von Flavio Briatore, das kurze Zwischenspiel mit dem aus der englischen Rallye- und Tourenwagenszene stammenden Dave Richards, dann die Machtübernahme durch die Benetton-Familie in Gestalt des erst 29-jährigen Rocco Benetton – das alles hat nicht gerade zur Stabilität und Leistungsverbesserung oder zumindest -erhaltung im Team beigetragen.

Und ob der derzeitige Benetton-Cheftechniker Nick Wirth in der Lage ist, ein Spitzenauto zu entwickeln, sei einmal dahingestellt. Die ständigen Klagen über zu wenig Abtrieb bei den Benetton-Piloten wurden im Laufe der Zeit schon Routine, dazu kam das Leistungsdefizit des Supertech-Motors. Aber was Alexander Wurz, der ja dank seines Ingenieursstudiums noch mehr von Technik versteht als die meisten anderen Formel-1-Piloten, am wenigsten einleuchtete: »Das Auto ist gegenüber dem Vorjahr zwischen 20 und 30 Kilo schwerer geworden. Wie so etwas passieren kann, das ist mir schleierhaft, das kreide ich dem Team schon ein bisschen an.« Zwar arbeitete man sich während der Saison mit Mühe wieder ans Gewichtslimit heran – aber mit den Zusatzgewichten herumzuspielen wie andere Teams, die leichtere Autos haben und auf diese Art die Gewichtsverteilung optimieren können, das war für Benetton nicht möglich.

Realistisch gesehen, so meinte Wurz, müsse er in diesem Jahr wohl zufrieden sein, wenn er sich in der Startaufstellung auf Plätzen zwischen zehn und zwölf bewege und im Rennen vielleicht ab und zu einmal einen Punkt hole. »Mehr ist im Moment einfach nicht drin.« Keine einfache Situation für den Österreicher – »aber damit werde ich mental schon fertig.« Schwieriger war für ihn, dass er auch noch meistens langsamer war als sein Teamkollege Gianni Fisichella. Dafür gab es zwar konkrete Gründe, »und teamintern ist das deshalb auch kein Problem«, aber in der Öffentlichkeit wurde es halt oft als Ausrede interpretiert, wenn Wurz zu erklären versuchte: »Ich bin einfach durch meine Größe und meinen Körperbau gute zwölf Kilo schwerer als Fisichella. Der ist schließlich zwei Köpfe kleiner als ich … Und aus diesen Gewichtsgründen kann ich zum Beispiel an meinem Auto unser neues Bremssystem nicht einsetzen, was schon ein Nachteil ist.« Wobei zu betonen ist: Wurz ist nicht etwa übergewichtig, im Gegenteil: Der Niederösterreicher ist super austrainiert, hat einen Körperfettgehalt von unter sieben Prozent, besser als viele Ausdauer-Olympiaathleten.

Aber wer weiß das schon und kann deshalb die Situation richtig interpretieren? Wurz versuchte zwar, auch diese Überlegungen wegzudrücken, »schließlich weiß ich, was los ist, und ich lebe für mich, nicht für die Öffentlichkeit«, aber unberechtigte Kritik und Spott, vor allem aus Österreich selbst, nagten natürlich schon. Teamintern wusste man freilich immer genau, was man an ihm hat: »Alexander ist für uns sehr wertvoll. Er bringt uns zum Beispiel bei der Entwicklungsarbeit des Autos deutlich mehr als Fisichella. Und dass er durch die Umstände im Moment eben oft etwas langsamer ist, ist für uns überhaupt kein Problem, weil es ja absolut logisch ist«, sagte Teamchef Rocco Benetton schon vor Saisonmitte – und im Spätsommer wurde dann der Vertrag ja auch verlängert, in der Hoffnung, »dass im nächsten Jahr mit neuen Technikern, die kommen werden, alles besser wird.«

Montreal

Die Wiederfreigabe des Rennens »nützte« David Coulthard dazu, mit einem mehr als gewagten Überholmanöver sich selbst und Eddie Irvine von der Strecke zu befördern. Damit war der Weg endgültig frei für Mika Häkkinen, der endlich seinen Kanada-Komplex überwand und seinen ersten Sieg in Montreal herausfuhr: »Ein unglaubliches Gefühl! Das Auto war aber auch wirklich gut. Ich hätte, als ich am Anfang hinter Schumacher lag, vielleicht sogar noch schneller fahren können. Nachdem ein Überholversuch aber zu riskant gewesen wäre, habe ich es gelassen. Ich hatte irgendwie das Gefühl, dass da noch etwas passiert, bei dem Tempo, das wir vorgelegt haben. Und dann ist Michael ja auch prompt ausgerutscht – was mir natürlich geholfen hat. Ich habe kurz an meinen eigenen Fehler in Imola gedacht ...«

Bisher war Häkkinen bei insgesamt sieben Starts in Montreal sechsmal ausgefallen. Dass seine bisherige Montreal-Bilanz negativ war, brachte ihn aber schon im Vorfeld nicht aus der Ruhe: »Das ist für mich nur eine besondere Herausforderung, noch besser, noch härter zu arbeiten, damit es diesmal anders aussieht. Ich weiß auch nicht, warum, aber hier sind mir bis jetzt immer die merkwürdigsten Dinge passiert. Letztes Jahr kam ich nicht einmal bis in die erste Kurve, 1994 bin ich gar mit einem Murmeltier kollidiert, das sich auf die Strecke verirrt hatte.« Jetzt gelang es ihm, die Bilanz zu verbessern und auch in der Weltmeisterschaft die Führung zu übernehmen.

Irvines wilde Jagd

Eddie Irvine, der nach dem Crash mit Coulthard ohne Boxenstopp weiterfuhr, konnte sich mit einer fantastischen Aufholjagd noch auf Platz drei hinter Häkkinen und Gianni Fisichella vorschieben: »Ein ziemlich aufregendes Rennen für mich – zumindest nach dem Zwischenfall mit Coulthard. Ich wurde von zwei Überrundeten aufgehalten, deshalb bekam David eine Chance, mich zu attackieren. Er ist dann weit nach außen geraten, ich dachte eigentlich, die Sache sei geregelt, dann hat er mich von hinten umgedreht. Aber zum Glück konnte ich ohne einen zusätzlichen Boxenstopp weiterfahren.« Und dann begann der Spaß: Pedro-Paulo Diniz, Johnny Herbert und Ralf Schumacher schnappte er sich der Reihe nach auf der Start-Ziel-Geraden, »Herbert war am schwierigsten, weil auf der Geraden am schnellsten. Ich hätte gar nicht gedacht, dass man mit unserem Auto so lange so schnell fahren kann«,

In einer dichten Staubwolke verabschiedete sich Jarno Trulli mit seinem Prost-Peugeot aus dem Rennen.

grinste Eddie, der in der Schlussphase drei schnellste Rennrunden nacheinander fuhr. »Aber es war wirklich fantastisch, ich hatte so viel Traktion, ich glaube, das ist das beste Rennauto, das ich je gefahren habe.«

Genauso wie Fisichella seinen zweiten verdankte freilich auch Herbert seinen dritten Platz dem Pech von Heinz-Harald Frentzen: Der lag bis drei Runden vor Schluss sicher auf Platz zwei, nachdem er das Getrödel der Überrundeten Panis und Badoer nach 41 Runden ausnutzte, um an dem bis dahin vor ihm liegenden Fisichella vorbeizugehen. Doch dann explodierte die rechte Vorderbremse am Jordan, und Frentzen knallte mit Tempo 250 in die Reifenstapel. Benommen blieb er erst einmal eine Weile im Auto sitzen, ehe man ihn mit Verdacht auf eine Gehirnerschütterung, Schulter- und Knieprellungen zur Beobachtung ins Sacre-Coeur-Krankenhaus brachte. Schon am Montag aber wurde er wieder entlassen. Dass er sich auch Knochenrisse im Knie zugezogen hatte, kam erst zwei Wochen später heraus.

Das Rennen ging – ein Novum in der Formel-1-Geschichte – unter Safety-Car-Bedingungen zu Ende. Ralf Schumacher landete nach einer guten Leistung auf Platz vier – nach dem vielen Ärger im Training ein schöner Erfolg: »Am Start habe ich Glück gehabt, dass ich nicht in den Crash hineingeraten bin, danach lief das Auto gut und ich hatte ein ganz gutes Rennen. Vom 13. Startplatz aus drei Punkte zu holen, das ist nicht schlecht.«

Super-Frentzen i

Von wegen »langweiliges Magny Cours«! Das launische Wetter sorgte dafür, dass der oft als öde Kolonnenfahrerei verschriene Große Preis von Frankreich zu einem Rennen wurde, das alle begeisterte. Es gab spannende Zweikämpfe, eine Rekordzahl an Überholmanövern, und am Ende siegte einer, der es dank seiner konstanten Spitzenleistungen schon lange verdient hatte: Heinz-Harald Frentzen. Kaum einer, der es ihm nicht von ganzem Herzen gegönnt hat.

Super-Rennen

Magny Cours

Im Regen von Magny Cours

Heinz-Harald macht sie alle nass!

Mercedes-Sportchef Norbert Haug konnte nach dem Rennen in Magny Cours vor Begeisterung kaum an sich halten: »Das war der beste Grand Prix, den ich je gesehen habe«, begeisterte er sich. Tatsächlich hatten die Unbilden des Wetters dafür gesorgt, dass sich auf dieser Strecke – an sich prädestiniert für langweilige Prozessions-Veranstaltungen – das spannendste Rennen des letzten Jahres entwickelte. Dazu gab es noch als kleines Extra-Präsent obendrauf ein Siegerpodest, auf dem sich wirklich alle freuen konnten.

Eine bravouröse Leistung lieferte nicht nur der Sieger, sondern auch der Zweitplatzierte, Weltmeister Mika Häkkinen, der das Feld von hinten aufrollte, bis ihn beim Angriff auf den führenden Rubens Barrichello ein Dreher zurückwarf. Am Ende belegte er einen hervorragenden zweiten Platz.

Allen voran natürlich Heinz-Harald Frentzen, der mit einer fahrerischen und taktischen Meisterleistung seine bisherige Super-Saison krönte und seinen ersten Sieg für Jordan, den zweiten seiner Karriere nach Imola 97, unter Dach und Fach brachte. Und das nur zwei Wochen nach seinem üblen Crash von Kanada, noch mit Schmerzen – und, wie sich erst bei einer Untersuchung zwei Tage nach Magny Cours herausstellte, mit drei Knochenrissen im rechten Knie. »Während des Rennens habe ich die Schmerzen überhaupt nicht gespürt, erst wieder, als ich aus dem Auto stieg. Dieser Sieg heute war besonders wertvoll, denn wir haben ihn uns wirklich erarbeitet, es ist nicht so, dass unsere Konkurrenten einfach ausgefallen sind.«
Im Rennen hatte alles geklappt, was im Qualifying noch schief gegangen war: Frentzen war da – wie die meisten anderen auch – erst auf die Strecke gegangen, nachdem es schon zu regnen begonnen hatte. Die ersten noch relativ trockenen zehn Minuten hatte der Brasilianer Rubens Barrichello am besten genutzt und sich überraschend die Pole-Position erobert, vor Jean Alesi, Olivier Panis und David Coulthard: »Dafür muss ich mich ganz besonders bei Horst Röger bedanken. Der hat mir wieder einmal eine Wettervorhersage geliefert, die absolut richtig war.« Röger, Atomphysiker im Ruhestand und nebenbei Privatpilot, schon sehr lange in der Formel 1 dabei, früher immer im Umfeld von Gerhard Berger zu finden, jetzt zum Frentzen-Clan gehörend, hatte seine Prognose natürlich auch bei Heinz-Harald und Jordan deponiert – »aber da hat mir ja keiner zugehört …« Immerhin, es reichte noch für Startplatz fünf, einen Rang vor Michael Schumacher. Durch falsches Timing hinterher fuhren Mika Häkkinen als 14., Eddie Irvine als 16. und Damon Hill als 17., der, wie de la Rosa, Takagi, Badoer und Gené, nicht einmal die 107-Prozent-Klausel erfüllte. Dank Ausnahmeregelung durften aber alle starten.

Pünktlich kam der große Regen

Noch im Trockenen ging die Post ab – allerdings schon mit der drohenden Prognose: »In einer halben Stunde wird´s wieder regnen.« Schon nach wenigen Runden hatte sich David Coulthard an die Spitze vorgekämpft, blieb aber im 10. Umlauf mit einem Elektrikdefekt stehen. Teamkollege Häkkinen startete währenddessen eine fantastische Aufholjagd, setzte das eherne Gesetz, dass man in Magny Cours nicht überholen könne, völlig außer Kraft

Magny Cours

Streckenlänge: 4,250 km;
Gesamtdistanz: 72 Runden = 306 km;
Rundenrekord: Nigel Mansell, Williams-Renault, 1992 (1:17,070 = 193,115 km/h)

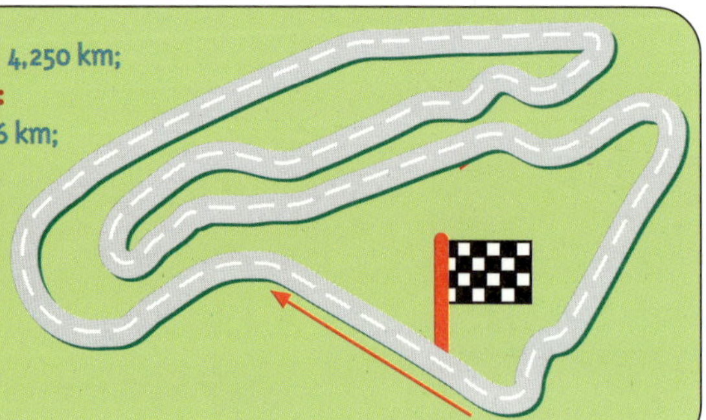

und ließ nach schönen Duellen Michael Schumacher, Frentzen und Alesi hinter sich. Er blies gerade zum Angriff auf den führenden Barrichello, als pünktlich um 14.30 Uhr der Regen einsetzte. Hektik in der Boxengasse! Alles wechselt fieberhaft die Reifen, zwischendurch gab es auf der Strecke ein paar muntere Dreher. Aber nach fünf weiteren Runden kam dann doch das Safety-Car, und Heinz-Harald Frentzen konnte über die Taktik nachdenken, die das Jordan-Team für ihn gewählt hatte: »Ich habe beim Rausfahren aus der Boxengasse natürlich sofort gemerkt, dass ich eine Riesenmenge Sprit mitbekommen habe. Erst habe ich mich fürchterlich geärgert, denn das Auto war extrem schwer und unter den Bedingungen sehr, sehr schwierig zu fahren – ich musste wahnsinnig aufpassen.« Wütend erkundigte er sich an der Box, wer sich denn das habe einfallen lassen – und ließ sich erklären, dass er nun bei sparsamer Fahrweise ohne weiteren Stopp ins Ziel kommen könne …

Also ging Heinz-Harald in der Folge eher unaggressiv zu Werke – im Gegensatz zu anderen: Kaum war das Safety-Car wieder von der Strecke, versuchte Mika Häkkinen die nächste Attacke auf Barrichello – mit mäßigem Erfolg: Ein Dreher warf ihn auf Platz sieben zurück und zwang ihn zur nächsten Aufholjagd. Mehr Glück hatte zunächst Michael Schumacher, der nun im Regen seine große Stunde kommen sah. An Frentzen und Barrichello vorbei, lag er nach 44 Runden in Führung, baute diese auch aus, bis er dann sieben Runden später plötzlich auf einmal sieben Sekunden verlor und bald darauf auch an die Box kam. Was war passiert? Eingedrungenes Wasser, so später die offizielle Erklärung, habe

Sauber-Pilot Jean Alesi hat für einen Formel-1-Piloten ein eher ausgefallenes Hobby: Er ist ein großer Weinkenner und betätigt sich auch schon seit einiger Zeit als Hobby-Winzer. In Magny Cours ließ er bei einem Empfang am Motorhome von Bridgestone seinen preisgekrönten 95er Crozes-Hermitage ausschenken. Unter den Verkostern war auch sein Teamchef Peter Sauber und Bridgestone-Motorsportdirektor Yasukawa.

Boxenstopp

Johnny Herbert feierte in Frankreich seinen 35. Geburtstag. Das Stewart-Team gratulierte ihm am Freitag mit einem riesigen Kuchen. Am Samstag musste Jackie Stewart dann tiefer in die Tasche greifen: Die Pole-Position von Rubens Barrichello kostete ihn eine wertvolle Rolex-Uhr.

Aufregung in Italien: McLaren-Chefkonstrukteur Adrian Newey wurde in Maranello gesichtet, und das ausgerechnet im Ferrari-Restaurant Cavallino. Doch Newey führte nicht etwa Vertragsverhandlungen. Seine Anwesenheit hatte einen ganz harmlosen Grund. Er nahm an der Nostalgiefahrt Lüttich – Rom – Lüttich teil, blieb in der Gegend von Maranello mit einem Differentialschaden an seinem Jaguar liegen und musste sich erst einmal stärken, ehe er die Reparatur in Angriff nahm.

Fast genauso spannend wie der Grand Prix war das Rennen der Ex-Grand-Prix-Piloten mit identischen Autos der Formule France. Unter anderen zeigten Marc Surer, René Arnoux, Jacques Laffite, Jean-Pierre Jarier, Bertrand Gachot, Philippe Alliot, Jean-Louis Schlesser und Gérard Larrousse, dass sie nichts verlernt haben. Surer eroberte die Pole-Position, verbog sich aber dann sein Auto, als er dem zunächst an die Spitze gegangenen Gachot die Führung wieder abjagte. So konnte am Ende Jarier vor dem Schweizer, Arnoux und Gachot gewinnen.

Fünf Fahrer, unter ihnen Alex Zanardi und Jacques Villeneuve, schafften es im Regenchaos sogar, sich noch hinter dem Safety-Car zu drehen. Offenbar hat ein C-Klasse-Mercedes in extremen Wasserfluten eine deutlich bessere Bodenhaftung als ein Formel-1-Auto. Die Wetterkapriolen in Magny Cours sorgten aber auch noch für einen anderen Rekord: Insgesamt gab es in dem Rennen 68 Überholmanöver.

Riesenjubel nach einem Riesenrennen: Begeistert umarmt Teamchef Eddie Jordan seinen Starfahrer Heinz-Harald Frentzen. Dessen überragende Leistung war die eigentliche Überraschung der Saison.

Einer präzisen Wettervorhersage im Training, aber auch einer hervorragenden persönlichen Leistung verdankte Rubens Barrichello die Pole-Position. Der Stewart-Ford hielt, und so konnte »Rubinho« lange das Feld anführen. Am Ende wurde er Dritter.

die Elektronik in Schumis Lenkrad durcheinander gebracht, der Bordcomputer falsche Daten erhalten. Doch selbst nach dem Lenkradwechsel normalisierten sich nicht alle Funktionen wieder. So blieb zum Beispiel die Differentialeinstellung auf den Werten eines Notprogramms, was das Fahrverhalten des Autos kritisch machte. So konnte Michael auch nach dem Boxenstopp nicht mehr viel ausrichten. »... und zu allem Überfluss wurde der letzte Reifensatz auch noch mit falschem Druck aufgepumpt.« Schumi räumte aber ehrlicherweise ein: »Aber wenn ich in Kanada selbst das Auto rausschmeiße, dann kann ich dem Team jetzt dafür keine großen Vorwürfe machen.«
Selbst Bruder Ralf schob sich respektlos an ihm vorbei, und auch Teamkollege Eddie Irvine deutete mehrfach an, dass auch er in der Lage gewesen wäre, Schumi noch vom fünften Platz zu verdrängen, hätte es die Ferrari-Stallorder ihm nur erlaubt.
Mika Häkkinen brachte seine zweite Aufholjagd des Tages sogar noch einmal an die Spitze – bis zu seinem zweiten Boxenstopp: Da reihte er sich als Zweiter hinter Frentzen wieder ein »und danach habe ich nicht mehr wirklich angegriffen. Das Team hat mir gesagt, ich solle lieber die sechs Punkte sicher nach Hause bringen als noch einmal ein Risiko einzugehen. Schließlich lag unser Hauptgegner Schumacher ja hinten ...« Ansonsten hatte ihm das Rennen aber eine Menge Spaß gemacht: »Wir haben heute bewiesen, dass wir uns heiße Duelle liefern können, ohne uns dabei gegenseitig von der Strecke zu schießen. Genauso soll Motorsport sein!«
Dass es Frentzen als Einziger schaffen würde, ohne zweiten Stopp durchzukommen, erkannten die meisten Konkurrenten erst in den allerletzten Runden. Die große Tankkapazität des Jordan, die clevere Taktik, aber auch Heinz-Haralds bekannt weiche, Benzin sparende Fahrweise, seine Cleverness, sich nicht in unnötige Prestigeduelle einzulassen, trugen mit zu diesem Überraschungscoup bei.
Bei Stewart hatte man gehofft, mit Barrichello das Gleiche zu schaffen, doch der Brasilianer, der mit seinen heißen Kämpfen gegen Häkkinen und Schumacher viele Akzente gesetzt hatte, musste am Ende doch noch einmal tanken: 20 Liter fehlten.
Eine Schrecksekunde hatte freilich auch Frentzen auf seinem Weg zum Sieg zu überstehen. In der Adelaide-Haarnadel stand ein Arrows im Weg: »Auf einmal ging der Motor aus, ich habe verzweifelt irgendeinen Gang gesucht, aber keinen gefunden. Ich habe schon gedacht, jetzt ist alles aus, aber dann fand ich zum Glück doch noch einen Gang und konnte wieder beschleunigen.« Die Erklärung von Technikchef Mike Gascoyne: »Wegen des Arrows musste Heinz-Harald bis fast zum Stillstand abbremsen. Dabei hat die Automatik in den Leerlauf geschaltet. Klar, dass Heinz davon erst einmal überrascht wurde.«
Die größte Überraschung des Tages erlebte freilich Michael Schumacher einige Zeit nach der Zieldurchfahrt, als ihn Kai Ebel im RTL-Interview fragte, was er denn zu Frentzens Sieg sage. »Was, Heinz-Harald hat gewonnen?«, fragte Schumi verblüfft. Er hatte geglaubt, Häkkinen habe das Rennen gewonnen ... »Das ist ja noch besser. Da habe ich in der WM ja vier Punkte weniger verloren als gedacht. Ja, da kann ich nur sagen, danke, Heinz-Harald!«
Der konterte cool: »Für einmal ganz ehrlich – gern geschehen, Michael!« Der Einzige, der bei aller Freude über den Triumph ein wenig stöhnte, war Teamchef Eddie Jordan: »Das wird teuer«, stellte er zwischen Begeisterung und fließendem Champagner fest. Denn eine halbe Million Prämie pro Sieg, munkelte man, habe Jordan seinem neuen Star vor Saisonbeginn versprochen.

Damon Hill – Seifenoper um einen Rücktritt

Eigentlich schien alles klar zu sein, und nichts deutete auf die Schmierenkomödie hin, die sich in Magny Cours entwickelte. Auf einer Pressekonferenz vor dem Rennen hatte Damon Hill erklärt, er wolle am Ende des Jahres 1999 endgültig seine Karriere beenden – unter anderem deshalb, weil ihm unter dem gegenwärtigen Reglement mit den Rillenreifen das Fahren keinen Spaß mehr mache. Die Formel 1 entwickle sich gegenwärtig in eine seiner Meinung nach falsche Richtung. Der Umstand, dass er im Schatten von Heinz-Harald Frentzen stehe, hätte dagegen mit seiner Entscheidung wenig zu tun: »Heinz-Harald fährt sehr gut, das ist keine Frage. Aber es sind nicht seine Leistungen, die mich beunruhigen, sondern meine eigenen.«

Von sofortigem Aufhören war da noch nicht die Rede, doch dann gab es für Hill im weiteren Verlauf des Wochenendes einigen Ärger: Erst schaffte er im verregneten Qualifying nicht einmal die Qualifikation und durfte nur dank Sonderregelung starten, dann warf ihn ein »Plattfuß« aus dem Rennen. Aus der Wut und Enttäuschung heraus fielen dann Sätze wie: »Wenn das so weitergeht, fahre ich die Saison nicht zu Ende«, oder »Am liebsten würde ich gleich alles hinwerfen ...«

Damit öffnete Damon natürlich allen Spekulationen Tür und Tor – und bot seinem geschäftstüchtigen Teamchef Eddie Jordan einige Möglichkeiten, den teueren Hill vorzeitig loszuwerden und vielleicht einen Fahrer zu finden, der noch Geld mitbringt. Am Dienstag vor Silverstone gab es dann eine offizielle Erklärung des Jordan-Teams, Hill fahre in England den letzten Grand Prix seiner Karriere – vor seinem treuen Heimpublikum, von dem er sich verabschieden wolle.

Doch es zeigte sich wieder einmal, dass in der Formel 1 nichts klar und eindeutig ist, auch wenn es zunächst einmal so scheint.Denn allmählich fing die Geschichte an, zur Tragikkomödie zu werden. Er habe nie konkret gesagt, dass er hier seinen letzten Grand Prix fahre, meinte Damon am Donnerstag vor England ... Angeblich, so hörte man, versuche er mit Jordan zu einer Abmachung zu kommen, wonach er von Rennen zu Rennen über den Start entscheiden könne. Natürlich sei das Team davon nicht begeistert. Den dritten Platz in der Konstrukteurswertung hat man angepeilt, doch wenn um den zweiten Fahrer permanentes Chaos herrschte, würde das trotz Frentzens Glanzvorstellungen nicht so einfach werden.

Doch aus einigen Andeutungen konnte man sich allmählich zusammenreimen, dass Hill, der ja in Vertragsangelegenheiten bekanntermaßen immer wieder unglücklich agiert, vielleicht doch nicht der einzig Schuldige an dem ganzen Chaos war: Sicher, die voreiligen Sprüche in Frankreich trugen dazu bei – aber es scheint möglich, dass auch Eddie Jordan die Chance wahrnehmen wollte, den teueren und bis dahin wenig erfolgreichen Hill schnell loszuwerden. Die Vermutung, dass die Pressemitteilung über Hills »letztes Rennen« mit dem Ex-Weltmeister nicht abgesprochen war, kursierte schon, bevor Michael Schumacher mit seiner Äußerung, »Ich habe weniger das Gefühl, dass da jemand wirklich aufhören will, als dass er abserviert werden soll«, die Spekulation noch schürte.

Doch dann tauchten die Probleme für Eddie Jordan auf: Rauswerfen konnte er Hill nicht, wenn dieser weitermachen wollte. Erstens wäre das teuer geworden, und zweitens hätte es in England einen Aufschrei der Entrüstung gegeben. Auch die Suche nach Ersatz wurde schwieriger als erwartet. Denn der ursprünglich vorgesehene Holländer Jos Verstappen enttäuschte bei einem ersten Test auf der ganzen Linie: Er war nur wenig schneller als Testpilot Shinji Nakano – womit auf einmal Nick Heidfeld ins Spiel kam. Aber auch das zerschlug sich, denn nach guter Leistung in Silverstone entschloss sich Damon, bis zum Saisonende weiterzumachen – was allerdings nicht verhinderte, dass rund um Monza noch einmal Gerüchte aufkamen, er wolle zumindest die beiden letzten Übersee-Rennen nicht mehr fahren. Da kursierte dann die Variante, der inzwischen für das Jahr 2000 verpflichtete Jarno Trulli solle vorzeitig in den Jordan steigen, Heidfeld dagegen gleich in den Prost ... Aber auch diese Version erwies sich letztlich als Ente. Keine Ente dagegen: Nachdem im Herbst beschlossen wurde, dass es im Jahr 2000 wieder eine deutsche Tourenwagen-Meisterschaft geben soll, versuchten einige aus dieser Szene, Hill dafür zu gewinnen. Einer der Verhandlungsführer war Christian Danner. Doch Damon hatte vor allem ein Problem: »Ich weiß nicht, wie ich das meiner Frau beibringen soll ...«

Der Große Preis von England stand völlig im Schatten von Michael Schumachers schwerem Unfall. Viele fürchteten, dass die Formel 1 nach dem Ausfall des Mitfavoriten zu einem öden Alleingang Mika Häkkinens verkommen könnte – zu Unrecht, wie sich später herausstellte.

Silverstone

Schumachers Titelhoffnungen enden im Reifenstapel

Am Sonntag, dem 11. Juli um 14.02 Uhr deutscher Zeit verlor Michael Schumacher die Formel-1-Weltmeisterschaft 1999 – und konnte trotzdem von Glück reden: von dem Glück, bei seinem fürchterlich aussehenden Unfall in der ersten Runde des britischen Grand Prix in Silverstone mit einem Beinbruch davongekommen zu sein.

Schumachers Unfall – Das Ende aller WM-Träume

Wegen eines Defekts an den hinteren Bremsen war Schumi mit Tempo 200 frontal in die Reifenstapel geknallt. Als die Streckenposten offensichtlich Schwierigkeiten hatten, ihn aus dem Auto zu holen, wurde klar, dass er zumindest verletzt war, Bangen machte sich breit, als um 14.08 Uhr eine aufblasbare Trage gebracht wurde und die Posten während der Bergung um 14.11 Uhr anfingen, die Sicht auf die Unfallstelle mit großen Tüchern abzudecken. Doch als Michael von der Trage aus auf dem Weg zum Rettungswagen den Zuschauern zuwinkte, war schon abzusehen, dass er zumindest keine allzu schweren Verletzungen erlitten hatte.

Bald danach kamen auch relativ beruhigende Nachrichten aus dem Medical Center an der Strecke: »Michael hat einen Beinbruch erlitten, ist aber sonst in guter Verfassung, voll ansprechbar und wird zur weiteren Untersuchung und Behandlung ins General Northampton Hospital geflogen«, informierte Grand-Prix-Arzt Dr. Sid Watkins. Dort wurde dann festgestellt, dass außer einem glatten Schien- und Wadenbeinbruch rechts keine weiteren Verletzungen vorlagen. Am späten Nachmittag wurde Schumi dann operiert, der Bruch genagelt. »Morgen werden wir entscheiden, wie es weitergeht«, meinte sein Pressesprecher Heiner Buchinger. »Aber so wie ich ihn kenne, wird er, wenn es sein Gesundheitszustand erlaubt, so schnell wie möglich nach Hause in die Schweiz zurückwollen.«

Eine Rennpause von mindestens sechs Wochen für Schumi vermuten Fitnessexperten wie der Betreuer von Heinz-Harald Frentzen, Andreas Kos, »das ist wohl das Minimum. Fußballer fallen wegen so etwas sechs Monate aus – im Auto ist die Belastung jedoch etwas geringer, vor allem für den rechten, den Gasfuß.« Es ist deutlich mehr geworden …

Nach Schumachers Unfall war freilich die Aufregung bei diesem Rennen, das am Ende nach dem Neustart McLaren-Pilot David Coulthard vor Schumachers Ferrari-Teamkollegen Eddie Irvine und Ralf Schumacher gewann, noch lange nicht vorbei.

Er verfügt noch immer über eine treue Fan-Gemeinde: Ex-Weltmeister Damon Hill, der seinen letzten Heim-Grand-Prix bestritt.

Mika fährt Dreirad

Zweimal musste das Safety-Car auf die Strecke, weil Autos mit Defekten mitten auf der Start-Ziel-Geraden stehen geblieben waren, aber für die spektakulärsten Szenen sorgte der bis zum ersten Boxenstopp souverän führende WM-Leader Mika Häkkinen, der sich im Training auch souverän seine sechste Pole-Position des Jahres gesichert hatte: Nach seinem ersten Stopp zeichnete sich bereits ab, dass mit dem linken Hinterrad etwas nicht stimmte, Mika kam noch einmal herein, er wechselte die Räder, verlor viel Zeit – und kurz darauf mitten auf der Strecke, nach schnellster Rennrunde, das Rad. Das rollte erst durch ein Kiesbett, prallte dann von der Leitplanke auf die Strecke zurück und blieb dort als Bedrohung für die nachkommenden Fahrer liegen, bis es ein mutiger Streckenposten aus dem Weg räumen konnte. Mika schleppte sich noch einmal an die Box, bekam erneut ein neues Rad – und versuchte, von Platz 11 aus eine Aufholjagd zu starten – doch nach fünf Runden holte ihn das Team aus Sicherheitsgründen herein: »Wir hatten festgestellt, dass es da einen Defekt an der Bremsscheibe gab – und wir wollten nichts riskieren.«

In der Zwischenzeit lag ja auch der andere McLaren-Fahrer vorn: David Coulthard hatte sich beim Boxenstopp an Eddie Irvine vorbeischieben können

Heinz-Harald Frentzen durfte weder Joggen noch Rad fahren: »Erst nach meinem Sieg in Magny Cours hat sich bei einer Nachuntersuchung in einer Klinik in Monaco herausgestellt, dass ich mir bei meinem Kanada-Unfall drei Knochenanrisse am rechten Knie zugezogen habe. Da ist Blut reingelaufen, es gab Schwellungen… Jetzt braucht das Knie erstmal Ruhe – das Fahren selbst ist aber kein größeres Problem.« Grund zur Freude hatte Heinz-Harald am Mittwoch vor Silverstone: Vertrag mit Jordan verlängert – angeblich mit beträchtlicher Gehaltserhöhung auf mindestens 10 Millionen Mark …

Flavio Briatore, der den Vertrieb der früheren Renault-, heute Supertech-Motoren – übernommen hat, bekam am Silverstone-Wochenende einen neuen Kunden: Im Jahr 2000 wird auch das Arrows-Team mit diesen Triebwerken unterwegs sein.

Boxenstopp

Damon Hill beschloss, bei seinem letzten England-Auftritt ein gutes Werk zu tun: Alle Gewinne aus den Verkäufen seiner Merchandising-Artikel, ob T-Shirts, Mützen etc., an diesem Wochenende gingen an zwei Wohltätigkeitsorganisationen.

Verantwortungsbewusstes Handeln im Prost-Team: Nachdem am Auto von Jarno Trulli am Freitag eine Aufhängung gebrochen war, zog Teamchef Alain Prost seine beiden Autos für ein Training zurück – um überprüfen zu lassen, ob es sich um ein konstruktionsbedingtes Problem handeln könnte. Erst nachdem von den Technikern Entwarnung kam, gingen Trulli und Panis wieder an den Start.

Zwei Starts, ein Bild. Beim ersten (oben) wie beim zweiten Start (unten) konnte Mika Häkkinen die Spitze fast mühelos behaupten. Nur dass beim zweiten Mal Michael Schumacher fehlte.

und gab die Führung dann bis ins Ziel nicht mehr ab: »Ich muss mich für diesen Sieg wirklich bei meinem Team und bei meiner Boxencrew bedanken, die bei dem ersten Stopp fantastisch gearbeitet hat«, strahlte Coulthard, dessen lange Pechserie mit dem ersten Sieg des Jahres zu Ende ging. »Es ist natürlich besonders schön, meinen Heim-Grand-Prix zu gewinnen, das ist immer ein besonderes Gefühl.« Eddie Irvine ärgerte sich dagegen ein bisschen, dass er das Rennen durch einen zu langen ersten Boxenstopp verloren hatte: »Ich konnte meine Boxencrew nicht richtig sehen, die McLaren-Jungs standen davor – und deshalb bin ich ein bisschen über meinen Standplatz hinausgeschossen. Auf der Strecke hätte mich David mit Sicherheit nicht überholen können.« Dann beschwerte er sich wieder mal ein bisschen über seine Position bei Ferrari – ging in Unkenntnis der Verletzungen von Michael Schumacher davon aus, dass der beim nächsten Rennen wieder dabei sein würde – und brachte damit Ralf Schumacher auf die Palme: »Ich kann das Gejammer von Eddie über seine Nummer-2-Position einfach nicht mehr hören. Das ist doch nur das Ergebnis davon, weil er immer langsamer war als Michael. Da soll er halt mal seinen Hintern bewegen und richtig Gas geben, anstatt immer nur zu reden … Wenn er schneller wäre, wäre er auch in einer anderen Position.«

Unverständliche Panne: Ein mangelhaft befestigtes Hinterrad macht Mika Häkkinen zum Dreiradfahrer.

Irvine entschuldigte sich nachher: »Es tut mir Leid, wenn jemand meine Aussagen über Michaels Unfall während der Pressekonferenz missverstanden hat, aber ich wusste bis nach der Pressekonferenz wirklich nicht, dass Michael sich verletzt hatte. Ich wünsche ihm gute Besserung und dass er so bald wie möglich wieder fahren kann.«

Ralf Schumacher – trotz Michaels Unfall ein tolles Rennen

Ralf konnte sich über seinen eigenen dritten Platz nicht überschwänglich freuen – schließlich hing der Unfall seines Bruders als Schatten über allem. Während der Pressekonferenz sah er den Crash zum ersten Mal: »Das ist schon ein komisches Gefühl, der Aufschlag sieht ja böse aus. Man denkt ja immer, dass einem selbst oder eben auch dem eigenen Bruder so etwas nicht passiert. Ich glaube auf jeden Fall, dass da was kaputtgegangen sein muss, sonst wäre Michael nicht so einfach geradeaus gefahren.« Ralf konnte seinen Bruder vor dem Neustart nicht mehr im Medical Centre sehen, »wir wussten ja nicht, dass die Pause so lang sein würde«, meinte aber, extrem schwierig sei es für ihn nicht gewesen, wieder ins Auto zu steigen: »Immerhin war ich ja informiert, dass es nicht ganz so schlimm ist. Man hatte mir gesagt, eine Beinverletzung, aber sonst sei er okay. Und letztlich sind wir Profis. Ich bin meinem Team verpflichtet, das sich auf mich verlässt …«
Und sein eigenes Rennen? »Ich freue mich schon, denn einen dritten Platz hätte ich nach dem achten Startplatz sicher nicht erwartet. Entscheidend war, beim ersten Stopp an Frentzen vorbeizukommen, auf der Strecke wäre das nicht gegangen. Da muss ich meinem Team ein Riesenkompliment machen.«

Besorgnis spiegelt sich in den Gesichtern von Damon Hill, Ralf Schumacher und Eddie Irvine. Erleichterung dagegen bei Heinz-Harald Frentzen: Es hätte schlimmer ausgehen können!

Mercedes steigt bei McLaren ein

Der gemeinsame Supersportwagen Mercedes-McLaren SLR, dessen Bau man am Freitagabend bekannt gab, und der ab Anfang 2003 für ca. 500 000 Mark auf den Markt kommen soll, war nur die Vorhut – die eigentliche Sensation kam am Samstag hinterher: Mercedes beteiligt sich jetzt doch direkt an McLaren – was über die letzten Monate immer wieder dementiert worden war. »Daimler-Chrysler hat mit TAG McLaren eine Option vereinbart, die dem Unternehmen eine Beteiligung von 40 Prozent an der TAG McLaren Group sichert«, erklärte Mercedes-PKW-Vorstand Jürgen Hubbert. Wann die endgültige Übernahme stattfinden soll, wird durch die derzeit noch laufenden Vertragsverhandlungen bestimmt, über den Kaufpreis hat man absolutes Stillschweigen vereinbart. Klar sind dagegen die Veränderungen in den bisherigen Besitzverhältnissen: Ron Dennis verkauft zehn Prozent seiner bisherigen 40 Prozent Anteile an Mercedes, der bisherige Hauptanteilseigner Mansour Ojjeh, Chef der Hochtechnologie-Schmiede TAG, 30 seiner bisherigen 60. Macht also 40 für Mercedes, je 30 für Dennis und Ojjeh. Normalerweise strebe man in solchen Fällen zwar Mehrheiten an, gab Hubbert zu, im Falle von McLaren sei das aber etwas anders: »Dadurch, dass wir schon so lange so gut zusammenarbeiten, ist das im Moment nicht nötig.«
Für McLaren-Chef Dennis besonders wichtig: »Auch im Zuge dieser Beteiligung wird in unserer Firma der Unternehmergeist, die Fähigkeit, schnelle Entscheidungen zu treffen, nicht verloren gehen.«
Der Vorstandsvorsitzende von Daimler-Chrysler, Dr. Jürgen Schrempp, erklärte: »Diese Beteiligung ist Teil einer langfristigen Strategie, mit der wir die Unverwechselbarkeit der Marke Mercedes-Benz in einem immer härter werdenden Wettbewerb langfristig absichern.« Die Entscheidung passt aber auch ins Bild der gegenwärtigen Entwicklung in der Formel 1, die immer mehr zu einem Wettbewerb der großen Hersteller wird – siehe die Übernahme des Stewart-Teams durch Ford, oder die große Rolle, die BMW ab nächstem Jahr bei Williams spielen wird …

Frentzen beklagt schlechten Boxenstopp

Trotz Platz vier zwar froh über die Punkte, aber nicht besonders begeistert über den Rennverlauf war Heinz-Harald Frentzen: »Der verkorkste erste Boxenstopp hat mich den Podiumsplatz gekostet. Außerdem waren wir mit den ersten beiden Reifensätzen einfach zu langsam – mit dem dritten war es dann besser, aber da bin ich an Ralf Schumacher nicht mehr vorbeigekommen.« Doch mehr als sein eigenes Rennen beschäftigte ihn der Unfall von Michael Schumacher: »So was wünscht man niemandem. Bei einem Frontalaufprall kann der Schutz nicht optimal sein. Ich weiß nach meinem Kanada-Unfall, wie das ist. Ich wünsche Michael alles Gute.«

Teamkollege Damon Hill war als Fünfter gut mit dabei: »Ich stand vor dem Rennen unter extrem großem Druck, deswegen bin ich froh, das alles überstanden zu haben und Fünfter geworden zu sein. Es war für die britischen Fans ja wirklich ein guter Tag, mit David als Sieger und mir mit einem meiner besten Saisonrennen. Ich hatte ein bisschen Pech, denn mein erster Start, vor dem Abbruch, war absolut super, besser als der zweite. Zum Schluss musste ich ein bisschen Tempo wegnehmen, weil es Probleme mit einem der pneumatischen Ventile gab. Alles in allem war es ein gutes Rennen, das mir Spaß gemacht hat. Jetzt werde ich mir mal ein paar Bier genehmigen und über die Zukunft nachdenken. Heute Abend werde ich auf jeden Fall keine Entscheidungen mehr treffen.« Er traf sie dann in der Woche danach – und blieb …

Mehr Sicherheit rettet Schumacher

Dass Michael Schumacher bei seinem Horrorunfall in Silverstone mit dem Leben davonkam, hat er auch der immer größeren Sicherheit der Formel-1-Autos zu verdanken. Die seit Jahren von der FIA eingeführten und von Jahr zu Jahr immer wieder verschärften Crashtests, denen die Autos vor Saisonbeginn unterzogen werden müssen, haben dazu geführt, dass die Kohlefasermonocoques heute Aufprallgeschwindigkeiten von über 200 Stundenkilometern absorbieren können, ohne sich so stark zu verformen, dass die Fahrer schwer verletzt werden. Die Bauweise und immer weiter verbesserte Materialien sorgen für so extreme Steifigkeit, dass es zeitweise schon Zyniker gab, die meinten, bald werde man nach Unfällen zwar unbeschädigte Autos haben, die Fahrer aber würden die extremen Verzögerungen, die bei einem Extremcrash auftreten, nicht mehr überstehen – auch wenn das Auto hält.

Sichtlich vergnügt spazierten die Schumacher-Brüder vor dem Rennen durchs Fahrerlager. Noch ahnt niemand etwas von dem bevorstehenden Unfall.

Auch die insgesamt größeren Cockpit-Innenräume, die seitlichen Schutzvorrichtungen neben dem Kopf des Fahrers, die verhindern sollen, dass dieser von herumfliegenden Teilen getroffen wird, sind relativ neue Errungenschaften in Sachen Sicherheit, viele davon eingeführt nach dem Katastrophenwochenende von Imola 1994, den tödlichen Unfällen von Ayrton Senna und Roland Ratzenberger.

Auch in Sachen Streckensicherheit hat sich seit damals einiges getan. So war die Stelle, an der Schumachers Unfall jetzt passierte, früher deutlich schneller. Sie wurde erst 1994 beim Umbau von Silverstone wenigstens ein bisschen entschärft, die Auslaufzone an dieser Stelle mit dem größeren Kiesbett gesichert. Das konnte allerdings Schumachers Ferrari in diesem Fall auch nicht wesentlich abbremsen, weil dieser wie an der Schnur gezogen auf die Reifenstapel zuschoss. Denn Kiesbetten entfalten ihre Bremswirkung in erster Linie bei schleudernden oder von der Strecke kreiselnden Autos. Außerdem sind sowohl Organisatoren als auch die Fahrer selbst seit damals wieder sensibler geworden, was zum Beispiel die Absicherung kritischer Stellen durch Reifenstapel angeht. Einer der Hauptvorwürfe, der die Veranstalter beim Senna-Unfall getroffen hatte, war die fehlende Auslaufzone und die ungeschützte Mauer in der Tamburellokurve gewesen.

Ältere Formel-1-Freunde erinnerten sich sicher noch an einen anderen Unfall, der vor ziemlich genau 19 Jahren wohl so ähnlich ablief wie jener von Schumacher – allerdings mit tödlichen Folgen: Am 1. August 1980 fuhr beim Testen in Hockenheim der Franzose Patrick Depailler in der Ostkurve in seinem Alfa Romeo ebenfalls frontal in die Leitplanken. Er starb noch an der Unfallstelle. »Damals hat niemand den Unfall beobachtet, aber die Spuren auf der Strecke sahen genauso aus wie hier: Bremsspuren geradeaus in die Leitplanke – und man konnte nie feststellen, was wirklich passiert ist. Viele vermuteten damals einen Schaltfehler«, errinnern sich Beobachter, die dabei waren. Die filigranen Aluminiumautos der achtziger Jahre, dazu fehlende Fangzäune – diese waren für den Test noch nicht angebracht, sollten erst für das Rennen montiert werden, ließen Depailler keine Chance.

Unfallursache bei Schumachers Crash war, wie Ferrari später bestätigte, tatsächlich ein Bremsproblem, eine lockere Entlüftungsschraube an einer Bremsscheibe. Dennoch diskutierten die Experten noch lange, ob es nicht noch andere Gründe gegeben haben könnte, und bei weitem nicht alle glauben an

die offizielle Ferrari-Version. Der österreichische Journalist Helmut Zwickl, der beste Kontakte zu allen Top-Ingenieuren der Formel 1 pflegt, soll zwei Wochen später etwas ganz anderes herausgefunden haben. Angeblich habe der Stellmotor der Drosselklappen-Betätigung blockiert. Das heißt auf Normal-Deutsch, für Nicht-Techniker: Als Schumacher vom Gas ging, blieben die Drosselklappen des Zehnzylinders offen und der Motor lief mit voller Leistung weiter. Ein Indiz, das für die Richtigkeit dieser These spricht, sind die Fersehbilder. Dort sieht man, dass die Hinterräder des Ferrari auch beim Ritt durch das Kiesbett offensichtlich immer noch schieben. Das elektronisch gesteuerte Gaspedal soll zwar ein Notsystem im Software-Programm haben, das dafür sorgt, dass zumindest in dem Moment, in dem der Fahrer bremst, die Drosselklappen zugehen. Das habe bei Schumachers Ferrari aber offenbar nicht funktioniert …

Kommentar von Ferrari: Natürlich keiner – dafür kochte die Debatte um die Kiesbetten nach Silverstone noch einmal hoch. Ausgerechnet Michael Schumacher selbst hatte es schon vor seinem Unfall vorausgeahnt: Die Kiesbetten, die ein gerade von der Strecke fliegenden Auto kaum abbremsen, könnten einmal einem Formel-1-Fahrer zum Verhängnis werden. Er und auch Alexander Wurz, ebenfalls einer der Sprecher der Fahrergewerkschaft GPDA, hatten sich darüber Gedanken gemacht und waren zu einer anderen, in ihren Augen besseren Lösung gekommen: »Große, relativ raue Asphaltflächen, auf denen sich ein Auto stärker abbremst.« Michaels Bruder Ralf hält davon allerdings wenig: »Und wenn es dann einmal regnet? Dann nützt der Asphalt überhaupt nichts mehr. Wenn der erst mal nass ist, rutscht man erst recht drüber.« Er tendiert viel mehr, wie auch Eddie Irvine, zu leicht ansteigenden, erhöhten Kiesbetten, »aber da ist es offenbar an einigen Strecken so, dass dadurch einige der tiefer gelegeneren Zuschauerplätze auf den Tribünen wegfallen würden, weil man dann von denen aus nicht mehr ordentlich sieht.« Wieweit dieses Argument wirklich zieht, wäre allerdings von Fall zu Fall je nach Anordnung der Tribünen zu überprüfen. Zu starke Steigungen sind mit Sicherheit gar nicht nötig, um die gewünschte Bremswirkung zu erzielen. Doch konkret passiert ist bis zum Saisonende gar nichts …

Fast ungebremst, so schien es den Zuschauern, raste Michael Schumachers Ferrari frontal in die Reifenstapel (oben). Diese sowie das ultrasteife Monocoque verhinderten eine Katastrophe. Zahlreiche Helfer kümmerten sich sofort um den verletzten Fahrer (unten).

A1-Ring

Der große Tag des Eddie Irvine

Des einen Freud, des anderen Leid. Weil David Coulthard das Missgeschick widerfuhr, seinen eigenen Teamgefährten von der Strecke zu boxen, konnte der oft unterschätzte Ire der Formel-1-Welt nach einem brillanten Rennen beweisen, dass auch ohne Schumacher mit den Roten zu rechnen war.

Michael Schumacher muss sich zu Hause in der Schweiz vor dem Fernseher vor Lachen gebogen haben – während in der McLaren-Mercedes-Box die Gesichter vor Entsetzen erstarrten: In der zweiten Kurve nach dem Start schoss David Coulthard beim Grand Prix von Österreich den Weltmeisterschaftsfavoriten Mika Häkkinen ab – und verpatzte damit seinem eigenen Teamkollegen die Chance, mit einem Sieg seine Führung weiter auszubauen. Dass dann Coulthard trotz anfänglich deutlicher Führung den Sieg am Ende auch noch Eddie Irvine im Ferrari überlassen musste, vergrößerte den ärgerlichen Zwischenfall für McLaren-Mercedes zum Super-GAU.

Coulthard schießt Häkkinen ab

Super-GAU für McLaren-Mercedes

Eisiges Schweigen herrschte auf dem Siegerpodest und während der Pressekonferenz zwischen Häkkinen und Coulthard. Die bei McLaren so oft beschworene Teamharmonie schien erst einmal völlig verschwunden – auch wenn David sich sofort kleinlaut entschuldigte: »Was passiert ist, tut mir wahnsinnig Leid. Ich habe mich in dieser Kurve verschätzt und konnte es dann einfach nicht mehr verhindern, in ihn reinzurutschen.« Dass Häkkinen, der sich ins Kiesbett gedreht hatte und auf den letzten Platz zurückgefallen war, mit einer fantastischen Aufholjagd noch auf den dritten Platz vorfuhr, konnte ihn nicht trösten: »Auch unter den Umständen bin ich mit dem dritten Platz nicht zufrieden.«

Es hätte eine Spazierfahrt werden können ...

Dass er mit Coulthard noch ein Hühnchen zu rupfen habe, machte Häkkinen durchaus deutlich, öffentliche Anklagen blieben aber aus, obwohl allen klar war, dass er das Rennen wohl wirklich in einer Spazierfahrt hätte gewinnen können: Seine schnellste Runde war sechs Zehntel schneller als die schnellste von Sieger Irvine – was das Ergebnis erst einmal noch bitterer machte.

Nach dem Training hatte alles noch perfekt ausgesehen für Mika und McLaren-Mercedes. »Eine Sekunde Vorsprung auf Eddie Irvine, das ist schon eine ganze Menge, so viel hatte ich hier nicht erwartet«, meinte der Finne, nachdem er die siebte Pole-Position des Jahres errungen hatte, knappe zwei Zehntelsekunden vor seinem Teamkollegen David Coulthard. »Wir haben unser Auto seit Silverstone noch mal verbessert, aber irgendwas muss da bei Ferrari wohl schief laufen, dass der Abstand so groß ist.« Häkkinen vermutete da noch, dass Eddie Irvine der Druck seiner neuen Funktion als Nummer 1 viel mehr zu schaffen mache, als der Ire zugebe: »Das ist nicht einfach für ihn. Er trägt auf einmal die ganze Verantwortung, muss das Team führen. Da kommt eine Menge Druck auf einen zu, ich weiß das ...« Mika war dagegen die Ruhe selbst und meisterte

Unangefochten zieht Mika Häkkinen beim Start davon, gefolgt von seinem Teamkollegen David Coulthard. Dieser wird ihn wenige Sekunden später ins Kiesbett schubsen.

einen kritischen Moment gleich zu Trainingsbeginn perfekt: Wenige Meter nach der Boxenausfahrt blieb er beim ersten Versuch stehen – keine Motorleistung mehr. »Im ersten Moment habe ich gedacht, das war´s, jetzt ist mein ganzes Qualifying verpatzt. Aber dann habe ich mir gesagt, in der Box steht ja noch ein Ersatzauto, das praktisch identisch mit meinem Rennauto ist – und es sind erst zehn Trainingsminuten um. Solche Dinge kann man, wie man sieht, im Kopf lösen – man darf sich nur nicht verrückt machen lassen.«

McLaren zeigt Teamgeist

Nach dem Triumph vom Samstag nun also die unverschuldete Niederlage vom Sonntag. Auch Norbert Haugs Lobpreisungen über seine Glanzleistung – »noch besser als sein Rennen in Magny-Court« – waren da für Häkkinen zunächst kein Trost. Doch dann gab es eine kurze Aussprache im McLaren-Mercedes-Motorhome. Auch Teamchef Ron Dennis war dabei. Man gab sich die Hand, und eine Viertelstunde später schien Mikas Zorn auch tatsächlich schon wieder verraucht zu sein: Relativ gelassen, sogar leicht grinsend, wenn auch noch ein bisschen kopfschüttelnd, beschrieb er seinem Betreuer Didier Coton den verhängnisvollen Zwischenfall.
Natürlich gehe das, was da passiert sei, »eigentlich unter Teamkollegen zu weit. Das soll nicht sein, und es ist auch nicht geplant, dass so was noch mal passiert. Aber David wird deswegen bei uns jetzt nicht verurteilt. Er hat es ja schließlich nicht absichtlich getan, hat sich halt verschätzt«, meinte Mercedes-Sportchef Norbert Haug. Für Coulthard spreche auch, »dass er sofort nach dem Rennen von sich aus gekommen ist, gesagt hat, wir müssen reden – und sich nicht verkrochen oder Ausreden gesucht hat, wie das viele andere Piloten getan hätten. Und auch Mika war sofort gesprächsbereit. So war es leichter, die Sache aus der Welt zu räumen.«
Mit einem kurzen Handschlag, Davids Entschuldigung und Mikas Zugeständnis, »die Sache am besten einfach zu vergessen«, schien der Streit für´s Erste tatsächlich vom Tisch.
»Das ist eben der Preis dafür, dass wir ein Team mit zwei praktisch gleich starken Fahrern haben, die beide um den Titel kämpfen können«, meinte Ron Dennis und setzte ironisch hinzu: »Ich hoffe nur, dass Bernie Ecclestone unseren Beitrag zu seinem Bemühen, den Titelkampf spannend zu halten, zu schätzen weiß.« Spötter hatten zuvor schon gemeint, der allmächtige Formel-1-Boss hätte wohl

»Stilvoll« alpenländisch gab sich die Benetton-Crew vor dem Rennen. Ob es die Einheimischen ebenso gesehen haben… ?

genau aus diesem Grund höchstpersönlich die Anordnung zu dem Crash gegeben …

Wer hat den Sieg verschenkt?

Warum David Coulthard allerdings in der Boxenstopp-Phase eine Zehn-Sekunden-Führung gegen Eddie Irvine verlor, dafür gab es auf dem A1-Ring keine plausible Erklärung. Er selbst und auch Teamchef Ron Dennis sprachen von Überrundeten, die extrem viel Zeit gekostet hätten – aber, so meinte ein Mercedes-Insider, »vielleicht hatte David ja auch ab und an Konzentrationsprobleme, weil er darüber nachgedacht hat, wie er den Mist, den er gebaut hat, erklären soll …«
Aber Irvine fuhr auch ein starkes Rennen, so, als

Sieger Eddie Irvine hat gut lachen, während der Zweitplatzierte David Coulthard sichtlich in Erklärungsnotstand geraten ist.

Für Mika Salo bedeutete das Engagement bei Ferrari ein großes Risiko: Erstmals saß der als großes Talent gehandelte Finne in einem Top-Auto und musste zeigen, was in ihm steckt. Er hat die Erwartungen jedenfalls nicht enttäuscht.

wolle er seinen Kritikern, die ihn nur als Sprücheklopfer abqualifiziert hatten, das Gegenteil beweisen: »Ich wusste, dass wir im Rennen stärker sein würden als im Training. Ich habe die Chance bekommen, zu gewinnen, und ich habe sie genutzt. Unsere Leistung im Qualifying entsprach nicht unseren wahren Möglichkeiten. Deshalb und aufgrund unserer Strategie konnten wir gewinnen. Heute habe ich bewiesen, dass ich den Job machen kann. In der Anfangsphase musste ich auf meinen Spritverbrauch achten, aber dann, vor meinem Boxenstopp, konnte ich richtig Zeit gutmachen. Der Rauch, der am Ende von meinem Auto aufstieg, kam wahrscheinlich aus meinem Gehirn – weil ich über so viele Dinge gleichzeitig nachdenken musste, über den Sprit, die Bremsen, die Reifen. Ich hatte mit meinem zweiten Satz Reifen Untersteuern, aber mit der Zeit wurde das besser. Dann habe ich ein bisschen nachgelassen, um die Bremsen zu schonen, aber Coulthard hat mich schneller eingeholt als erwartet, und ich musste wieder zulegen. Ich wünschte, die Zielflagge wäre früher gekommen.«

Riesenlob für Eddie

Natürlich war der Jubel bei Ferrari groß. Die Mechaniker trugen Eddie Irvine nach seinem Sieg auf den Schultern durchs Fahrerlager – und auch diejenigen, die nicht geglaubt hatten, der Ire könne bei Ferrari in die Rolle Michael Schumachers hineinwachsen, lobten ihn plötzlich in den höchsten Tönen: Rennleiter Jean Todt etwa, der zuvor gejam-

Die finnischen Reporter in der Formel 1 hatten´s an diesem Wochenende in Österreich nicht leicht: Statt nur bei McLaren auf Mika Häkkinen zu warten, mussten sie sich auch noch in Truppenstärke vor dem Ferrari-Motorhome aufbauen. Galt es doch ganz genau zu beobachten, wie ein zweiter blonder Finne, ein zweiter Mika, ihrem Mika Nummer 1 den Weg zum zweiten WM-Titel zumindest ein bisschen erschweren sollte. Mika statt Michael im Ferrari, ein

Mika Salos Sprung ins kalte Wasser...

Mika als echter Konkurrent des anderen Mika, zwei, die als Kinder in der gleichen Straße aufwuchsen und einst dicke Freunde waren, ehe die Konkurrenz im Motorsportgeschäft sie zeitweise zu erbitterten Feinden machte. Zwei, die sich im Moment eher in einem relativ neutralen Nicht-Verhältnis gegenüberstehen – die Formel 1 schreibt immer wieder die eigenartigsten Geschichten ...

Damit das Märchen für Salo nicht zum Alptraum wurde, konnte er erst einmal auf breite Unterstützung bauen: »Ich bin bei Ferrari mit offenen Armen empfangen worden«, erzählte er, und auch Michael Schumacher habe seinem Ersatzmann jede mögliche Hilfe angeboten: »Er hat mir auch schon einige Tipps gegeben, zum Beispiel für den Start.«

Einen kleinen Seitenhieb gegen Eddie Irvine konnte er sich dabei nicht verkneifen: »Nachdem du mir nichts sagst, muss ich ja Michael fragen ...«

Der Finne wirkte relativ locker, schien unter der Belastung, plötzlich in einem Top-Auto einen zweimaligen Weltmeister vertreten zu sollen, nicht zu leiden: »Ich spüre keinen besonderen Druck«, sagte er – und auch ein Ausrutscher ins Kiesbett im Training brachte ihn nicht weiter aus der Ruhe: »Das kommt halt davon, wenn man noch dabei ist, ein Auto in allen Details kennen zu lernen.«

Im Zeittraining stellte er den Ferrari auf Platz sieben – eine halbe Sekunde hinter Eddie Irvine und durchaus im Bereich seiner Erwartungen.

Ein Neuling im Formel-1-Geschäft ist Salo ja nicht mehr. In Österreich fuhr er seinen 72sten Grand Prix seit 1994. Bis jetzt immer nur in schwachen bis mittleren Team unterwegs, wurde er immer noch als talentiert gehandelt – doch genau daher kam auch der Druck: Jetzt, bei Ferrari, musste er Leistung bringen, sonst hätte seine Karriere ganz schnell zu Ende sein können

Das wäre ihm vor knapp zehn Jahren fast passiert. Allerdings nicht wegen mangelnder Leistungen, sondern wegen der Schlagzeilen, in die er kam, als er in seiner englischen Formel-3-Zeit betrunken am Steuer seines Privatautos erwischt wurde. Dieser Fehler kostete ihn viel Sponsorenverträge und damit auch den schnellen Aufstieg in die Formel 1, wie ihn sein Konkurrent Mika Häkkinen schaffte. Häkkinen kam – auch durch die Hilfe von Keke Rosberg – 1991 zu Lotus, Salo blieb nur der Umweg über Japan – der sich aber zumindest privat gelohnt hat: »Ich habe mir von dort Japans schönstes Souvenir mitgebracht – meine Noriko.« Zwischen Silverstone und Österreich heiratete er seine langjährige Freundin – »dafür hat mir Ferrari zwischen all den Tests gerade noch einen Tag freigegeben.« Eheringe aus Gold gab es bei der Hochzeit nicht – die beiden ließen sich das Symbol ihres Versprechens gleich auf die Finger tätowieren: »Das ist nicht so leicht abzustreifen.«

Der tiefe Sprung ins kalte Wasser schien für den 32-jährigen Finnen auf dem A1-Ring mit einer soliden Vorstellung im Qualifying geglückt. Im Privatleben hatte er ihn schon eine Woche zuvor überstanden: Als »Polterabend-Überraschung« spendierten ihm Freunde einen Hubschrauberflug – und warfen ihn aus über 20 Meter Höhe in die Ostsee – »ich wusste überhaupt nicht, wie mir geschah, ehe mich eine Yacht auflas.«

Auch im Rennen in Österreich wusste er erst nicht so recht, wie ihm geschah – und auch nicht so recht, wie er selbst sein Ferrari-Debüt einschätzen sollte: »Ich bin mit meinem Rennergebnis nicht ganz glücklich, obwohl mein Speed über das ganze Wochenende okay war. Trotzdem habe ich ein paar Fehler gemacht.« Das Ergebnis: Ein Boxenstopp zum Wechsel von Nase und Frontflügel – und ein nicht mehr aufzuholender Rückstand.

»Außerdem schien mir während des Rennens ein bisschen Top-Speed auf der Geraden zu fehlen, das hat das Überholen natürlich schwer gemacht.« So war für Mika Salo am Ende nicht mehr als der neunte Platz drin, aber seine große Stunde kam schon bald darauf – nur zwei Wochen später in Hockenheim ...

Heinz-Harald Frentzen hatte auf dem Weg zum Großen Preis von Österreich noch einen besonderen Termin wahrzunehmen: Im Wiener Einkaufszentrum »Generali Center« verewigte er sich mit den Abdrücken seines Gas- und Bremsfußes in der »Straße der Sieger«. Auch viele Skiasse, Tennisstar Thomas Muster oder Muskelprotz Arnold Schwarzenegger sind dort vertreten.

Boxenstopp

Ein ganzer Tag Dauerregen verwandelte die unmittelbare Umgebung des A1-Rings am Donnerstag teilweise in eine Schlamm- und Seenlandschaft – eine Katastrophe für die Camper, die die Wiesen rund um die Rennstrecke bereits mit Beschlag belegt hatten und deren Wohnmobile und Zelte teilweise bis zu 30 Zentimeter tief im Wasser standen. Den ganzen Freitag über war die Feuerwehr damit beschäftigt, wenigstens die größten Wassermassen abzupumpen.

Gerhard Berger und Alexander Wurz waren sich noch nie besonders grün. Jetzt krachte es schon wieder zwischen den beiden Österreichern: »Wer will schon einen Fahrer, der in den letzten Startreihen herumfährt«, mokierte sich Berger über seinen Nachfolger bei Benetton. Alex schoss verärgert zurück: »Berger ist viel zu lange aus der Formel 1 draußen, um überhaupt noch beurteilen zu können, was los ist.«

Viele Transparente rund um den A1-Ring grüßten Michael Schumacher und wünschten gute Besserung, aber der verletzte zweimalige Weltmeister fehlte nicht nur den Fans. Auch Ferrari-Rennleiter Jean Todt jammerte intern schon: »Ich vermisse meinen Michael. Wir hoffen auf Irvine, aber wir warten auf Schumacher.« Auch Ferrari-Cheftechniker Ross Brawn, der mit Schumacher immerhin schon seit der Benetton-Zeit zusammenarbeitet, fühlte sich ohne seinen Dauerpartner verloren.

Damon Hill brachte seinem früheren Teamkollegen Ralf Schumacher einen Schnorchel nach Österreich mit: »Ich habe gehört, du bist unter die Taucher gegangen«, grinste Damon – nachdem Ralf ja in der Woche zuvor beim Testen in Monza mit seinem Leihwagen in einem überfluteten Tunnel stecken geblieben war. Laut Presseberichten hatte er durchs Fenster nach draußen klettern müssen.

mert hatte, wie sehr er doch Michael Schumacher vermisse oder Niki Lauda. Plötzlich war für ihn Eddie Irvine »schon seit Saisonbeginn der Fahrer, der sich in diesem Jahr am meisten gesteigert hat«. Dabei hatte er nach dem Qualifying noch geklagt, Ferrari ohne Schumacher sei wie eine Fahrschule. Ganz Unrecht hatte Eddie sicher nicht, wenn er meinte, »zum Glück ist es mir ziemlich egal, was so über mich gesagt und in den Zeitungen geschrieben wird. Ich glaube, man muss auch diese Einstellung haben – sonst würde man sich nur selbst verrückt machen.« Einen kleinen Seitenhieb konnte sich Irvine dann freilich doch nicht verkneifen: »Wenn ich in Magny Cours freie Fahrt bekommen hätte, dann würde ich heute schon zusammen mit Mika in der WM führen.« Dort hatte sich Eddie ja hinter Michael Schumacher anstellen müssen …

Kleinere Brötchen bei Jordan

Heinz-Harald Frentzen wurde wie schon zwei Wochen zuvor in Silverstone Vierter: »Mehr war heute einfach nicht drin, nachdem von den Großen keiner ausgefallen ist. Auch Barrichello war auf dieser Strecke schneller als ich. Vor allem am Anfang konnte er von der Startkollision profitieren und mir gleich ein paar Sekunden abnehmen. Die konnte ich nicht mehr aufholen, vor allem, weil ich ja anfangs wieder mit sehr viel Sprit unterwegs war – aber zu meinem Glück ist Rubens ja dann ausgefallen. Ich bin jedenfalls sehr froh, wieder ein paar Punkte für das Team geholt zu haben.«
Endlich wieder einmal ein Erfolgserlebnis gab es für Lokalmatador Alexander Wurz. Fünfter Platz und verständliche Freude: »Dieser Heim-Grand-Prix war wirklich ein gutes Rennen für mich. Zuerst war mein Start perfekt, dann habe ich allerdings durch die Kollision vor mir ein paar Plätze verloren. Ich habe aber auf dieser Strecke wirklich einen guten Rhythmus gefunden. Ich danke meinen Fans hier in Österreich – ihr Daumendrücken hat geholfen.«
Ralf Schumachers Rennen war dagegen schon in der 10. Runde zu Ende: »Diniz war knapp hinter mir und wollte mich überholen. Ich wollte ihn hinter mir halten, habe dabei zu spät gebremst und bin weggerutscht, weil die Strecke an dieser Stelle auch sehr dreckig war.« Der Dreher war danach nicht mehr zu vermeiden – das Ende im Kiesbett genauso wenig.
Die größten Dummheiten des Tages – von Coulthards Aktion einmal abgesehen – lieferten in schöner Eintracht Jean Alesi und Alex Zanardi: Beide blieben ohne Sprit stehen, weil sie die Boxensignale, zum Tanken hereinzukommen, mehrfach übersehen und angeblich auch über Funk nichts gehört hatten. Für Alesi war es nicht der erste derartige Zwischenfall, und seine Entschuldigung fiel denn auch ziemlich dürftig aus: »Was soll ich sagen? Die Anzeigetafel mit dem Hinweis, ich solle zu meinem zweiten Tankstopp an die Box kommen, habe ich nicht gesehen, weil ich so dicht hinter Hill war – und den Funk habe ich nicht verstanden …«

Ziemlich skeptisch blickte Jean Alesi vor dem Rennen in die Runde – mit Recht, wie sich bald herausstellte. Dass einem Rennfahrer auf der Strecke das Benzin ausgeht, erlebt man nicht alle Tage.

Links: Mit seinem Sieg in Spielberg fiel Eddie Irvine eine Zentnerlast von der Seele. Und so kannte der Jubel keine Grenzen.

A1-Ring

Streckenlänge: 4,319 km;
Gesamtdistanz:
71 Runden = 306,946 km;
Rundenrekord:
Villeneuve,
Williams-Renault,
1997 (1:11.814 = 216,709 km/h)

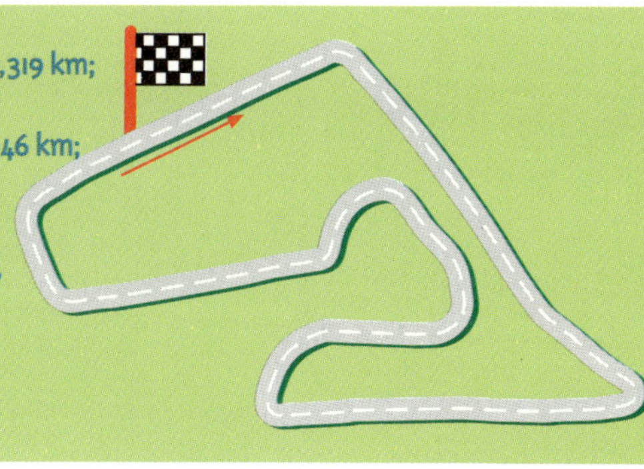

Der kleine Mika schlägt den großen

Auch ohne »Schumi« wurde Hockenheim zu einem Triumphzug für die »Roten«. Ersatzmann Mika Salo war der Held des Tages. Kurz vor dem Ziel »schenkte« er Eddie Irvine den Sieg und damit die Führung in der Weltmeisterschaft. Irvine wiederum durfte sich darüber freuen, dass immer mehr Ferrari-Fans ihre Bewunderung für ihn unübersehbar zur Schau trugen.

Hockenheim

Unglaublich, aber wahr: Auch ohne Michael Schumacher wurde Hockenheim zum roten Fahnenmeer, zur Triumphstätte für Ferrari – und zur Begräbnisstätte vieler Hoffnungen von McLaren-Mercedes. Die Silberpfeile erlebten ein absolutes Katastrophenrennen, während Eddie Irvine und Mika Salo für die Roten einen Doppelsieg herausfuhren. Auch Heinz-Harald Frentzen und Ralf Schumacher mit den Rängen drei und vier hatten Grund zur Freude.

Keine Stallorder

Sieg für Irvine, Desaster für Häkkinen

Michael Schumacher war in Hockenheim nur virtuell präsent – mit dem ersten offiziellen Auftritt nach seinem Silverstone-Unfall. Eine kurze, fünfminütige Fernsehschaltung zehn Minuten vor dem Start wurde es, die auch die Zuschauer an der Strecke per Videowand geboten bekamen – nach langem Hin und Her über Rechte, Einspielmöglichkeiten ins Digitalprogramm und Temine. Einen definitiven Comeback-Termin des zweimaligen Weltmeisters gibt es aber immer noch nicht.

Immerhin, die »Rotkäppchen« auf den nicht ganz so dicht wie sonst in Hockenheim besetzten Tribünen konnten ihrem Helden vor und nach dem Kurz-Interview wenigstens akustische Grüße in seinen Garten in Vufflens in der Schweiz senden – in sein Haus hatte Schumi schließlich auch die RTL-Crew nicht gelassen. »Leider kann ich nicht sehen, was in Hockenheim los ist, aber ich kann euch hören – und das gibt mir ein sehr gutes Gefühl«, bedankte sich Michael bei seinen Fans und fügte noch hinzu: »Ich möchte mich auch noch ganz herzlich für die vielen Briefe, Genesungswünsche und Geschenke bedanken, die ich bekommen habe – es war eine unglaubliche Menge.«

Natürlich wäre er lieber »an der Strecke als hier zu Hause, aber andererseits bin ich auch ganz froh, dass ich schon hier auf dem Sofa sitzen und Interviews geben kann. Es geht mir den Umständen entsprechend sehr gut.« Wann er nun wirklich zurückkommen werde, könne er noch nicht sagen: »Das ist eine schwierige Frage. Wir haben jede Woche ein Meeting mit den Ärzten, wo wir die Heilungsfortschritte diskutieren. Es ist nicht nur ein Problem des Knochens. Ich habe auch eine Verletzung an der Ferse, die mich in der Beweglichkeit noch mehr einschränkt als der Bruch. Deshalb kann ich mich noch auf keinen Zeitpunkt festlegen. Ich habe mir diese Frage auch oft gestellt. In so einer Situation wie dieser, da hofft man natürlich auf Wunder und denkt, es geht vielleicht doch alles viel schneller als erwartet. Aber letztlich bin ich auch ein ganz normaler Mensch und muss warten, bis solche Wunden verheilt sind.«

Für das Rennen wünschte er vor allem »Heinz-Harald Frentzen, aber auch meinem Bruder und den Ferrari alles Gute. Es wäre schön, wenn Heinz-Harald es hier schaffen könnte – und wenn die McLaren dann hinter den Ferrari ins Ziel kämen, hätte ich natürlich auch nichts dagegen.«

Nur auf der Leinwand durften die Schumacher-Fans ihr Idol bewundern. Der verletzte Star zog es vor, den Großen Preis von Deutschland auf der heimischen Couch zu erleben.

Frentzen fehlen nur 5 Hundertstel zur Pole

Frentzen hatte ja schon im Training alle überrascht. Zwar stand Mika Häkkinen mit seiner achten Trainingsbestzeit im zehnten Sasionrennen wieder – wie erwartet – auf der Pole-Position, aber der Vorsprung von nur fünf hundertstel Sekunden auf Heinz-Harald Frentzen war äußerst knapp, auch wenn Mika dafür eine Entschuldigung fand: »Ich hätte eigentlich weiter vorn sein müssen, aber in meiner schnellsten Runde lag in der vorletzten Kurve plötzlich eine Menge Sand. Ohne den wären es ein paar Zehntel mehr gewesen.« Frentzen war dagegen überglücklich, dass es ihm gelungen war,

Eddie Irvine im Ferrari hatte keine Chance, an dem unheimlich schnellen Heinz-Harald Frentzen vorbeizukommen. Erst eine kleine Verzögerung an der Jordan-Box machte den Ferrari-Doppelsieg möglich.

das McLaren-Duo zu sprengen: »Ich hatte ja in Hockenheim bisher noch nie Glück. Deswegen habe ich mich diesmal zusammen mit dem Team besonders gut vorbereitet. Tatsächlich sah Frentzens Bilanz im Badischen bisher eher dünn aus: fünf Starts von 1994 bis 1998, dabei dreimal ausgefallen, einmal Achter, einmal Neunter. Diesmal schien alles anders zu werden. Das Ergebnis stimmte, und Heinz-Harald konnte locker herumflachsen: »Ich hätte nicht erwartet, dass die McLaren-Mercedes hier so stark sind ...«, grinste er Mika Häkkinen an.

Ferrari setzt auf Irvine

Ob sich Schumi wohl über den Doppelsieg von Eddie Irvine und Mika Salo vor Heinz-Harald Frentzen so richtig freuen konnte? Denn sein Team bewies eindeutig, dass man in der Weltmeisterschaft jetzt die Karte Irvine zu spielen gedachte. Schließlich hatte der schon im Training schnellere Salo geführt, ehe die Box die Reihenfolge umdrehte. Schumi kommentierte das Ergebnis jedenfall eher höflich als begeistert: »Ferrari hat letztlich verdient gewonnen, weil das Team die wenigsten Fehler gemacht hat.« Er selbst mache sich kaum noch Hoffnungen auf den Titel, aber wenn es zuletzt darum gehen sollte, Irvine zu helfen, werde er darin auch kein größeres Problem sehen, meinte er dann, fügte aber ein bisschen süßsauer hinzu: »Das mag zwar nicht angenehm sein, aber so ist manchmal das Leben.«
Auch Sieger Eddie Irvine wirkte nicht gerade euphorisch. Schließlich hatte er den Sieg der Stallregie von Ferrari zu verdanken: »Ich werde dir meinen Pokal schenken, Mika, denn mir wäre nicht wohl dabei, ihn in meinem Regal zu sehen.« Außerdem war auch ihm klar: »Mika war heute der Star! In meinen Augen hat er das Rennen gewonnen. Jetzt ist er voll dabei, und wir können auch wieder an die Konstrukteurs-Weltmeisterschaft denken – worüber ich mir vorher nicht so sicher war. Ich habe jetzt nach einem halben Jahr wieder die WM-Führung übernommen, aber als Realist denke ich noch nicht an den Titel. Im Rennen hatte ich erst keinen besonderen Start, bin eingeklemmt worden, dann gab es Probleme mit der Öltemperatur – aber irgendwie ist mir dieses Rennen quasi zugeflogen«.

Der große Tag des Mika Salo

Mika Salo absolvierte das »Medien-Spießrutenlaufen« nach seinem ersten Podestplatz und die unvermeidlichen Fragen nach der Stallregie mindestens so souverän wie den Grand Prix: »Ich bin sehr glücklich über das bisher beste Formel-1-Ergebnis meiner Karriere. Als ich das Boxensignal »P1« sah, konnte ich es kaum glauben. Leider hat es nicht allzu lange gehalten«, verkündete er so strahlend, als habe er wirklich kein Problem damit gehabt, seinem Teamkollegen diesen Sieg zu schenken. »Mein Auto war absolut perfekt, ich habe auch gar nicht gemerkt, dass David mich berührt hat, aber ich war froh, als er aus meinem Rückspiegel verschwunden war. So konnte ich mich darauf konzentrieren, den anderen Mika zu jagen. Nach dem Boxenstopp habe ich Eddie vorbeigelassen, aber dann habe ich das

Ein Reifenschaden bedeutete das Aus für den lange führenden Mika Häkkinen. Zum Glück blieb sein spektakulärer Abflug ohne Folgen. Die Führung in der Weltmeisterschaft allerdings hatte er fürs Erste verloren.

Team gebeten, ihm zu sagen, er solle doch bitte ein bisschen schneller fahren, weil Frentzen immer näher kam.«
Auch Jean Todt, der wieder nicht mit aufs Podest stieg und unter der Hand auch klar machte, dass er das vor Schumis Rückkehr nicht mehr tun werde, gab sich zumindest nach außen hochzufrieden: »Heute war wirklich unser Tag. Mika Salo war fantastisch und hat großen Teamgeist bewiesen. Eddie fuhr ein perfektes Rennen, was auf dieser Strecke nötig ist. Denn Hockenheim ist ein Härtetest für Zuverlässigkeit, Bremsen und Motor. Es sind noch sechs Rennen. Wir haben immer daran geglaubt, dass wir den Titel gewinnen können – und es ist tatsächlich noch möglich!«
Für die hochfavorisierten McLaren-Mercedes wurde der Große Preis von Deutschland tatsächlich zum absoluten Desaster – noch schlimmer als eine Woche zuvor in Österreich. Erst fuhr sich David Coulthard, am Samstag das erste Opfer mysteriöser Reifenschäden, bei einer überoptimistischen Attacke auf Mika Salo den Frontflügel ab, später kassierte der Schotte auch noch eine 10-Sekunden-Zeitstrafe. Am Ende wurde er nur Fünfter und war leicht verärgert: »Ich hatte nicht die Absicht, Mika Salo zu überholen, als wir uns berührten. Aber er hat ziemlich früh gebremst, und ich bin nach innen ausgewichen, um zu vermeiden, dass ich ihn treffe. Trotzdem gab es eine Berührung, und ich habe ein Teil meines Frontflügels verloren, musste also an die Box, um mir eine neue Nase abzuholen. Dadurch bin ich um einige Plätze zurückgefallen. Dann versuchte ich Panis zu überholen. In der Schikane wurde es eng, und um einen weiteren Zwischenfall zu vermeiden, bin ich innen übers Gras gefahren. Ich war ziemlich überrascht, dass ich dafür eine Zehn-Sekunden-Strafe bekommen habe.«
Wenigstens schien Mika Häkkinen an der Spitze einem Sieg entgegenzufahren, doch dann dauerte der Boxenstopp des Finnen 26 Sekunden, weil sich der Tankstutzen nicht richtig aufsetzen ließ, und eine Runde später waren alle Hoffnungen buchstäblich zerplatzt: Mit einem Reifenschaden flog Mika an der Einfahrt ins Motodrom spektakulär in die Reifenstapel. »Es hätte schlimmer sein können, ich hätte mich dabei ja auch verletzen können«, versuchte er tapfer zu lächeln. »So bin ich wenigstens physisch in Ordnung, nur die Psyche ist ein bisschen angeschlagen. Ich bin schon sehr enttäuscht.«
Mercedes-Sportchef Norbert Haug nahm seinen Starpiloten tröstend in den Arm: »Es sind noch einige Rennen, und wir sind durchaus noch im Geschäft.«
Kopfzerbrechen war aber vor allem bei Bridgestone angesagt: wegen der beiden Reifendefekte. Doch eine Erklärung wurde zunächst auf unbestimmte Zeit verschoben, erst einmal »wollen wir untersuchen, wie es zu dem erneuten Zwischenfall gekommen ist«. Bei Coulthard hatte man nämlich vermutet, ein scharfes Teil, entweder auf der Strecke aufgesammelt oder vom Auto weggebrochen, habe einen Schnitt im Gummi und dadurch den Defekt verursacht, nicht etwa ein Fabrikationsfehler. Jetzt aber wieder das Gleiche? Möglich schien es zunächst, vor allem weil einige Beobachter Bruchteile von Sekunden vor dem Reifenschaden zu sehen glaubten, dass kleine Teile vom Auto wegflogen – was allerdings McLaren und Mercedes heftig dementierten. Wie meist in solchen Fällen blieb die angekündigte Erklärung dann ohne präzise Aussage …
In der Weltmeisterschaft führte Irvine jetzt mit acht Punkten Vorsprung auf Häkkinen, aber bei McLaren-Mercedes geriet man noch nicht in Panik: »Solche Pechserien wie im Moment gibt es immer, aber sie enden auch mal wieder«, meinte Haug. »Man muss bedenken: Im vergangenen Jahr lag Michael Schumacher schon mal 22 Punkte hinter uns – und am Ende ist es noch richtig spannend geworden. Es ist nicht so, dass die WM für uns hier endet – im Gegenteil, sie beginnt jetzt erst richtig.«

Hockenheim

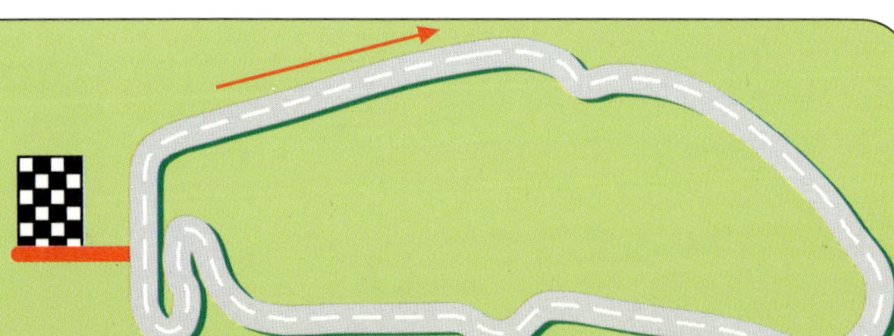

Streckenlänge: 6,823 km; **Gesamtdistanz:** 45 Runden = 307,035 km;
Rundenrekord: Coulthard, McLaren-Mercedes, 1999 (1:45,270 =233,331 km/h)

Allgemein war es für Hockenheim erwartet worden, am Sonntagmorgen kam dann die Vollzugsmeldung: Mika Häkkinens und David Coulthards Verträge wurden von McLaren-Mercedes für die Saison 2000 verlängert.

Boxenstopp

Nach einiger Zeit mussten in Hockenheim wieder einmal sechs Fahrer zur Dopingkontrolle, darunter auch Heinz-Harald Frentzen und Schumi-Ersatzmann Mika Salo. Beanstandungen gab es aber keine.

Nach dem Österreich-GP hatte Niki Lauda McLaren-Mercedes und besonders Norbert Haug für den Crash zwischen Coulthard und Häkkinen heftig kritisiert. »Ich habe Niki angeboten, sich doch um einen Posten bei uns zu bewerben«, konterte Haug schlagfertig. Ob sich Lauda deshalb am ganzen Wochenende immer auffällig oft in der McLaren-Mercedes-Box herumdrückte?

Einiges an Prominenz tauchte auch ohne Michael Schumacher wieder in Hockenheim auf: Boris Becker zum Beispiel, Sänger Chris de Burgh, Boxer Sven Ottke, Verona Feldbusch, die Skispringer Martin Schmitt und Dieter Thoma. Letzterer war ja auch schon in Barclona gewesen, als McLaren-Mercedes einen Doppelsieg feierte: »Ich hoffe,ich bringe denen diesmal wieder Glück.« Einen Podiumsplatz wünschte er sich allerdings auch für Heinz-Harald Frentzen: »Den kenne ich ein bisschen besser und finde ihn sehr nett.« Letzteres klappte – Ersteres freilich nicht ...

Heinz-Harald Frentzens neues Selbstbewusstsein zeigte sich auch in kleinen Gags: So schlich er sich einmal in die Williams-Box und markierte dort neue Kühler-Ausgänge per Filzschreiber mit dem Wort »Frentzen-Exits«. Das gleiche Design hatte er nämlich vor einem Jahr den Williams-Ingenieuren vorgeschlagen – und dafür eine Abmahnung kassiert: Es sei nicht sein Job, sich um technische Details am Auto zu kümmern ...

Michael Schumachers Manager Willi Weber ließ per einstweiliger Verfügung jene T-Shirts beschlagnahmen, auf denen Schumi mit Gipsbein im Ferrari sitzt und hinter ihm die beiden McLaren-Mercedes ineinander krachen – dazu die Zeile »Schumi, komm bald wieder – wir warten auf dich«. Alle Exemplare konnte der clevere Weber freilich nicht erwischen, die Verkäufer kennen inzwischen auch die Tricks, zum Beispiel den, den »Nachschub« in weiter entfernt geparkten Autos zu verstecken. »Das Übelste finde ich«, so Weber, »dass die Fälscher so tun, als ob das Teil aus unserer offiziellen Kollektion stammen würde, mit allen Etiketten und Markenzeichen.« So oder so – das Hemd mit der Karikatur bleib in Hockenheim unter den Schumi-Fans ein Renner. Die konnten die Aufregung zum Teil nicht verstehen: »Das ist doch nichts Böses – sondern nur lieb gemeint.«

Schon Tradition vor dem deutschen Grand Prix ist das Rahmenprogramm von Mercedes: Werksbesuch mit Mika Häkkinen und David Coulthard – diesmal in Sindelfingen, anschließend große Bootsfahrt auf dem Neckar. Die fröhliche Stimmung an Bord des Ausflugsdampfers brachte Mercedes-Sprecher Wolfgang Schattling dazu, seinen Ferrari-Kollegen Claudio Berro ein bisschen zu ärgern. Schattling rief den Italiener zu Hause an und flachste: »Hast du schon gehört, Daimler-Chrysler hat Fiat gekauft, und wir müssen in Zukunft zusammenarbeiten.« Berro ging beinahe an die Decke: »Du fehlst mir gerade noch! Ich hatte heute schon genug Ärger aus Deutschland« – wegen der von gewissen Zeitungsmeldungen angeheizten Gerüchte um einen angeblichen Schumacher-Rücktritt, die natürlich wieder mal kompletter Unsinn waren.

Hockenheim – das ist zwar kein magischer Name wie Monza, Spa oder Monte Carlo, aber das Mekka der deutschen Rennsportfans ist auch für mich der erste Ort für »Formel 1 live«. Lang ist´s her, und viel hat sich geändert – nicht immer nur zum Besseren. Hockenheim, in diesem Jahr mal wieder ohne Schumacher, auch das brachte die Erinnerungen zurück an alte Zeiten.

Über 20 Jahre Hockenheim – Erinnerungen

Die ersten Hockenheimerinnerungen, sie sind schon mehr als 20 Jahre alt, damals, 1978 und 1979, noch als Fan auf der Tribüne und auch dann und wann im Fahrerlager auf Autogrammjagd – ja, das Einschmuggeln bzw. Tickets über Sponsoren organisieren war damals noch möglich – selige Zeiten für Fans im Vergleich zu heute. Schöne, aber auch wehmütige Erinnerungen an die Stars von damals. 1978 fuhr hier noch Ronnie Peterson, der dann sechs Wochen später in Monza starb, 1979 ein Treffen mit Clay Regazzoni, der gerade zwei Wochen zuvor in England das erste Rennen für Williams gewonnen hatte, der Wohnwagen, in den sich Gilles Villeneuve immer zurückzog, in einer Ecke des Fahrerlagers abgestellt.

1983 dann der erste Hockenheim-Grand-Prix mit Pressekarte, aber noch ohne Hotelzimmer, sondern im Zelt, um Kosten zu sparen. Damals noch kein Problem – schließlich waren Schumi-Fieber und Massenansturm noch weit. Die deutsche Beteiligung bestand nur aus Manfred Winkelhock im ATS – und natürlich den BMW-Motoren. Nelson Piquet im Brabham-BMW drückte man damals die Daumen, genoss doch die BMW-Truppe um Technikchef Paul Rosche, Rennleiter Dieter Stappert und Pressesprecher Uwe Mahla auch und gerade in der Medienlandschaft viele Sympathien. In Hockenheim musste sich Brabham-BMW freilich mit Platz drei durch Riccardo Patrese begnügen, einen Heimsieg schafften die Münchener im Übrigen nie.

Schlaglichter, 1984: Der interne Zweikampf Lauda gegen Prost, das Duell der überlegenen McLaren-Porsche, beherrscht auch Hockenheim, mit besseren Karten diesmal für den Franzosen. Und ein junger Brasilianer, auf den damals noch gar nicht so viele schauten, erlebte einen Horrorcrash: Ayrton Senna, dem am Toleman am Ende der Geraden vor einer Schikane der Heckflügel bricht, der aber zum Glück mit dem Heck einschlägt.

1985 zog der deutsche Grand Prix für ein kurzes Zwischenspiel an den Nürburgring, 1986 kam er aber ins Badische zurück, und es begann die große Siegesserie der Brasilianer: Erst zweimal Nelson Piquet, dann dreimal Ayrton Senna – bis 1990 erklang nur die brasilianische Hymne im Motodrom von Hockenheim.

In den nächsten beiden Jahren lieferten die Testfahrten in Hockenheim fast mehr Schlagzeilen als das Rennen selbst: 1991 durch den spektakulären Überschlag von Ayrton Senna, 1992 dann durch Sennas Konflikt mit dem neuen deutschen Star Michael Schumacher. Senna fühlte sich an einem einzigen Vormittag von Schumacher viermal provoziert, darunter durch ein überflüssiges und gefährliches Bremsmanöver vor der Boxeneinfahrt, und stürmte wutentbrannt in die Benetton-Box, um den Jungstar am Kragen zu packen und ihm einmal kräftig die Leviten zu lesen. Die Bilder aus der Box gingen um die Welt.

Es war der Beginn einer neuen Zeit, der »Schumi-Zeit«, in Hockenheim. Die Begeisterung wuchs, die Massen begannen zu strömen – und das Bier. 1993 fühlten sich erstmals Fans anderer Fahrer von den »Schumi-Horden« bedroht, hörte man von Pöbeleien »wie im Fußballstadion«.

Dass einige von den »Alten« daraufhin beschlossen, die neue Schumi-Zeit mit den neuen, immer höheren Eintrittspreisen und dem ganzen Wirbel nicht mehr mitzumachen, störte die Veranstalter wenig: Immer größer wurde die Kartennachfrage, jedes Jahr mussten Zusatztribünen aufgestellt werden, waren in den Achtzigern 60–70000 Zuschauer schon gute Zahlen, kam man jetzt allmählich an das Doppelte heran … Hockenheim wurde zum schwarz-rot-goldenen Fahnenmeer, die Böller und Leuchraketen gehörten inzwischen zur Standardausrüstung – und 1995 durften die Fans auch für den ersten – und bisher einzigen – Schumi-Sieg im Motodrom, den ersten deutschen Sieg in Hockenheim, abgeschossen werden …

Dass es da – selbst durch die rein deutsche Brille – inzwischen mit Mercedes, mit Heinz-Harald Frentzen und auch Ralf Schumacher noch ein bisschen mehr gibt, drang erst 1999 durch Michaels Abwesenheit wieder ins Bewusstsein.

Frentzen – der heimliche Star der Saison

Heinz Harald Frentzen hatte Grund zur Freude: Zum ersten Mal in Hockenheim in den Punkten, als Dritter gleich auf dem Podest, in der WM-Wertung jetzt Dritter und bester Deutscher, von den Zuschauern gefeiert: »Wir haben heute wieder bewiesen, dass wir konkurrenzfähig und sehr zuverlässig sind«, meinte er, winkte aber ab, als er auf seine Titelchancen angesprochen wurde: »Dazu muss man zuverlässig und extrem schnell sein, und im Rennen verlieren wir immer noch ein bisschen gegenüber unserer Position im Qualifying. Da müssen wir noch dran arbeiten. Die Ferraris waren im Renntrimm heute ein bisschen schneller als wir. Und beim Boxenstopp habe ich eben genau dieses kleine bisschen Zeit verloren, dass es Irvine ermöglicht hat, an mir vorbeizukommen.« Auf der Strecke hätte der Ire Frentzen wohl kaum überholen können. Den Platz gegen Mika Salo verlor Frentzen schon am Start: »Meine Räder haben ein bisschen durchgedreht, das ist ein Problem, das wir öfters mal haben. Ich weiß aus meiner Williams-Zeit, dass es legale Startsoftware gibt, die den Fahrer besser unterstützt. Da haben wir noch gewisses Potenzial.« Teamchef Eddie Jordan freute sich freilich uneingeschränkt für Heinz-Harald. »Dieser dritte Platz war wieder ein fantastisches Ergebnis für ihn«, lobte Jordan, »damit ist er jetzt Dritter in der Fahrer-WM, und das Team hat seinen dritten Rang in der Konstrukteurs-Weltmeisterschaft gefestigt. Ich glaube, damit kann jeder glücklich sein. Er hat wieder eine tolle Leistung geboten und bewiesen, wie konkurrenzfähig wir sind.«

Punkte machen konnte auch wieder Ralf Schumacher, der nach dem Rennen via Fernsehen auch Komplimente seines großen Bruders kassierte – zu Recht, denn er machte wieder einmal das Beste aus seinen Möglichkeiten: Mit einem guten Start und einer ruhigen, soliden Fahrt sammelte er als Vierter erneut drei Punkte. »Das war wirklich das Optimale, was für uns hier möglich war. Wir hatten das ganze Wochenende über einige Probleme. Insofern ist das Ergebnis eine tolle Sache für das ganze Team.«

Dass Michael Schumacher bei dieser Gelegenheit den kryptischen Satz fallen ließ: »Wenn ich in Ungarn schon wieder fahren könnte, dann hätte ich noch Titelchancen«, wurde an einigen Stellen sehr aufmerksam registriert. Die folgende Debatte, ob ein solches Comeback wirklich möglich wäre, hat die Medien und die Fans dann eineinhalb Wochen lang beschäftigt.

Höchste Anerkennung erfuhr Mika Salo nicht nur von seinem Teamkollegen Eddie Irvine, sondern von der gesamten Ferrari-Mannschaft. Von der frisch gebackenen Frau Salo gab's ein Küsschen dazu.

Formel 1 verkehrt

Der Große Preis von Ungarn zeigte, wie viel Voraussagen in der Formel 1 wert sind, nämlich nichts. Während die Experten auf Ferrari gesetzt hatten, machten die McLaren-Mercedes den Sieg unter sich aus. Irvines dritter Platz war denn auch ein schwacher Trost für die »Roten«, zumal Mika Salo überhaupt nichts gelang.

Hungaroring

Denn erstens kommt es anders – und zweitens als man denkt … Das alte Sprichwort bewies wieder einmal seine Richtigkeit. Formel 1 im Sommer 1999 – das hieß Formel 1 verkehrt. In Österreich und Deutschland war McLaren-Mercedes klarer Favorit – wer gewann zweimal? Eddie Irvine im Ferrari. In Ungarn hätte man auf Grund der Streckencharakteristik am ehesten mit einer Dominanz der Roten gerechnet – was war das Ergebnis? Natürlich! Ein McLaren-Mercedes-Doppelsieg – der zweite des Jahres nach Barcelona.

Mitte August kam das
Ende des Ferrari-Sommer-Hochs

Mika Häkkinen konnte sich nach zwei Monaten Frust und Ärger – immerhin lag sein letzter Sieg, Kanada – schon lange zurück – endlich wieder einmal richtig freuen: Ein souveräner Sieg, aus der Pole-Position gleich die Führung übernommen und bis ins Ziel nicht mehr abgegeben, nicht einmal beim Boxenstopp – da schwenkten nicht nur Tausende von finnischen Fans, die an den Hungaroring gepilgert waren, begeistert ihre Fahnen. Auch Mika strahlte, nachdem er wieder auf zwei Punkte an den in der Weltmeisterschaft noch immer führenden Eddie Irvine herangekommen war: »Das war der Wendepunkt in der Weltmeisterschaft«, verkündete er sehr optimistisch, »eigentlich hätten wir ja so ein Ergebnis schon in den letzten drei Rennen holen müssen.«

Häkkinen fährt auf Sicherheit

Am Ende musste sich der Finne, der zeitweise bis zu 30 Sekunden vor seinen Verfolgern gelegen hatte, gar nicht mehr besonders anstrengen: »Wir haben in der Schlussphase beschlossen, wirklich auf Nummer sicher zu gehen und auf keinen Fall mehr etwas zu riskieren. Ich konnte es mir ja leisten, etwas langsamer zu fahren. Der Abstand ist ja am Ende egal. Es reicht, wenn man mit einer Sekunde Vorsprung gewinnt.«
Immerhin – knappe zehn waren es am Ende immer noch, und zwar auf seinen Teamkollegen David Coulthard, der sich mit einem verpatzten Start das Leben erst einmal selbst schwerer gemacht hatte als nötig: »Ich war schon etwas überrascht, dass ich in der ersten und zweiten Kurve« von Fisichella und Frentzen »überholt wurde. Ich hatte eigentlich gedacht, ich hätte auf die Startampel relativ gut reagiert, aber offensichtlich habe ich nicht so gut

Selten hat man ihn so überlegen gesehen. Obwohl der Hungaroring als »Ferrari-Strecke« gilt, übernahm Mika Häkkinen vom Start an ungefährdet die Führung.

beschleunigt wie die anderen.« Erst beim ersten Boxenstopp kam Coulthard an seinen beiden Konkurrenten vorbei und konnte sich auf die Jagd nach Eddie Irvine machen, der sich relativ sicher auf dem zweiten Platz etabliert hatte. »Rangekommen bin ich ziemlich schnell – aber Überholen ist auf dieser Strecke halt eine ganz andere Sache.« Auch beim zweiten Boxenstopp klappte es noch nicht, doch dann verstärkte der Schotte den Druck auf den Iren immer mehr. Und siehe da, auch Eddie Irvine, der so gerne über die Fehler anderer lästert – und dem ja bis dahin tatsächlich in diesem Jahr selbst noch keiner unterlaufen war, patzte: Er rutschte kurz in die Wiese, Coulthard war vorbei, das Duell endgültig entschieden.

Irvine: »Wir haben total verwachst!«

Irvine war nach dem Rennen höchst verdrießlich, nicht nur wegen seines Missgeschicks: »Da hat heute überhaupt nichts gestimmt. Schon nach zwei oder drei Runden bauten meine Reifen ab, das Auto sprang, als wäre ein Dämpfer kaputt. Es lag vorn und hinten nicht. Wir haben total verwachst, irgendwas falsch gemacht. Gut, es sind meine ersten Punkte in Ungarn überhaupt, aber trotzdem ist das Resultat eine einzige Enttäuschung.«
Schon nach seinem zweiten Platz im Qualifying war Eddie nicht zufrieden gewesen: »Hier hatte ich wirklich gehofft, dass wir Pole fahren könnten.« Noch erfolgloser war freilich Teamkollege Mika Salo: Der Held von Hockenheim, der allerdings niemals wirklich ausgiebig mit dem Ferrari hatte testen dürfen, erwischte ein rabenschwarzes Wochenende: Schon im Training fand er keine passende Abstimmung für das Kurvengeschlängel des Hungarorings, dann kam noch der ein oder andere Ausrutscher dazu – das Ergebnis hieß Startplatz 18. Von da hinten war dann natürlich auch im Rennen nicht mehr viel zu machen. Mika war zerknirscht: »Mein Rennen war wirklich grauenvoll. Nach dem Start war ich hinter vielen langsameren Autos eingeklemmt und hatte keine Chance zu überholen. Ich habe das ganze Wochenende über keine Abstimmung gefunden. Diese Leistung ist mir regelrecht peinlich. Das Auto war kaum zu bändigen. Ich wollte auf jeden Fall nur einmal tanken, das ist die einzige Chance, die man von da hinten theoretisch noch hat – und als ich allein fuhr, konnte ich auch ein paar ganz ordentliche Runden drehen. Aber viel gebracht hat das alles nicht mehr.«
Rang 12 brachte es, um es genau zu sagen – noch drei Plätze hinter Ralf Schumacher, und der war schon alles andere als begeistert, nicht nur, weil er sich mit einer Sommergrippe herumplagte. Williams erlebte in Ungarn den Tiefpunkt des Jahres, und das trotz neuer, speziell für diesen Kurs ent-

Ein einsames Rennen fuhr Mika Häkkinen. Nicht einer seiner Konkurrenten konnte ihm folgen. Sein Vorsprung betrug zeitweilig 30 Sekunden.

Kaum einmal hat die Verletzung eines Sportlers die Nation so bewegt wie jetzt der Beinbruch von Michael Schumacher in Silverstone. Wochen-, ja monatelang beherrscht das Thema in Abwandlungen die Medienlandschaft, ganz konzentriert noch einmal in den Tagen zwischen Hockenheim und Ungarn, als plötzlich ein mögliches vorzeitiges Comeback im Raum stand.

Der Beinbruch der Nation

Wer immer nach Silverstone einzuwenden wagte, dass ein Beinbruch ja wohl nicht das Ende der Welt bedeute, dass sich täglich viele Namenlose ein Bein brechen und dass es vielleicht das ein oder andere wichtigere Thema geben könnte, der wurde in Fankreisen schnell als mitleidloser Unmensch abqualifiziert. Quasi als Nebengeräusche wurden dem mehr oder weniger interessierten Leser, Hörer oder Zuseher eine Menge Schnellkurse in Orthopädie angeboten. Wer es wissen wollte, der konnte ganz genau erfahren, mit welchen Schrauben oder Nägeln gebrochene Knochen heute nach dem Stand der modernen Medizin zusammengehalten werden. Die verschiedensten Kapazitäten fühlten sich bemüßigt, meist per Boulevardzeitung ihre Vorstellungen kundzutun.

Und erst die Spekulationen über die Dauer des Heilungsprozesses! Die einen meinten ebenso kühn wie unrealistisch, er könnte schon in Hockenheim wieder ins Cockpit klettern, andere erwarteten ihn in diesem Jahr überhaupt nicht mehr auf der Piste. Als kurz vor Hockenheim dann auch noch ein Eddie-Irvine-Zitat – »Wer weiß, ob Schumacher überhaupt noch mal zurückkommt!« – die Runde machte, wurde es auch dem allmählich verunsicherten Ferrari-Chef Luca di Montezemolo zu viel. Er stieg in sein Privatflugzeug und begab sich an den Genfer See, um mit seinem teuersten Angestellten von Angesicht zu Angesicht zu reden. »Ich wollte ihm bei der Frage, was er wirklich plane, in die Augen sehen«, erklärte Montezemolo danach den italienischen Zeitungen. Was er darin sah, beruhigte ihn offensichtlich: »Michael will so schnell wie möglich wieder fahren. Nach diesem Gespräch gehe ich davon aus, dass er in Monza wieder im Auto sitzt.«

Damit hätte das Thema eigentlich erst einmal vom Tisch sein können – doch Pustekuchen – es lief weiter nach dem Motto: ein Schritt vor und zwei zurück. Zunächst trat das Schumi-Management auf den Plan. Willi Weber verkündete jedenfalls zu Beginn des Hockenheim-Wochenendes, er könne sich ein Comeback schon in Monza kaum vorstellen. So schnell schreite der Heilungsprozess nicht voran. Und als dann Michael Schumacher vor dem Start in Hockenheim per Videowand seine Fans grüßte, mitten in die Starthektik hinein, aus seinem friedlichen Schweizer Garten, und dann auch noch Ferrari einen Doppelsieg feierte, Heinz-Harald Frentzen mit auf dem Treppchen stand und im Motodrom auch ohne den Superstar eine sehr gute Stimmung herrschte, da kam nicht nur bei Zynikern ein merkwürdiges Gefühl auf. War nicht soeben der Beweis erbracht worden, dass Schumacher der Formel 1 gar nicht so sehr fehlte, sondern dass sie auch ohne ihn auskommen könnte, würde er sich wirklich entscheiden, nicht zurückzukommen?

Doch dann erklärte Michael selbst in einer zweiten RTL-Schaltung nach dem Rennen: »Wenn ich in Ungarn wieder fahren könnte, dann würde ich mir schon noch WM-Chancen ausrechnen.« Die Erläuterung im Nachsatz, er habe damit nicht sagen wollen, dass er einen Start in Ungarn wirklich für wahrscheinlich halte, relativierte das zwar sofort wieder – doch die Idee stand im Raum und ließ sich erst einmal eine Woche weiterspinnen.

Der Wille zum Comeback war jedenfalls da; abgesprochen mit Jean Todt und Ross Brawn. Von einer neuen ärztlichen Untersuchung und einem danach möglichen Testversuch war die Rede.

Dass die Ärzte letztlich doch kein grünes Licht geben konnten, Schumacher sich im Gegenteil einer neuen Operation zur vorzeitigen Entfernung der Schrauben unterzog, was an »gewohnter Stelle« sofort wieder Spekulationen über einen möglichen ärztlichen Kunstfehler laut werden ließ, passte nur ins Bild. Und dass sich Michael mit seinem überharten Training keinen Gefallen getan, sondern sich im Gegenteil ein paar zusätzliche Probleme durch Überbelastung eingehandelt hatte, wusste er kurz danach mit Sicherheit auch selbst. Ein Rehabilitations-Experte, wie zum Beispiel der Österreicher Willy Dungl, hätte ihm das allerdings mit Sicherheit schon vorher sagen und ihm auch einen besser abgestimmten Trainingsplan erstellen können. Aber wir wollen uns ja nicht auch noch unter die Pseudo-Experten einreihen …

Ein Beinbruch beschäftigt die ganze Nation. Noch nie wurde über eine Sportverletzung so intensiv und medienwirksam diskutiert wie über Michael Schumachers Beinbruch. Kistenweise Zuschriften mit Genesungswünschen und kleinen Geschenken zeugten von der Anteilnahme nicht nur der Formel-1-Fans.

wickelte Seitenkästen: Zanardi im Training 15., Ralf 16., und niemand wusste, warum.
»Wir sind ratlos«, gab Renningenieur James Robinson zu. Im Rennen wurde es nicht wesentlich besser. In seiner schnellsten Rennrunde fehlte Ralf eine volle Sekunde auf die Spitze, »und da konnte ich natürlich von meinem Startplatz aus nichts machen. Überholen ist hier ja sowieso ziemlich unmöglich. Mehr war nicht drin.« Auch der bärbeißige Technik-Chef Patrick Head musste zugeben: »Unser Auto war hier leider in keiner Phase konkurrenzfähig.«

Williams nicht konkurrenzfähig, Jordan schon

Der Jordan von Heinz-Harald Frentzen dagegen schon, wenn auch noch nicht ganz so stark wie auf den schnellen Kursen. Aber es reichte immerhin, um am Ende die ein oder andere Attacke auf Eddie Irvine zu reiten und den Iren noch einmal in Bedrängnis zu bringen. Heinz-Harald trug in Ungarn zum ersten Mal das Logo eines neuen Sponsors auf dem Helm, des Halbleiter-Herstellers »Infineon Technologies«, einer Siemens-Tochterfirma.

An den Pisten zeigte sich allerdings, dass die Formel 1 ohne weiteres ohne ihren Superstar existieren kann. Das Weiß-Blau Finnlands kam gegenüber den roten Ferrari-Fahnen kräftig auf, und bei den deutschen Zuschauern konzentrierten sich die Sympathien zunehmend auf Heinz-Harald Frentzen.

Heinz-Harald Frentzen musste in Ungarn auf seinen Renningenieur Sam Michael verzichten. Der war zu Hause in England geblieben, weil seine Frau zum ersten Mal Nachwuchs erwartete.

Boxenstopp

Auch am Hungaroring steht jetzt ein Denkmal für Ayrton Senna: Ein ungarischer Senna-Fanclub legte zusammen und gab für 4000 Dollar bei dem Bildhauer Gabor Mihaly eine Büste in Auftrag, die am Donnerstag vor dem Rennen enthüllt wurde.

Ein seltener Gast beehrte die Formel 1 auf dem Hungaroring: Die graue Eminenz bei FIAT, Gianni Agnelli, wollte Ferrari ein bisschen moralische Unterstützung angedeihen lassen. Allein durch seine Anwesenheit sorgte er für einen beachtlichen Aufruhr unter zumindest den italienischen Journalisten.

Dass in Budapest immer eine Menge hübscher Mädchen rund um den Formel-1-Zirkus zu finden sind, ist kein Geheimnis. Einer der Jordan-Sponsoren setzte noch einen drauf und ließ für eine Party extra zwanzig Tschechinnen einfliegen, die kurz zuvor in einer Playboy-Story Figur gezeigt hatten.

In Hockenheim hatte es noch nicht geklappt, in Budapest machte Nick Heidfeld »den Sack aber endgültig zu«: Mit einem zweiten Platz hinter dem Franzosen Stéphane Sarrazin sicherte er sich vorzeitig den Titel in der Formel-3000-EM. Nach Christian Danner 1985 und Jörg Müller 1996 ist der Mercedes-Nachwuchsmann Heidfeld bereits der dritte Deutsche, der in dieser Kategorie den Titel gewann.

Giancarlo Fisichella musste während des freien Trainings am Samstag kurz ins Krankenhaus. Er hatte einen Metallsplitter ins rechte Auge bekommen. »Den zu entfernen, war kein Problem. Die Fahrt im Ambulanzwagen hat mir viel mehr Angst gemacht.« Mit dem Helikopter konnte der Italiener nicht transportiert werden – der war schon mit Jean Alesi unterwegs, der nach einem heftigen Abflug zum Röntgen nach Budapest geflogen werden musste. Der langsam auf der Ideallinie herumschleichende Pedro de la Rosa war ihm in die Quere gekommen. Um einen Zusammenprall zu vermeiden, musste Alesi den Sauber heftig verreißen und landete in den Leitplanken. Passiert war zum Glück nicht viel, nur ein geprellter Knöchel, wie sich in der Klinik herausstellte.

Ferrari und Agip, das gehörte jahrzehntelang zusammen wie Italien und Pizza, ehe 1996 zusammen mit Michael Schumacher auch ein neuer Mineralölkonzern in das Traditionsteam einstieg. Dank der Bereitschaft, 20 Millionen Dollar springen zu lassen, mit denen unter anderem ein Teil des fürstlichen Schumi-Gehalts finanziert werden konnte, durfte nun der niederländische Multi Shell den Sponsor spielen. In Budapest wurde nun bekannt, dass sich das im Jahr 2000 wieder ändern soll. Agip hat Ferrari ein neues Angebot gemacht – man redet von 30 Millionen Dollar pro Saison. Mit ihrem zwischenzeitlichen Engagement bei Benetton sind die Agip-Chefs nämlich alles andere als glücklich ...

Ein schlechtes Jahr für Williams-Supertech. In Ungarn waren die roten Renner weder im Training noch im Rennen konkurrenzfähig. So bleibt nur die Hoffnung auf die nächste Saison – mit dem BMW-Motor.

Die Freunde scharfer Kurven kamen am Hungaroring voll auf ihre Kosten. Denn die schnellen Richtungswechsel der Boliden wurden ergänzt durch die bemerkenswerten Reize einiger Models aus Tschechien, die ein Jordan-Sponsor engagiert hatte.

Am Ende musste er sich mit Rang vier begnügen. »Aber ich bin mit den drei Punkten hier wirklich zufrieden. Vielleicht haben wir taktisch einen kleinen Fehler gemacht. Mein erster Stopp kam wohl etwas zu früh. Ich wurde da hinter Fisichella eingeklemmt und verlor eine Menge Zeit …«
Wirklich sauer war Frentzen an diesem Wochenende nur auf Pedro-Paulo Diniz: »Der ist vor mir unmöglich langsam auf der Ideallinie rumgeschlichen – eine Parallele zu der Situation, die zwischen de la Rosa und Alesi zu dem Unfall geführt hat. Und als ich ihn zur Rede gestellt habe, ist er mir auch noch blöd gekommen und sein Renningenieur hat mich aus dem Zelt hinauskomplimentiert …«
Bei Sauber waren die Aufregungen des Wochenendes auch nach dem Rennen noch nicht vorbei. Da bekam nämlich Jean Alesi einmal einen seiner berüchtigten Wutanfälle. Nachdem er sich vom 11. Startplatz bis auf Rang fünf vorgekämpft hatte, dann aber kurz vor Schluss durch einen Defekt im Benzinsystem wieder einmal die Segel hatte streichen müssen, tobte er, gerade aus dem Auto gestiegen: »Bevor ich hier noch einmal einsteige, fahre ich im nächsten Jahr lieber Fahrrad!«
Muss er zwar nicht, denn schon am Donnerstag war durchgesickert, dass er wohl bereits bei Prost unterschrieben hatte – aber begeistert war man bei Sauber nicht, hatte man doch vereinbart, die längst beschlossene Trennung erst in Monza bekannt zu geben. »Wir haben uns einfach auseinander gelebt. Er regt sich zu sehr auf, macht dem Team dadurch Probleme«, erklärte Peter Sauber, sprich – man hätte seinen Vertrag ohnehin nicht verlängert …

Hungaroring

Streckenlänge: 3,972 km;
Gesamtdistanz: 77 Runden = 305,844 km;
Rundenrekord: Mansell, Williams-Renault, 1992 (1:18.308 = 182,418 km/h)

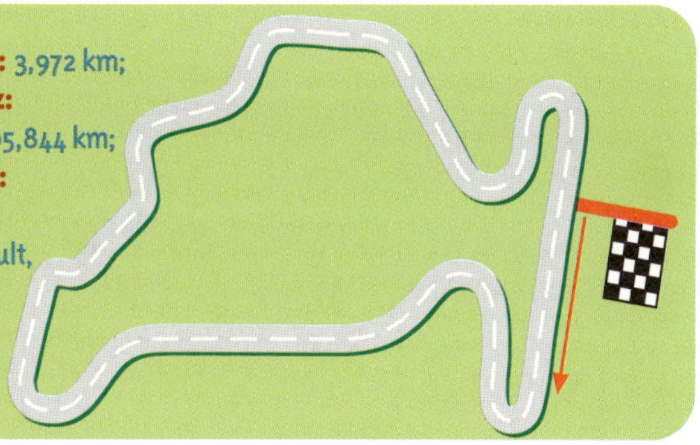

Zwei Sieger und kein bisschen glücklic

Düstere Mienen nach einem Doppelsieg, Sieger, die sich eisige Blick zuwerfen, statt einander zu gratulieren, Offizielle, die auf dem Höh punkt des Erfolgs nach Erklärungen suchen – das ist auch in der Formel 1 kein alltägliches Geschehen. Der Grund: Es war der »falsche« Silberpfeil, der als Erster über die Ziellinie schoss. Und statt dem Weltmeisterschaftsfavoriten Mika Häkkinen zu sekundieren, stellte sich David Coulthard hinter Häkkinen, Irvine und Frentzen als Vierter in die Reihe der Titelanwärter.

Spa- Francorchamps

Die größte Spannung beim belgischen Grand Prix in Spa entstand während der letzten fünf Runden: Dreht McLaren-Mercedes die Reihenfolge zwischen David Coulthard und dem Weltmeisterschaftsfavoriten Mika Häkkinen noch per Boxenbefehl um oder nicht? Man tat es nicht, und der Schotte, der sich am Start schon mit einem harten Manöver die Führung erobert hatte, gewann. Mika Häkkinen war sichtlich verärgert, obwohl er mit einem Punkt Vorsprung die WM-Führung vor dem diesmal nur viertplatzierten Eddie Irvine übernommen hatte.

Keine Stallorder

Doppelsieg sorgt für Ärger bei McLaren-Mercedes

Kein Handshake auf dem Podium, keine Gratulation von Häkkinen an Coulthard – die Signale waren eindeutig, die Kälte fast noch deutlicher spürbar als nach dem Startcrash der beiden in Österreich. So brachte der ungefährdete Doppelsieg den McLaren-Verantwortlichen mehr Ärger als Freude.

Coulthard rücksichtslos

Mika, der sich am Samstag seine zehnte Pole-Position des Jahres gesichert hatte, ärgerte sich vor allem über die Startaktion, bei der Coulthard ihn sogar erneut berührt hatte, obwohl er ja nach dem Debakel auf dem A1-Ring geschworen hatte, in Zukunft aufzupassen. Danach habe er keinen Sinn darin gesehen, Coulthard zu jagen, sich zurückfallen lassen, um sein Auto zu schonen, »unter WM-Gesichtspunkten wollte ich lieber sechs Zähler als gar keine. Und wenn wir uns die ganze Zeit in vollem Tempo gejagt hätten, wäre das Risiko groß gewesen, einen Fehler zu machen oder das Auto zu überfordern.«

Was sich dann entwickelte, war ein viel sagendes Wortgeplänkel – unter Mithilfe einiger Frager, die sich mit den zunächst vorgebrachten Floskeln nicht abfinden wollten. Frage: »Mika, hättest du David nicht doch ein bisschen mehr unter Druck setzen können?« Häkkinen: »Das hielt ich wirklich nicht für sinnvoll, schließlich ist er in der momentanen Situation nicht mein Hauptgegner in der Weltmeisterschaft.«

Frage: »Bringen wir es auf den Punkt: Hättest du erwartet, dass das Team am Ende eine Stallorder herausgibt, so wie Ferrari in Hockenheim die Reihenfolge zwischen Salo und Irvine umgedreht hat?« Antwort Häkkinen (nach mindestens einminütiger Denkpause): »Nächste Frage, bitte …«

Die Schlüsselszene des Rennens: Mit qualmenden Reifen schießt David Coulthard beim Start an Mika Häkkinen vorbei an die Spitze.

Teamchef Alain Prost gibt die Verpflichtung des deutschen Formel-3000-Europameisters Nick Heidfeld für die Saison 2000 bekannt.

Nächste Frage: »Hast du über Funk bei Ron Dennis um eine gebeten?« Diesmal antwortete Mika schneller. »Nein, das habe ich nicht.« Dann war Coulthard dran: »David, hättest du denn erwartet, dass es eine gibt?« Der machte eine völlig unschuldige Miene: »Nein, wieso denn auch?«
Heinz-Harald Frentzen saß leicht amüsiert daneben. Für ihn war Platz drei geblieben, wie schon nach dem Training prophezeit: »Wir sind hier vor Ferrari – aber die McLaren können wir unter normalen Umständen nicht gefährden. Da müsste bei denen schon etwas schief gehen.«
Beinahe wäre es ja bereits in der ersten Kurve so weit gewesen, als sich Coulthard und Häkkinen gefährlich nahe kamen. Frentzen fuhr fort, er habe sogar kurz überlegt, ob es dadurch für ihn eine Chance geben könnte, innen durchzustechen, »aber ich war ziemlich weit innen und hatte deshalb nicht viel Schwung, um voll aus der Kurve herauszubeschleunigen.« Außerdem hoffte er, »dass Mika vielleicht eine Zeitstrafe wegen Frühstarts bekommt, denn er ist eindeutig zu früh angerollt. Dann ist er allerdings wieder stehen geblieben, hat eigentlich durch das ganze Manöver eher einen Platz verloren als einen gewonnen. Vielleicht haben ihn die Sportkommissare deshalb nicht bestraft.«

Norbert Haug beschwört den Sportsgeist

Dass gegen die McLaren kein Kraut gewachsen war, musste Heinz-Harald bald einsehen. »Ich habe dann mein eigenes Rennen gefahren. Ich hatte nur Sorge, die Zuschauer könnten sich vielleicht ziemlich langweilen. Deswegen hätte ich mir vom lieben Gott doch eine Sekunde pro Runde gewünscht, dann hätte ich es vielleicht noch spannend machen können.« Ansonsten hatte er nur ein Problem: »Auf meiner Boxentafel hat man mir lange Zeit Platz vier angezeigt. Ich war ziemlich verwirrt, habe verzwei-

Fahrerkarussell

Allmählich fanden sich in der Formel 1 die Konstellationen für das folgende Jahr. Der belgische Grand Prix ist ja ein traditioneller Schauplatz für neue Vertragsabschlüsse. Nach McLaren-Mercedes mit Häkkinen und Coulthard und Williams mit Ralf Schumacher und Alex Zanardi gab am Donnerstag in Belgien auch Jordan sein Team für das Jahr 2000 bekannt: Neuer Teamkollege von Heinz-Harald Frentzen wird der Italiener Jarno Trulli, in Deutschland vor allem aus dem Jahr 1996 bekannt, als er den deutschen Formel-3-Meistertitel gewann. Fest standen nach Spa auch die Besetzungen bei Sauber mit Pedro-Paulo Diniz und Mika Salo sowie bei Benetton, die am Freitag Giancarlo Fisichella und Alexander Wurz bestätigten. Bei BAR war die Paarung Villeneuve/Zonta zwar noch nicht ganz offiziell, aber in Monza wurde sie dann bestätigt.
Dazu klappte der Coup, auf den viele deutsche Formel-1-Fans warteten: Mercedes-Schützling und Formel-3000-Europameister Nick Heidfeld landete im Team des viermaligen französischen Weltmeisters Alain Prost. Er freute sich sehr, wollte aber die Erwartungen nicht zu hoch schrauben: »Im ersten Jahr in der Formel 1 muss ich erst einmal so viel wie möglich lernen.« Dass er das Gelernte dann aber möglichst schnell anderswo, in einem deutsch-englischen Silberpfeil nämlich, anwenden will – auch das war in den Untertönen nicht zu überhören. Das wird auch Alain Prost wissen – dennoch verspricht sich der gewiefte Taktiker von der praktizierten deutsch-französischen Freundschaft Vorteile – eventuell sogar Mercedes-Motoren ab dem Jahr 2001. Auch der zweite Mann bei Prost stand bereits fest: Formel-1-Dauerbrenner Jean Alesi fand bei seinem Landsmann und Freund Unterschlupf, nachdem er sich mit einigen bösen Worten vom Sauber-Team verabschiedet hatte.
Auch der Tausch Eddie Irvine gegen Rubens Barrichello zwischen Ferrari und Stewart zeichnete sich bereits deutlich ab. So hat sich der Brasilianer Rubens Barrichello seinen Jugendtraum Ferrari erfüllt. Dabei hat »Rubinho«, der »kleine Rubens«, wie er in Brasilien heißt, nicht die Absicht, hinter Schumi die Nummer zwei zu spielen: »Ich bin die Nummer 1B«, grinst er locker. »Ich werde das gleiche Material bekommen wie Michael. Natürlich weiß ich, dass ich neben Schumacher auch viel lernen kann und ich möchte davon so viel wie möglich profitieren.«

Sie sieht harmloser aus, als sie ist: Die »Eau-Rouge« mit Vollgas zu nehmen, gehört unter Rennfahrern zu den echten Mutproben.

felt überlegt, wer mich da an der Box überholt haben könnte. Dann habe ich doch mal beim Team nachgefragt – und es hat sich dabei herausgestellt, dass sie einfach vergessen hatten, das Signal zu ändern …«

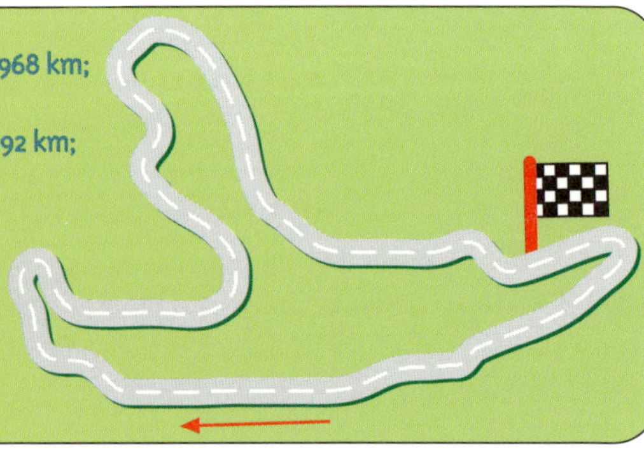

Spa: **Streckenlänge:** 6,968 km; **Gesamtdistanz:** 44 Runden = 306,592 km; **Rundenrekord:** Prost, Williams-Renault, 1993 (1:51.095 = 225,990 km/h)

Die Diskussionen drehten sich freilich in erster Linie um McLaren-Mercedes: »Wir sind ja keine Tölpel, weil wir keine Stallorder ausgeben. Das ist doch eine sehr bewusste, wenn auch schwierige Entscheidung, die aber unsere Einstellung zum Sport und zur Fairness demonstriert. Ich hoffe, dass das Publikum das auch honoriert«, rechtfertigt Mercedes-Sportchef Norbert Haug einen Beschluss, den Niki Lauda schlichtweg als »viel zu großes Risiko« bezeichnete. So ganz nach Plan kann das Rennen freilich nicht gelaufen sein. Denn sonst wäre die Siegesfeier am Abend nicht so ungewohnt gedämpft ausgefallen, hätte Ron Dennis bei der Zieldurchfahrt nicht so grämlich dreingeblickt und nach der Siegerehrung so heftig auf seine beiden Fahrer eingeredet, um sie für die folgende Pressekonferenz auf eine gemeinsame Linie einzuschwören.

Die offizielle Version von Dennis klang natürlich beschwichtigend: »Unsere beiden Fahrer David und Mika sind eben nicht nur Teamkollegen, sondern auch harte Konkurrenten, was sich in der ersten Kurve deutlich gezeigt hat. Wir waren alle sehr, sehr erleichtert, dass sie beide durchgekommen sind und die Autos den Zwischenfall unbeschadet überstanden haben. Danach haben sie ein fehlerfreies Rennen gefahren. Das Ergebnis zeigt, dass wir absolut auf dem richtigen Weg sind, um in den nächsten Rennen unser Ziel, den Fahrer- und den Konstrukteurs-Titel zu erreichen.«

Das konnte nun jeder glauben oder auch nicht – aber auch bei Mercedes schlug man in die gleiche Kerbe: Mika habe nach gemeinsamem Videostudium nachher eingesehen, dass Coulthard ja noch

Die alljährliche Mutprobe von Eau Rouge: Wer bleibt am Gas?

Eau Rouge, Blanchimont, Raidillon, La Source – das sind Namen, die das Herz eines jeden Rennfahrers und Rennsportfans höher schlagen lassen. Namen der berühmtesten, berüchtigtsten und anspruchsvollsten Kurven auf der traditionsreichsten und schwierigsten Strecke, die sich im heutigen Formel-1-Kalender findet. 6,968 Kilometer lang schlängelt sich das Asphaltband der Berg- und Talbahn durch die Wälder der belgischen Ardennen – die Lieblingsstrecke fast aller Formel-1-Piloten, »eine Fahrerstrecke, die extreme Herausforderungen bietet«, wie zum Beispiel Heinz-Harald Frentzen meint.
Eau Rouge – jene Senke, um die sich die Legenden ranken, in die die Fahrer mit weit über 250 Stundenkilometern hineinstechen, hinter der sich »das folgende Bergaufstück wie eine Mauer vor einem auftürmt«, wie Frentzen findet.
Eau Rouge, das »rote Wasser« – der Name kommt von einem kleinen Bach –, der Ort, an dem sich eine der schlimmsten Tragödien des deutschen Rennsports abspielte: Am 1. September 1985 verunglückte hier Stefan Bellof bei einem Sportwagenrennen tödlich. Eau Rouge, die große Mutprobe der heutigen Formel 1: Jedes Jahr heißt das beliebteste Spiel unter den Fahrern: Wer schafft es, sie »voll« zu fahren, auf dem Gas zu bleiben, nicht zu lupfen? »Im Qualifying, mit ganz wenig Benzin an Bord, ist es wohl auch in diesem Jahr wieder möglich«, meinte Damon Hill.
Manchen geht es dabei offenbar mehr um die Mutprobe als um den objektiven Zeitgewinn. »Je nach Auto kann es für die Gesamtrundenzeit sogar besser sein, wenn man in der Senke ganz leicht vom Gas geht, dafür aber dann oben am Berg, wo man die Geschwindigkeit auf die folgende Gerade mitnimmt, ein gut liegendes, stabiles Auto hat«, wusste schon vor fast zehn Jahren der unvergessene Ayrton Senna, der mit fünf Siegen absolute Meister der neuen Strecke von Spa, auf der die Formel 1 seit 1983 unterwegs ist.
Es waren immer nur die ganz Großen, die in Spa über mehrere Jahre dominieren konnten. Heute gilt Michael Schumacher mit seinen bisher vier Erfolgen hier als der König, in den sechziger Jahren war es Jim Clark, der seine damals unübertroffene Meisterschaft bewies. Vier Siege in Folge von 1962 bis 1965 blieben lange der Rekord – bis Senna kam …
In den langen Jahren ihrer Geschichte seit dem ersten Grand Prix im Jahr 1925 hat die Strecke viel gesehen, Triumphe und Tragödien. 1960 starben hier an einem Rennwochenende gleich zwei Fahrer, die Briten Chris Bristow und Alan Stacey – das Thema Sicherheit wurde aber erst 1966 zum Thema, als sich Jackie Stewart, damals schon auf dem Weg zum Vorkämpfer für mehr Sicherheit im Rennsport, bei einem Unfall in einem Gewitterschauer verletzte. Doch es dauerte bis 1970, ehe sich die Erkenntnis durchsetzte, dass die alte superschnelle Piste durch Ortschaften mit ihrer mangelhaften Leitplankensicherung nicht mehr zu verantworten war …
1983 wurde dann die neue, verkürzte Strecke fertig, aber die Herausforderung ist geblieben, das Risiko auch. 1999 schlitterte die Formel 1 im Qualifying zweimal nur knapp an einer Katastrophe vorbei. Zunächst verlor Jacques Villeneuve hinter der berüchtigten Senke von Eau Rouge, auf der Kuppe von Raidillon, bei fast Tempo 300 die Kontrolle über sein Auto, flog spektakulär in die Reifenstapel – entstieg dem Wrack aber wie durch ein Wunder unverletzt – um sofort an die Box zurückzulaufen, seinem Team leicht grinsend von dem Crash zu berichten – und ins Ersatzauto zu steigen. Wer behauptet da eigentlich noch, Jacques sei weniger tollkühn – oder wie manche meinen, auch »verrückt« als vor 20 Jahren sein legendärer Vater Gilles?
Allerdings konnte Villeneuve mit dem T-Car nicht gleich losfahren, denn wenige Minuten später war die nächste Abbruchflagge draußen: Diesmal erwischte es den zweiten BAR-Fahrer, Ricardo Zonta. Gleiche Stelle, fast der gleiche Unfall, diesmal noch von einem Überschlag und in alle Richtungen wegfliegenden Rädern begleitet. Doch auch der Brasilianer konnte ohne einen Kratzer aussteigen: Alles noch mal gut gegangen, aber viele wunderten sich gemeinsam mit Mika Häkkinen: Der war mehr als erstaunt, »dass ich am Bildschirm gesehen habe, wie einige der BAR-Teammitglieder während der Unfallbilder ihres Fahrers lachend in der Box standen. Das kann ich nicht verstehen, das sah doch wirklich schlimm aus. Aber zum Glück ist das nicht mein Problem …«

Die Zeiten des nigerianischen Prinzen Malik Ado Ibrahim, in Deutschland vor allem als vorübergehender »Verona-Feldbusch-Begleiter« bekannt geworden, als Mitbesitzer des Arrows-Teams schienen schon in Spa gezählt: Ende Juli hätte er die zweite Rate von etwa 15 Millionen Dollar für seine Teamanteile beibringen sollen – bis Ende August war das Geld immer noch nicht eingegangen. – Ende September war Malik dann draußen.

Boxenstopp

Mika Häkkinens zunehmende Popularität in Deutschland macht sich auch in neuen Sponsorverträgen bemerkbar. Der Finne machte seit Sommer auch Werbung für D1, das Mobilnetz der Telekom. So gut deutsch, wie die Spots glauben machen, spricht Mika allerdings nicht.

WM-Titelkandidat Eddie Irvine wurde in italienischen Zeitungen schon mit seiner neuesten Begleiterin, einem holländischen Model, verlobt – und ist davon überhaupt nicht begeistert: »Verlobte ist ein zu großes Wort, so würde ich das nicht nennen«, wehrte der nicht gerade als Kostverächter bekannte Eddie Fragen nach dem kürzlichen gemeinsamen Urlaub ab.

Die Wetten wurden schon abgeschlossen, wann es im nächsten Jahr zwischen Alain Prost und seiner Neuverpflichtung Jean Alesi zum ersten Mal so richtig krachen werde, auch wenn die beiden ja eigentlich befreundet sind. »Aber das ist eine mehr oder weniger Zwangshochzeit zwischen zwei Verzweifelten, das kann genauso wenig funktionieren wie damals, als Ron Dennis quasi gezwungenermaßen Nigel Mansell verpflichtete.«

BMW-Rennleiter Gerhard Berger feierte in Spa seinen 40. Geburtstag. Als er mit einem Päckchen in der Hand aus dem Mercedes-Motorhome kam, flachste Mercedes-Sportchef Norbert Haug: »Wir haben ihm ein Pleuel unseres Motors geschenkt – damit sie bei BMW sehen, wie's geht …«

Die Unfallserie vom Qualifying der Formel 1 ging in Spa im Formel-3000-Rennen weiter, diesmal nicht ganz so glimpflich: An der Stelle, an der einst Stefan Bellof starb, krachte der Malaie Alex Yoong voll in die Leitplanken, war kurz bewusstlos und zog sich Knie- und Ellbogenverletzungen zu.

versucht habe, Platz zu machen und dass er selbst auch sehr spät gebremst habe, meinte Sportchef Norbert Haug – doch die Frage blieb, ob der Finne nicht glaubte, sich wirklich darauf verlassen zu dürfen, dass sich Coulthard beim Start zurückhielt – vor allem nach dessen Beteuerungen nach dem Startcrash von Österreich, er werde in Zukunft solche Situationen nie mehr heraufbeschwören.
Ein paar Wochen später deutete Mika im privaten Kreis an, genauso gedacht zu haben: »Er hatte doch schon mal in dieser Richtung Mist gebaut – und ich liege in der WM vorne. Warum soll ich also der sein, der aufpassen muss?«
Offensichtlich hatte sich Coulthard in Spa noch lange nicht damit abgefunden, im Titelkampf 99 nur die Rolle des Sekundanten zu spielen. »Ich liege ja jetzt nur noch 14 Punkte hinter Mika, 13 hinter Eddie«, meinte er nach dem Rennen und deutete damit seine Ambitionen an, vielleicht doch noch aktiv in den Kampf um die Weltmeisterschaft einzugreifen.
Bei allen Beschwörungen von Fairness und Sportsgeist – man war bei McLaren-Mercedes ganz einfach selbstbewusst genug, um sich eine solche Haltung zu leisten. 32 Punkte aus den beiden letzten Rennen, damit wieder die Führung in der Konstrukteurs-Weltmeisterschaft, das deutlich schnellste Auto, keine Zuverlässigkeitsprobleme mehr – und eben auch »nur« Eddie Irvine als Konkurrenten und nicht den großen Abwesenden, Michael Schumacher …

Kein Fortschritt bei Ferrari

Im Gegensatz zu McLaren griff man in Spa bei Ferrari wieder einmal tief in die Trickkiste: Da man seit Silverstone – offenbar mangels Michael Schumachers Testerqualitäten – technisch bestenfalls stehen geblieben war, musste man an einem für die Italiener sehr enttäuschenden Wochenende wieder einmal mittels Stallorder das größte Unheil verhindern. Um Eddie Irvines vierten Platz gegen Ralf Schumacher zu sichern, wurde Mika Salo als »Prellbock« eingesetzt. Sechs Runden lang fuhr der Finne mit Ralf im Nacken schlagartig gute zweieinhalb Sekunden langsamer als zuvor, damit Irvine vor ihm den nötigen Vorsprung für seinen zweiten Boxenstopp herausfahren konnte.
Eddie gab sich gelassen: »Wenn ich unsere heutige Situation realistisch betrachte, dann bin ich sehr froh, dass ich nach diesem Rennen in der WM nur einen Punkt hinten bin. Ich hatte befürchtet, der

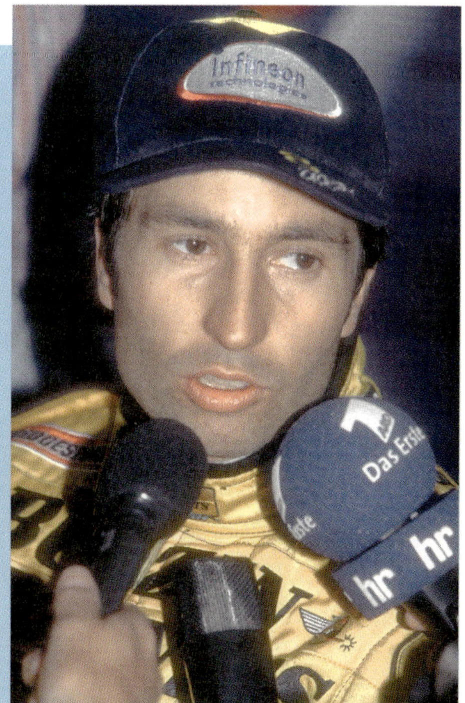

Mürrische Mienen nach dem Großen Preis von Belgien – nicht nur bei den Verlierern, sondern auch bei den Siegern. Mika Häkkinen (Mitte) würdigte den Sieger David Coulthard (links) kaum eines Blickes, Heinz-Harald Frentzen (rechts) musste einräumen, daß er an diesem Tag nicht den Hauch einer Chance gegen die McLaren-Mercedes hatte.

Abstand würde größer werden. Wir waren das ganze Wochenende über nicht schnell genug, und es war sehr schwierig, im Rennen gute Rundenzeiten zu fahren. Aber wir müssen weiter um jeden Punkt kämpfen und dürfen nicht vor Saisonende aufgeben. Im Endeffekt war das Ergebnis ja noch gut für mich. Dank eines guten Starts und unserer tollen Strategie konnte ich meinen Platz halten und noch ein paar Punkte einsammeln.«

Patrick Head: »Ein zynisches Spiel!«

Ralf Schumacher äußerte sich weniger enthusiastisch: »Unsere Eins-Stopp-Strategie wäre an sich schon richtig gewesen, aber durch gewisse Umstände kam sie nicht zum Tragen. Ein bisschen mehr hatte ich mir eigentlich schon erwartet.«
Williams-Technikchef Patrick Head, der schon während des Rennens wutentbrannt am Ferrari-Kommandostand aufgetaucht war, schäumte dagegen öffentlich: »Ferrari hat mal wieder dieses zynische Spiel des »Ein-Fahrer-Teams« gespielt, das sie ja nun schon seit ein paar Jahren betreiben – und Ralf wurde das Opfer davon. Dass sich Mika Salo dafür hergegeben hat! Da lobe ich mir die Haltung von McLaren-Mercedes. Das ist wirklich ein Team mit zwei gleichberechtigten Fahrern. Ich hoffe nur, dass sie dieses Jahr den Fahrer- und den Konstrukteurs-Titel holen – sie hätten es verdient!«

Nichts zu lachen hatten die Ferrari-Fans an diesem Rennsonntag. Eddie Irvine und Mika Salo boten brave Hausmannskost, und Michael Schumacher blieb unsichtbar.

Die Stunde de

Ein schlimmer Fahrfehler des McLaren-Mercedes-Stars Mika Häkkinen eröffnete die Chance auf den dritten deutschen Doppelsieg in der Geschicht der Formel 1. Heinz-Harald Frentzen sorgte für Jubel bei Jordan, Ralf Schumacher zeigte, dass mit Williams wieder zu rechnen war.

Deutschen

Monza

Es war die Szene des Tages, eine fast rührend traurige Szene: Mika Häkkinen schlug die Fäuste gegen den Helm, stieg aus dem Auto, feuerte die Handschuhe ins Gras, saß weinend im Wald, kam dann, langsam und allein, unter Tränen durch den königlichen Park von Monza, der ihm wohl düsterer denn je erschien, an die Box zurück.

Nach Fahrfehler

Häkkinen weint – Frentzen strahlt

In der 30. Runde des Grand Prix von Italien vergab der Finne die Chance, seinen Vorsprung in der Weltmeisterschaft auf 10 Punkte auszubauen, durch einen eigenen Fehler: »Ich habe die Schikane im ersten Gang angefahren, statt wie sonst das ganze Wochenende über im zweiten, beim Bremsen haben die Räder blockiert, das Heck ist ausgebrochen, ich bin rausgeflogen. Der Alptraum eines jeden Rennfahrers, einer der bittersten Momente meines Lebens.« Zum Zeitpunkt des Desasters hatte Mika einen Vorsprung von acht Sekunden und schien auf dem Weg zum sicheren Sieg.

Frentzen rückt auf in den Kreis der Titelanwärter

Den holte sich dann Heinz-Harald Frentzen, der seinen zweiten Saisonsieg feierte – und sich selbst allmählich mit dem Gedanken vertraut machte, nun tatsächlich einer der Titelkandidaten zu sein: Als Dritter lag er nur noch zehn Punkte hinter Häkkinen und dem diesmal chancenlosen Sechsten, Eddie Irvine, zwei Punkte vor Coulthard, »und es sind ja immerhin noch drei Rennen. Wir sind zwar nicht so schnell wie McLaren, aber wir sind zuverlässig – es ist also tatsächlich einiges möglich.« Gefragt, was er sich gedacht habe, als er Häkkinen vor sich von der Strecke fliegen sah, schüttelte er nur den Kopf: »Ich konnte einfach nicht glauben, was da passierte …« Bei McLaren-Mercedes konnte man das auch nicht. Dort gab es düstere Mienen: »Wir werden Mika für diesen Fehler aber keinesfalls an den Pranger stellen«, stellte Mercedes-Sportchef Norbert Haug klar. »Mika tut mir Leid. Ein Rennen souverän anzuführen ist manchmal eine sehr schwierige Aufgabe. Auch andere Weltmeister haben in solchen Situationen schon Fehler gemacht. Natürlich ist das heutige Ergebnis bitter, aber letztes Jahr hatten wir nach Monza ja auch Gleichstand und sind dann doch noch Weltmeister geworden. Wir haben immer noch alle Chancen.«

Die Verzweiflung über den eigenen Fehler nagte freilich noch lange an Häkkinen. Als er drei Stunden nach Rennende das Fahrerlager verließ und ihm

Am Start gab es noch das gewohnte Bild: Mika Häkkinen führte den Pulk ungefährdet an. An zweiter Position fuhr, wenn auch nur für kurze Zeit, Alex Zanardi.

Nach dem Ausscheiden von Mika Häkkinen fuhr Heinz-Harald Frentzen einem ungefährdeten Sieg entgegen – seinem zweiten in dieser Saison. Damit festigte er nicht nur die Position seines Teams als unangefochtene Nummer drei in der Konstrukteurswertung, sondern rückte auch auf in den Kreis der ernsthaften Titelanwärter.

Fans und Journalisten einhellig versicherten, er habe sich an diesem Tag die Sympathien aller erobert, konnte er sich immerhin wieder zu einem Lächeln durchringen.

Das half ihm in der Weltmeisterschaft freilich wenig. Da aber Hauptrivale Irvine als Sechster nur einen Punkt machte, hielt sich der Schaden in Grenzen. »Es hätte punktemäßig noch viel schlimmer kommen können«, meinte McLaren-Chef Ron Dennis denn auch. Auch das Team blieb zuversichtlich. Man habe immer noch alle Mittel in der Hand, um sich den Titel zu sichern, hieß es.

Häkkinen: Für dieses Jahr mein letzter Fehler

»Ich schwöre, dass ich alles tun werde, dass das mein letzter Fehler in diesem Jahr bleibt«, versicherte Mika immer wieder, die Augen noch immer hinter einer dunklen Sonnenbrille versteckt, seine Frau Erja neben sich, auf dem Weg zum Helikopter. Immerhin hatte er sich schon wieder so weit gefangen, dass er mehr oder weniger bereitwillig Autogramme schrieb. Ob er diesen Fehler verkraften würde? In dieser Frage war sich selbst Mikas engerer Freundeskreis nicht hundertprozentig einig. »So etwas steckt er weg, gerade unter Druck ist er ja immer besonders stark, das hat man ja schon letztes Jahr gesehen«, sagten die einen. »Das Problem ist, dass er durch die Ereignisse von Spa schon Vertrauen in das Team verloren hat. Dadurch ist er etwas verunsichert«, befürchteten andere.

Zu diesem Thema munkelte die Formel-1-Gerüchteküche, jemand aus der Mercedes-Mannschaft habe in Belgien intern einigen Ärger bekommen, weil er öffentlich gezeigt hatte, daß er die Entscheidung, keine Stallorder auszugeben, für falsch hielt. Dieser habe nun Genugtuung erfahren aus dem Munde von Mercedes-Boss Jürgen Hubbert: »Sie hatten wohl doch Recht …«

Es war schon fast ungebührlich, wie frenetisch die Tifosi Mikas Ausrutscher bejubelten – kein Wunder, blieben doch nur so die Titelhoffungen für ihre geliebten Ferrari erhalten. In Monza hatte das Fußvolk die Hoffnung noch lange nicht aufgegeben. »Eddie, wir glauben an dich«, oder »Eddie, bring uns unseren Traum zurück«, hieß es von Freitag an auf den zahlreichen Transparenten der Fans auf der Haupttribüne.

Mit einer ganzen Schar von Schönen in knallig roten, knappen Gewändern und mit ebenso roten Perücken machte Sponsor Campari auf seine entscheidende Rolle für diese Veranstaltung aufmerksam.

Als Mika Häkkinen am Abend zusammen mit seiner Frau Erja das Fahrerlager verließ, war ihm die Enttäuschung immer noch deutlich anzumerken (rechts).

Die begeisterte Unterstützung der Tifosi machte Eddie Irvine und den Ferrari aber auch nicht schneller: »Das Auto ist einfach zu nervös«, klagte der Ire nach dem Training wütend. »Bei uns geht seit fünf Wochen überhaupt nichts weiter! Das ist alles ein Desaster.« Ergebnis: Platz acht – sogar noch zwei Ränge hinter seinem Teamkollegen Mika Salo – und überall der große Frust.
Umso souveräner ging Mika Häkkinen da noch zu Werke: Mit seiner Traumrunde von 1:22,432 stellte er eine neue Bestzeit für Monza in der derzeitigen Streckenkonfiguration auf. Außerdem war es die schnellste Trainingsrunde des Jahres mit einem Schnitt von 251,98 km/h, und auch die 355,3 Stundenkilometer Spitzengeschwindigkeit am Ende der Geraden bedeuteten für 1999 Rekord. »Das war eines der besten Trainings meines Lebens«, strahlte der Finne. »Wir haben das Auto das ganze Qualifying über immer weiter verbessert – eine tolle Leistung des ganzen Teams. Ich hätte wirklich nicht gedacht, dass ich hier einen Vorsprung von fast einer halben Sekunde auf den Nächsten herausfahren könnte.«
Dieser »Nächste« hieß Heinz-Harald Frentzen, dem es, wie schon in Hockenheim, gelang, das McLaren-Duo Häkkinen-Coulthard zu sprengen. Insgeheim hatte er zuvor sogar die Pole-Position angestrebt, »denn ich wusste, dass wir hier sehr stark sein würden. Aber gegen Mikas Traumrunde war kein Kraut gewachsen – außerdem haben wir unsere geplante Taktik nicht ganz durchziehen können. Wir hatten herausgefunden, dass bei mir die zweite schnelle Runde in einem Turn immer die noch schnellere ist – aber die konnte ich nie durchziehen. Einmal habe ich selbst einen Fehler gemacht, dann stand jemand im Weg, dann waren gelbe Flaggen draußen … Aber ich bin überzeugt, dass ich im Rennen hier besser mithalten kann als in Hockenheim. Denn dort hatten wir viele Probleme mit der Bremskühlung, was uns einiges an Speed gekostet hat. Das ist jetzt aussortiert.«

Der dritte deutsche Doppelsieg

In der Startaufstellung hatten Frentzen und Häkkinen noch miteinander geflachst: »Du musst schließlich gewinnen«, meinte Heinz-Harald mit Blick auf mögliche Begegnungen in der ersten Kurve. »Aber du brauchst auch Punkte«, warnte Mika. Frentzen

Ehrung für den nicht anwesenden Michael Schumacher bei einem Fußballspiel einer Fahrerauswahl in Monza gegen ein italienisches TV-Team: Auf Anregung von Jean Alesi, einem der besten Freunde Schumachers in der Formel 1, gab es einen stürmischen Sonderapplaus der 5000 Fans im Stadion von Monza für den Kerpener. Ein paar Wochen später waren die Italiener auf Schumi nicht mehr so gut zu sprechen.

Boxenstopp

AC-Milan-Star Oliver Bierhoff stattete dem Großen Preis von Italien während des Trainings einen Besuch ab und ging mit dem neunjährigen Sohn seiner Haushälterin auf Autogrammjagd bei den Piloten. Außerdem versuchte er, sich bei Mercedes die baldige Erfüllung eines Traums zu sichern: »Ich möchte unheimlich gern mal im McLaren-Doppelsitzer mitfahren.«

So langsam er im Qualifying auf der Strecke unterwegs war, in der Boxengasse war Eddie Irvine in Monza mit Abstand am schnellsten: 99,8 Stundenkilometer statt der erlaubten 80 – das bedeutete 10 000 Dollar Geldstrafe und trug auch nicht gerade dazu bei, die ohnehin schon üble Laune des Nordiren zu verbessern.

Ralf Schumacher musste auch feststellen, dass bei Ferrari ohne seinen Bruder die Nervosität ständig zunahm: »Jetzt passt denen auf einmal was an unserem Auto nicht, das sie das ganze Jahr über nicht interessiert hat«, ärgerte sich Ralf, ohne natürlich auf technische Details einzugehen. »Offenbar versucht man, uns auf diesem Weg zu schlagen, wenn man es anders nicht mehr kann.« Es schien jedoch, als habe Ferrari mit eventuellen Protesten hinter den Kulissen nichts erreicht.

Ständige Stromausfälle an der Strecke behinderten die Arbeit von Teams und Journalisten. Sogar eine offizielle Pressekonferenz der FIA musste ausfallen, weil Mikrofone, Lautsprecher und Kameras nicht funktionierten. Angeblich soll unter anderem das große Digital-Fernsehzentrum, Bernie Ecclestones »Lieblingsspielzeug«, der Grund gewesen sein. Die Hightech-Anlage ziehe einfach zu viel Energie aus dem nicht besonders leistungsfähigen italienischen Netz, hieß es.

In der italienischen Fachzeitschrift »Rombo« erging sich der frühere Ferrari-Pilot Clay Regazzoni in Spekulationen, ob bei der Behandlung von Michael Schumachers Beinbruch Fehler gemacht worden seien: »In der Klinik in England hat Schumacher eine ganz normale Behandlung bekommen – nichts für jemanden, der so schnell wie möglich wieder fit sein will. Es wäre besser gewesen, er wäre gleich zu einem Spezialisten wie Professor Saillant in Paris geflogen worden, dann könnte er jetzt vielleicht schon wieder fahren.« Regazzoni fühlt sich als Spezialist für solche Themen, behauptet er doch immer noch, seine Querschnittlähmung nach seinem Unfall in Long Beach 1980 sei auf ärztliche Kunstfehler zurückzuführen.

In Monaco hatte Gonzalo Rodriguez den Formel-3000-EM-Lauf gewonnen, in Spa stand er als Zweiter noch auf dem Podest – am Wochenende des italienischen Grand Prix in Monza starb er bei einem fürchterlichen Trainingsunfall in der amerikanischen CART-Serie in Laguna Seca in einem Penske-Mercedes.
Rubens Barrichello erinnerte nach seinem fünften Platz im Rennen auch öffentlich an den 27-jährigen Uruguayer: »Ich möchte dieses Rennen Gonzalo Rodriguez widmen, den wir gestern in Laguna Seca verloren haben. Er war ein guter Freund und ein echter Kämpfer. Ich habe vor dem Rennen lange an ihn gedacht.«

Gonzalo Rodriguez, der am Wochenende von Monza in den USA ums Leben kam.

konterte im Scherz: »Ach was, ich halte voll drauf.« In der ersten Schikane ging noch alles gut, außer, dass David Coulthard im zweiten McLaren-Mercedes am Start Probleme mit dem ersten Gang hatte, so dass er gleich auf den sechsten Platz zurückfiel und damit das Rennen quasi schon verloren hatte – am Ende wurde er Fünfter. Frentzen musste zwar kurz Alex Zanardi vorbeilassen, schnappte sich den Italiener aber schnell wieder und ging damit erst einmal in Wartestellung hinter Häkkinen.
Ralf Schumacher machte sein Auto in der Startphase sehr breit – so breit, dass weder der am Ende Drittplatzierte Mika Salo noch David Coulthard an ihm vorbeikamen, »obwohl wir beide eigentlich schneller waren«, so Mika frustriert. Für »Schumi 2« war dieses Manöver bereits die Grundlage zum späteren zweiten Platz, mit dem er den dritten deutschen Doppelsieg in der Formel-1-Geschichte nach Imola und Suzuka 1997 – Frentzen vor Schumacher und umgekehrt – sicherstellte. »Ich muss mich dafür aber auch bei meinem Teamkollegen Zanardi bedanken, der mich freiwillig vorbeigelassen hat, nachdem ich etwas schneller fahren konnte als er. Das hat schon sehr geholfen. Ich bin mit diesem Ergebnis natürlich überglücklich! Es zeigt, dass wir wirklich Fortschritte gemacht haben. Nach dem Desaster von Ungarn haben sich einige Leute ans Zeichenbrett gesetzt, neue Aerodynamikteile entworfen – und das hat wirklich etwas gebracht.«

Frentzen: Ich habe Jordan unterschätzt

Heinz-Harald Frentzen strahlte nach seinem insgesamt dritten Formel-1-Sieg mit der Sonne von Monza und seinem leuchtend gelben Jordan-Overall um die Wette. Auf die Feststellung: »Da vorne streiten sich McLaren und Ferrari um die Weltmeisterschaft – die Gefahr, die von dir ausgeht, scheinen sie überhaupt noch nicht richtig zu sehen«, konnte er sich ein Grinsen nicht verkneifen: »Stimmt, aber das kann doch auch ganz hilfreich sein …« Ob Jordan anfangs unterschätzt wurde? Heinz-Harald war ehrlich: »Ich habe Jordan Anfang des Jahres doch selbst unterschätzt.«
Nur über die Art und den Ort der Siegesfeier war er sich nicht sicher: »Da müssen wir jetzt erst mal eine Krisensitzung anberaumen, um das zu entscheiden. Denn vorher wollte ich darüber nicht nachdenken. Ich dachte, es ist nicht gut, wenn man sich vor dem Rennen zu sehr mit dem Gedanken ans Gewinnen beschäftigt.« Und dann ließ er das heraus, worüber er sich insgeheim wohl schon seit einiger Zeit am

Was wurde gespielt bei Ferrari?

Michael Schumachers Absage für Monza war nicht unbedingt eine Überraschung. Wie stark die Schmerzen in seinem verletzten Bein wirklich waren, wie groß die rein physischen Probleme, wusste nur er selbst. Aber dass Schumacher mit einem relativ frühen Comeback für sich selbst nicht viel gewinnen, sondern eher verlieren könnte, war auch klar. Was hätte es ihm gebracht, sich im Zweifelsfall hinter Eddie Irvine anstellen zu müssen?
Bei Ferrari hinterließ Schumachers Abwesenheit freilich tiefe Spuren. Eddie Irvine hätte einem in Monza fast Leid tun können. Es schien tatsächlich, als hätte sein Team den Kampf um den Titel schon aufgegeben. Warum versuchte man nicht, den 40-Millionen-Dollar-Mann Schumacher zumindest als Berater bei Tests und Rennen einzusetzen? Mit seiner Erfahrung und seinem technischen Wissen hätte Schumi sicher helfen können, dem lahmen »springenden Pferd« wieder auf die Beine zu helfen. Aber nichts dergleichen geschah. Stattdessen drehte man sich bei Ferrari im Kreis, die Motivation auch der Techniker und Mechaniker schien im gleichen Maße abzunehmen, wie Hektik, Chaos und Lautstärke zunahmen.
Auf den mittleren und unteren Ebenen wurde inzwischen sogar das Gebaren der eigenen Führungsspitze misstrauisch beäugt. Spielten Ferrari-Rennleiter Jean Todt, von dem man ja weiß, dass er von einem Weltmeister Irvine gar nicht so begeistert wäre, und Michael Schumacher da vielleicht sogar ein gemeinsames Spiel, gegen das Montezemolo – der bei einem offiziellen Abendessen mit 600 Gästen am Samstag selbst der italienischen Presse gegenüber ungewohnt kurz angebunden auftrat – nichts ausrichten konnte? Hat etwa Schumacher in seinem Vertrag Klauseln, die es ihm erlauben, eine derartige Mitarbeit zugunsten seines Teamkollegen schlichtweg abzulehnen?
Oder hatte Montezemolo sogar etwas die Kontrolle über das Team und Schumi verloren? Von dem – am Ende gescheiterten – Comeback-Versuch für Ungarn, der den zweimaligen Weltmeister, wie er inzwischen erkannt hatte, wohl durch zu frühes, zu hartes Training gesundheitlich erst recht zurückwarf, erfuhr Montezemolo als Letzter. Das hatten Schumi, Todt und Konstrukteur Ross Brawn, der übrigens nach Schumis Testabbruch vor Monza viel sagenderweise auch sofort abreiste, alleine ausgeheckt … Auch Sponsor Marlboro war befremdet über die Abwesenheit Schumachers. Warum dieser zu besagtem Ferrari-Essen nicht erschienen sei? Giftige Antwort: »Weil er es vorzog, zu Hause zu bleiben!«

meisten freute: Im Hause Frentzen wird Nachwuchs erwartet. »Tanja und ich werden Vater« – der vor lauter Aufregung verunglückte Satz wurde bald zu einem geflügelten Wort in der Formel-1-Szene …

Eddie Jordan wettet auf Sieg

Gewonnen hatte durch den Frentzen-Sieg übrigens auch Teamchef Eddie Jordan, und zwar genau 24 000 Pfund – etwa 75 000 Mark. Denn am Mittwoch vor dem Rennen hatte er 2000 Pfund auf den Sieg seines Starfahrers in Monza gesetzt. Kein Wunder, dass bei Jordan Champagner und Guinness in Strömen flossen. Eddie zeigte sich mit den Leistungen von Team und Fahrer mehr als zufrieden: »Erneut ein großer Tag und ein großer Sieg für Heinz und das Team. Wir konnten Mika ein bisschen unter Druck setzen – nicht viel, aber genug, um ihn in einen Fehler zu treiben. Die Runden vor dem Boxenstopp waren für Heinz entscheidend, und er hat das getan, was wir von ihm erwartet haben.«

Nicht zu beneiden war Ferrari-Chef Luca di Montezemolo (Mitte), hatte es doch bisweilen den Anschein, als müsse er die Weltmeisterschaftschancen seines Fahrers Eddie Irvine (links) gegen den latenten Widerstand der Teamleitung unter Jean Todt und Cheftechniker Ross Brawn (rechts) wahren. Oder lag es ganz einfach am Fehlen des Abstimmungsgenies Schumacher, dass die Ferrari in Monza nur Mittelmaß waren? Daran konnten auch die Begeisterung der Tifosi und die riesigen Ferrari-Fahnen nichts ändern (unten).

Das fahrerische Talent zum WM-Kandidaten hatte er schon immer, die Ruhe und Sicherheit und damit auch die nötige Beständigkeit bewies er 1999 immer wieder. »Als Einziger der Top-Piloten hat er in diesem Jahr bisher noch in keinem Rennen selbst einen Fehler gemacht«, stellt auch sein Teamchef anerkennend fest. Die Geborgenheit im Jordan-Team, das Vertrauen, das man dort in ihn setzt, haben zu die-

»Man kann sich auch positiv überraschen lassen!«

ser eindrucksvollen Leistung sicherlich beigetragen. Aber auch das persönliche Umfeld spielt eine Rolle. Das fängt an bei »Mitarbeitern« wie seinem persönlichen Physiotherapeuten Andreas Kos, zu dem Heinz-Harald ein sehr vertrauensvolles Verhältnis aufgebaut hat, und endet natürlich bei der »Frentzen-Familie«, die in dieser Saison Gestalt annahm. So brachte es den Mönchengladbacher auch nicht aus der Ruhe, dass er zwischen Monza-Sieg und dem Rennen am Nürburgring nun plötzlich im Zentrum des Medienrummels stand und jeder von ihm wissen wollte, ob er denn nun wirklich Weltmeister werden könne.

? Auf einmal gehst du als einer der Titelkandidaten in die Endphase der Weltmeisterschaft. Steigert das den Druck?

! Eigentlich nicht. Ich habe doch im Moment den großen Vorteil, den »Underdog« spielen zu können. Auf Mika Häkkinen und Eddie Irvine lastet mit Sicherheit entschieden mehr Druck. Und das auszunützen, ist doch unsere große Chance.

? Hat sich im Jordan-Team durch die neue, ungewohnte Situation etwas verändert?

! Ja, vor allem logistisch. Man hat zum Beispiel Windkanalarbeiten am Auto für die nächste Saison zurückgestellt, um noch einmal extra am 99er Modell zu arbeiten. Ein paar neue Teile, die erst für 2000 geplant waren, kommen wohl schon dieses Jahr, es gibt zusätzliche Testfahrten in Barcelona, die ursprünglich nicht im Plan standen. Außerdem bringt Honda die neue Motoren-Entwicklungsstufe schon in Malaysia statt erst in Suzuka. Ich habe die Variante in Magny Cours vor dem Nürburgring schon einmal getestet, und sie hat tatsächlich noch einmal ein paar PS mehr.

? Jetzt ist die Saison 99 noch nicht vorbei, und man redet schon überall davon, dass du für 2001 von Jaguar ein tolles Angebot hättest – von 50 Millionen ist da die Rede …

! Na ja, ich habe schon mit Jaguar und Ford gesprochen, aber zu einem Zeitpunkt, als noch nicht sicher war, dass Eddie Jordan seine Option auf mich für 2000 einlösen würde. Jetzt bin ich erst mal mit Leib und Seele Jordan-Mugen-Honda-Fahrer. Über die weitere Zukunft kann man noch nichts sagen. Aber es schmeichelt mir natürlich schon, dass sich ein Team wie Jaguar, das sicher sehr viel Perspektive hat, für mich interessiert. Ich finde es aber nicht gut, wenn da Fantasiezahlen in den Raum gestellt werden, die vollkommen frei erfunden sind.

? Durch deine Leistungen und den Stand der Weltmeisterschaft bist du im Moment endgültig aus dem Schatten von Michael Schumacher herausgetreten. Bedeutet dir das etwas?

! Eigentlich nur insofern, als ich immer wieder darauf angesprochen werde und mir jedes Mal eine andere Antwort auf die Frage überlegen muss, damit es nicht ganz so langweilig wird. Ansonsten ist mir das egal. Mir ist nur wichtig, dass mir mein Job wirklich Freude macht. Und das ist im Moment mehr denn je der Fall, weil wirklich alles stimmt. Ich staune ja selber darüber …

? 1999 ist deine sechste Formel-1-Saison – und deine bisher beste. Wie erklärst du dir selbst, dass jetzt so vieles klappt, was früher schief ging?

! Es macht einfach Spaß. Jordan ist für mich ein bisschen wie eine neue Liebe. Von Anfang an hat die Chemie gestimmt. Ich kann gar nicht genau beschreiben, woran das liegt, es passt einfach. Ich muss dem Team aber auch für die technische Arbeit ein großes Kompliment machen. Wir haben ein generell sehr zuverlässiges Auto, mit dem ich regelmäßig in die Punkte fahren kann. Dadurch haben wir uns in der WM kontinuierlich mit vorne an der Spitze gehalten. McLaren und Ferrari sind zwar momentan immer noch etwas besser als wir, aber es gelingt uns eben oft, das Potenzial unseres Autos wirklich optimal auszunutzen.

? Dabei habt ihr ja nicht die Mittel und Möglichkeiten wie McLaren oder Ferrari.

! Ja, aber es ist uns jetzt eben schon ein paar Mal geglückt, aus unserem relativ kleinen Budget wirklich viel zu machen. Insofern ist das schon fast ein kleines Wunder, was wir erreicht haben. Das macht uns auch sehr stolz. Man kann schon sagen, wir sind sehr gut zusammengewachsen, und ich glaube, wir haben sogar für die Zukunft noch ein paar Joker im Ärmel.

? 1997 warst du auf dem Papier Weltmeisterschafts-zweiter, rein sportlich Dritter. Wie sieht dein Vergleich aus zwischen damals und heute?

! 1997 war für mich der erste Kontakt mit einem Top-Team. Ich habe bei Williams die Möglichkeit gehabt, viel über die Technik zu lernen, mich weiterzuentwickeln. Die zwei Jahre waren nicht immer einfach, aber entscheidend, um jetzt bei Jordan technisch und fahrerisch so weit zu sein, dass ich alles umsetzen kann. In diesem Jahr war jetzt auch von Anfang an das Glück ein bisschen auf unserer Seite. Wir haben gleich in Melbourne einen zweiten Platz geholt, das hat schon Auftrieb gegeben.

? Hast du bis jetzt schon mehr erreicht, als du dir zu Saisonbeginn 1999 vorstellen konntest?

! Unser Ziel war ja eindeutig immer der dritte Platz in der Konstrukteurswertung, denn das bedeutet eine ganze Menge mehr Preisgeld. Das können wir dann wieder in die Entwicklung investieren und damit unsere Chancen für das kommende Jahr noch weiter verbessern und vielleicht wirklich mal versuchen, mit den Spitzenteams mitzuhalten. Aber ich hätte vor Saisonbeginn nicht daran geglaubt, dieses Jahr zwei Grand Prix gewinnen zu können. Aber man kann sich ja auch mal positiv überraschen lassen.

? Vielen Beobachtern fällt auf, dass du viel ruhiger und lockerer bist als früher. Merkst du das auch?

! Vielleicht sehen die Leute einfach nur, dass ich mehr Spaß an meiner Arbeit habe, das ist schon ein entscheidender Faktor.

? Auch privat stimmt ja derzeit alles: Du wirst Vater, im Winter steht die Hochzeit mit Tanja ins Haus. Aber hast du keine Angst vor der alten Formel-1-Weisheit, dass jedes Kind mindestens eine halbe Sekunde langsamer macht?

! Der Satz stammt von Enzo Ferrari, aber der hat ja zum Beispiel auch gesagt, dass er am liebsten nur kurzsichtige Fahrer einstellt, weil die weniger Angst vor der nächsten Kurve haben. Warten wir's mal ab. Ansonsten habe ich unserem Konstrukteur schon gesagt, dass er nächstes Jahr ein bisschen Gewicht am Auto einsparen muss – der Ehering, mit dem ich dann fahren werde, wiegt ja schließlich auch ein paar Gramm.

? Warum hast du euer süßes Geheimnis gerade nach dem Monza-Sieg gelüftet?

! Das war überhaupt nicht geplant, das kam einfach so raus. Wir wollten eigentlich irgendwo ganz im Stillen privat heiraten, und das mit dem Kind sollte so lange wie möglich geheim gehalten werden. Nur gab es dabei Schwierigkeiten; denn viele Leute im Fahrerlager kennen Tanja schon seit einiger Zeit, und denen ist aufgefallen, dass sie sich irgendwie verändert hat, und als Kai Ebel mich dann gefragt hat, ob ich irgendetwas Besonderes in den Schlagzeilen lesen möchte, da ist mir das eben einfach spontan so rausgerutscht. Das hat man ja schon daran gemerkt, dass mir dieser Spruch so verquer rauskam, »Tanja und ich werden Vater …«

? Wenn wir schon beim Privaten sind – du hast ja vor lauter Terminen kaum noch Freizeit. Was machst du, wenn doch mal ein bisschen übrig bleibt?

! Ich versuche, Termine und Privates so oft wie möglich zu verknüpfen. Als ich zum Beispiel auf der IAA war, habe ich mir gleich die neuen Autos mit angeschaut, die mich interessieren. Ansonsten bin ich am liebsten zu Hause in Monte Carlo, entspanne mich bei den Dingen, die Spaß machen. Das kann gemütlich fernsehen sein, ins Kino gehen, Wassersport, alles Mögliche.

? Apropos Auto – wie rasant fährst du eigentlich privat?

! Immer der Situation angemessen. Ich brauche schließlich meinen Führerschein – ohne den bekäme ich auch keine Lizenz mehr von der FIA. Allein deswegen kann ich mir keine Eskapaden erlauben.

Die Saison seines Lebens fuhr Heinz-Harald Frentzen. Anders als Frank Williams und Patrick Head scheint Eddie Jordan den richtigen Ton zu treffen, um den sensiblen Mönchengladbacher zu Höchstleistungen anzutreiben.

Das große

Nürburgring

Favoritensterben

Es hätte der Tag der Deutschen werden können. Erst sah Heinz-Harald Frentzen wie der sichere Sieger aus, ehe ihn ein Defekt stoppte, dann Ralf Schumacher, den ein Reifenschaden zurückwarf. Zuletzt standen Fahrer auf dem Treppchen, die Siegerehrungen meist nur von unten sehen. Umso größer war ihre Freude.

Verrückter als am Nürburgring kann die Formel 1 nicht sein! Wetterkapriolen, Regenschauer, Unfälle, Ausfälle, unzählige Reifenwechsel, ein Überraschungssieg durch Johnny Herbert und ein Mika Häkkinen, der als Einziger der vier Titelkandidaten wenigstens zwei mickrige Pünktchen holte, während Heinz-Harald Frentzen der große Pechvogel war – geboten war alles.

Ein verrücktes Rennen

Will denn keiner Weltmeister werden?

Unglückliche Fehlentscheidungen und Fahrfehler bei McLaren, unfassbares Chaos bei Ferrari und unglaubliches Pech bei Jordan sorgten aber immerhin dafür, dass die Spannung größer blieb als je zuvor: Immer noch hatten vier Fahrer – Häkkinen, Irvine, Frentzen und Coulthard – vor den letzten beiden Saisonrennen Weltmeisterschaftschancen – das hat es in den letzten 25 Jahren in der Formel 1 noch nie gegeben.
Das Chaos am Nürburgring begann gleich beim Start: Erst ein Abbruch, weil Marc Gené nicht wegkam, dann beim zweiten Versuch ein schlimm aussehender Unfall von Pedro-Paulo Diniz: Von Wurz, der dem langsamer werdenden Hill ausweichen wollte, abgeschossen, überschlug sich der Sauber und rutschte kopfüber lange übers Gras. Doch der Brasilianer blieb zum Glück bis auf ein paar Prellungen unverletzt.

Es sah fürchterlich aus, als sich Pedro-Paulo Diniz mit dem Sauber überschlug und kopfüber durchs Gras rutschte. Wie durch ein Wunder blieb der Brasilianer fast unverletzt.

Ron Dennis setzt auf die falschen Reifen

Als das Safety-Car danach wieder von der Strecke fuhr, blieb Heinz-Harald Frentzen an der Spitze, die er sich am Start vor Häkkinen und Coulthard erobert hatte. Auch die ersten Regentropfen ließen ihn unberührt, während die McLaren-Box Häkkinen zu früh auf Regenreifen setzte. Doch es trocknete ganz schnell wieder, der Finne musste wieder wechseln und verlor so schon fast alle Chancen.
Die Entscheidung, Mika bei den allerersten Regentropfen zum Reifenwechsel an die Box zu holen, hatte McLaren-Chef Ron Dennis höchstpersönlich getroffen. Daher eilte er später ins RTL-Studio, um Norbert Haug zu korrigieren, der zuvor behauptet hatte, Mika selbst habe so entschieden.
»Wir wollten mit einem Auto auf Nummer sicher gehen, mit dem anderen auf Risiko setzen. Im Nachhinein war die Entscheidung natürlich falsch – aber hinterher ist man immer schlauer.« Häkkinen selbst war mit der Entscheidung offensichtlich nicht einverstanden gewesen, sofern man seine ausweichenden Antworten auf entsprechende Fragen richtig interpretiert. Doch er fügte sich im entscheidenden Moment seinem Teamchef – offenbar ist er ein sehr braver Angestellter. In früheren Zeiten, Anfang der neunziger Jahre, bekam Dennis in solchen Situationen schon ab und zu ein unmissverständliches »Nein, ich mache, was ich will« über den Funk ins Ohr gebrüllt – vor allem von Ayrton Senna, der auf diese Weise ganz große Siege feierte, Donington und Adelaide 93 zum Beispiel …

Totales Chaos bei Ferrari

Bei Ferrari stellte man sich allerdings noch wesentlich ungeschickter an: Einmal stand Irvine volle 28 Sekunden an der Box, weil ein Reifen fehlte. Erste Erklärung von Sprecher Claudio Berro: »Die Mechaniker haben zuvor bei Salos Stopp Probleme gehabt, als dort ein Reifen nicht draufging. Sie haben einen anderen geholt – und der fehlte dann bei Eddies Satz …«
Dann merkte man wohl, dass das nicht viel Sinn gab, hatte doch der Finne Regen-, der Ire aber Trockenreifen bekommen. Nun also Version zwei – von Eddie: Da Salo unangemeldet kurz zuvor an die Box gekommen sei, habe man seine schon zurecht-

gelegten ganz schnell aus dem Weg räumen müssen – und dabei sei einer »verloren gegangen«. Außerdem, so kartete Rennleiter Jean Todt noch nach, habe Irvine in letzter Sekunde umdisponiert, eine andere Sorte verlangt – und damit für noch mehr Durcheinander gesorgt. Nebenbei: Irvines zweiter Stopp war völlig unsinnig. Als es zum zweiten Mal anfing zu regnen, ließ man Irvine erst mit Slicks weiterfahren, und erst als fünf Runden später schon fast wieder die Sonne herauskam, bekam er Regenreifen – mit dem Ergebnis, dass er ein paar Runden später noch einmal an die Box musste. Außerdem war der Ferrari wieder nicht schnell genug: Als Häkkinen am Ende angriff, sah Irvine nicht gut aus.
Das alles passte zum chaotischen Bild, das Ferrari im Herbst 99 abgab. Schon Michael Schumachers Äußerung vor dem Rennen, Eddie Irvine habe kaum noch Weltmeisterschaftschancen, es sei denn, McLaren-Mercedes würde sich selbst ein Bein stellen, hatte bei Ferrari einige Irritationen ausgelöst. Nicht nur bei Irvine selbst, der daraufhin sarkastisch meinte: »Da sieht man ja, wie sehr Michael hinter unserem Team steht.«
Rennleiter Jean Todt, Schumachers bester Freund bei Ferrari, versuchte freilich wieder, diesen in Schutz zu nehmen. Er wisse ja nicht, was Michael genau gesagt habe, er könne sich das so auch nicht vorstellen. Wahrscheinlich sei da etwas falsch verstanden worden, denn Michael habe sich doch immer sehr mit Ferrari identifiziert … Am Freitag sorgte dann Ross Brawn für Unruhe, indem er sich mit Irvines Renningenieur Baldisserri anlegte, als der Einblick in Salos Telemetriedaten verlangte und nicht bekam – merkwürdige Unterstützung für einen Weltmeisterschaftskandidaten. Kein Wunder, dass der am Samstag höchstpersönlich erschienene Ferrari-Chef verärgert war.
Offiziell enthielt sich Luca di Montezemolo zwar eines Kommentars, aber dass er, dem der Titelgewinn oberstes Ziel ist, weil ja auch seine eigene Karriere im FIAT-Konzern daran hängt, sich von seiner eigenen Mannschaft, Todt allen voran, im Stich gelassen fühlt, scheint eindeutig. Nur kann er Todt nicht einfach hinauswerfen. Denn erstens bekommt er so schnell keinen qualifizierten Ersatz – und zweitens scheint es, als seien die Verträge von Schumacher, Todt und Technikchef Ross Brawn aneinander gekoppelt…
Immerhin gab es am Montag in Maranello wohl eine dreistündige Standpauke für Todt und Co. Keine Woche später dann allerdings der nächste Ärger, als Michael Schumacher erklärte, definitiv auch die beiden letzten Saisonrennen nicht mehr fahren zu wollen, obwohl die Ärzte grünes Licht gegeben hatten. Die italienische Presse tobte. Schumacher sei eben doch ein Egoist, der auf keinen Fall Irvine unterstützen wolle, auch wenn er damit Ferrari schade … Obwohl das Team in offiziellen Statements Verständnis für Schumacher äußerte – begeistert war zumindest Montezemolo sicher ebenso wenig wie über die Vorfälle in der Eifel – und sicher war er es, der Schumacher dann umstimmte.

Aus für Frentzen. Ein Softwarefehler zerstörte die Sieges- und damit die Titelhoffnungen des Mönchengladbachers.

Software bringt Frentzen um alle Chancen

Als Erster der Titelkandidaten war Heinz-Harald Frentzen aus dem Rennen: In der 33. Runde, gleich nach dem Boxenstopp, als er seine Führung vor

Schnell waren sie oft, standfest nur selten, die Stewart-Ford. Am Nürburgring gelang ihnen mit dem ersten und dritten Platz der Durchbruch.

Nicht gerade erfolgsverwöhnt war das Team um Jackie Stewart in dieser Saison. Am Nürburgring brachten sie mit dem Sieger Johnny Herbert (rechts) und Rubens Barrichello gleich zwei Fahrer auf das Treppchen.

Coulthard verteidigt hatte, stoppte ihn etwas, das zuerst wie ein Elektronikdefekt aussah: »Es gab einen Kurzschluss, die Zündung fiel aus – wahrscheinlich das Gleiche, was zuvor schon bei Damon passiert ist!«

Die Enttäuschung war natürlich riesig – Heinz-Harald Frentzen stand sie ins Gesicht geschrieben, als er an die Box zurückkam: »Wenn man in Führung liegt, tut so ein Defekt natürlich besonders weh.«

Bis der Fehler, der sich später als Softwareproblem erwies, den Mönchengladbacher stoppte, hatte es so ausgesehen, als könne die Jordan-Hornisse wieder einmal stechen: Bis dahin hatte Frentzen ein perfektes Rennen gefahren, hatte den Start gewonnen und seine Hintermänner fast nach Belieben kontrolliert, ob die nun Häkkinen, Coulthard oder Ralf Schumacher hießen.

»Ich glaube auch, dass ich hätte vorn bleiben können«, meinte Heinz-Harald, versuchte dann aber, mit der Riesenenttäuschung vor heimischem Publikum relativ cool umzugehen: »Heute haben viele Leute wichtige Punkte verloren, aber so ist nun mal der Motorsport. Und ganz sind meine Titelchancen ja noch nicht weg. Es sind noch zwei Rennen, und es ist alles noch möglich. Das Allerwichtigste bei all dem Chaos heute ist sowieso, dass sich niemand ernstlich verletzt hat, dass vor allem Diniz bei diesem Horrorunfall nichts passiert ist.«

Nürburgring

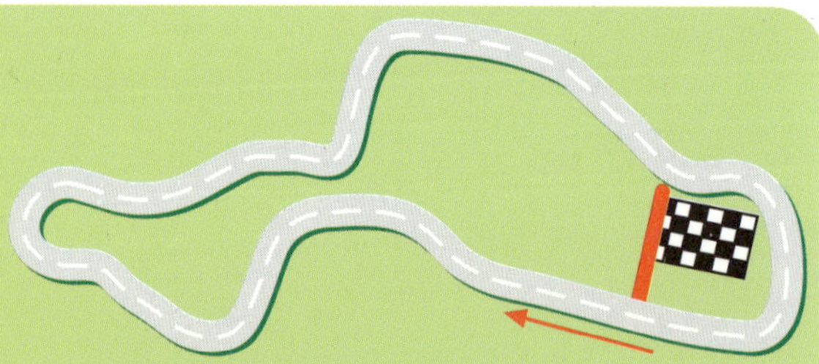

Streckenlänge: 4,556 km; **Gesamtdistanz:** 66 Runden = 300,696 km;
Rundenrekord: Frentzen, Williams-Renault, 1997 (1:18,805 = 208,128 km/h)

Von den Favoriten punktet nur Häkkinen

Als Nächster der Favoriten verabschiedete sich David Coulthard: In Führung liegend rutschte er bei einem der vielen kurzen Regenschauer in die Leitplanken. »Ich bin sehr enttäuscht darüber, dass ich abgeflogen bin, vor allem, weil ich einen guten Vorsprung hatte. Es ist noch eher zu akzeptieren, dass man rausfliegt, wenn man jemanden jagt, als wenn man in Führung liegt. Es tut mir Leid für das Team. Es war immerhin das erste Mal in diesem Jahr, dass ich im Rennen ein Auto rausgeworfen habe – aber das ist nur ein schwacher Trost.« Irvine und Häkkinen begegneten sich in der Schlussphase. Nach zahlreichen Ausfällen, unter anderem von Luca Badoer, der sensationell auf Rang vier lag, und Jacques Villeneuve, der wieder einmal in letzter Minute einen Punkt verpasste, ging ihr Kampf zunächst um Platz sechs. Am Ende schnappt sich der Finne auch noch den Minardi von Gené: »Immerhin habe ich zwei Punkte geholt, meine Konkurrenten keinen einzigen. Insofern kann ich das Ergebnis am Ende positiv sehen. Es war ein sehr schwieriges Rennen! Vor allem bei Nässe mit Trockenreifen war unser Auto sehr schwierig zu fahren. Man hat ja gesehen, was David passiert ist. Ich bin zeitweilig sehr vorsichtig gewesen, wollte auf keinen Fall ein Risiko eingehen. Immerhin kann ich jetzt in Malaysia Weltmeister werden. Und der Kampf gegen Eddie hat Spaß gemacht. Ich wusste, dass er irgendwann einen Fehler machen würde, wenn ich nur genügend Druck mache.« Dass Irvine schließlich in der Schikane ins Gras rutschte, nachdem er immer gelästert hatte, Häkkinen mache zu viele Fehler, kommentierte dieser mit unübersehbarem Grinsen.

Der Tag der Außenseiter

Dass am Ende Johnny Herbert vor Jarno Trulli und Rubens Barrichello gewann, die sich bis zum Schluss ein »hartes, aber faires Duell«, so der Italiener, lieferten, hatten sie auch dem Abflug des zeitweilig führenden Gianni Fisichella und dem Pech von Ralf Schumacher zu verdanken: Der fuhr ein Superrennen, lag nach zwei Dritteln der Distanz vorn, hatte seinen ersten Grand-Prix-Sieg in Reichweite, »und ich war mir auch sicher, gewinnen zu können«, da warf ihn ein Reifenschaden weit zurück, so dass am Ende nur Rang vier blieb: »Ich bin über nichts drübergefahren, das ist einfach so passiert. So etwas ist natürlich bitter.«

Trotz Verletzung und Pause – eine lieb gewordene Tradition wollte Michael Schumacher auch in diesem Jahr nicht aufgeben. Für den Mittwochabend vor dem Nürburgring-Wochenende hatte Schumi die ganze Ferrari-Truppe in sein Kartcenter nach Kerpen eingeladen, »damit die Jungs auch mal ihren Spaß haben und zeigen können, was sie so fahrerisch draufhaben«. An die Strecke wollte Schumi allerdings nicht kommen, auch nicht zum Autogramme schreiben oder für eine Ehrenrunde. »Warum soll ich mir das antun?«, fragte er laut. Die Fans waren freilich anderer Meinung: »Er hätte sich ruhig mal sehen lassen können, schließlich ist Kerpen keine 90 Kilometer weg«, konnte man immer wieder hören.

Boxenstopp

Beim offiziellen Mercedes-Dinner am Nürburgring fehlten in diesem Jahr erstmals die Fahrer Mika Häkkinen und David Coulthard. »Da sieht man, wie fürsorglich Mercedes sich um seine Fahrer kümmert«, lästerten englische Spötter, »sie befürchten sicher, dass die beiden zu sehr dem guten Ahr-Rotwein zusprechen und dann im Training oder im Rennen diesmal sogar einen »Doppelfehler« abliefern!«

Als Heinz-Harald Frentzen und David Coulthard von eifrigen Autogrammjägern abgefangen wurden, mussten sie erst einmal schlucken: Meist wurden ihnen ausgerechnet rote Michael-Schumacher-Kappen zum Unterschreiben hingehalten. »Ihr müsst euch endlich mal neue Mützen kaufen«, frotzelte David, Heinz-Harald sah´s gelassener: »Ist mir doch egal, ich unterschreibe auf allem!«

Michael Schumachers lange Abwesenheit macht sich inzwischen auch im Fan-Artikel-Geschäft bemerkbar. Manager Willi Weber gab jetzt erstmals zu, dass es »gewisse Rückgänge« gebe, »die man eventuell als Einbrüche bezeichnen könnte«.

Riesenjubel bei Minardi: Der eine Punkt von Marc Gené für Platz sechs, so hoffte man, würde für den zehnten Platz in der Konstrukteurs-WM reichen und dem Team damit im Jahr 2000 eine Menge Geld sparen: Die ersten zehn des Vorjahres bekommen nämlich die Übersee-Reise- und Transportkosten von der FOA erstattet – das kann Millionenbeträge ausmachen.

Ralf Schumacher: Der kleine Bruder wird groß

Das ganze Jahr über konstante Leistungen, da und dort ein Podiumsplatz, auf dem Nürburgring zum ersten Mal eine realistische Siegchance, selbst mit Platz vier Bruder Michael zum ersten Mal in der Weltmeisterschaftswertung überholt – Ralf Schumacher erlebte 1999 in seinem dritten Formel-1-Jahr seine mit Abstand beste Saison. Dass seine tollen Vorstellungen gerade rund um den Nürburgring aus deutscher Sicht im Schatten von Heinz-Harald Frentzen standen, damit konnte er freilich recht problemlos leben: »Was soll's, Heinz-Harald hat ja auch jahrelang unter meinem Bruder gelitten«, meinte er nur – und wie er das vorbrachte, zeigte auch schon, dass sich der »Kleine«, der er wahrscheinlich immer irgendwie bleiben wird, nicht nur fahrerisch, sondern auch persönlich weiterentwickelt hat.

Fahrerisch begann seine Erfolgsserie beim belgischen Grand Prix in Spa vor einem Jahr – ausgerechnet in jenem Rennen, in dem Michael Schumacher durch seine Kollision mit David Coulthard möglicherweise den Titel 1998 verlor. Platz zwei holte er sich damals im strömenden Regen hinter seinem Teamkollegen Damon Hill, damals noch für Jordan. Der Wechsel zu Williams scheint ihn weiter nach vorne gebracht zu haben. Aus dem zwar schnellen, aber nie besonders konstanten »Schumi 2« wurde inzwischen ein sehr zuverlässiger Fahrer, der in diesem Jahr für Williams regelmäßig in die Punkte fuhr und nur noch ganz selten durch eigene Fehler ausschied.

Dass sich mit dem Erfolg und der allgemeinen Anerkennung, auch für ihn persönlich einiges verändert hat, verschweigt Ralf Schumacher nicht: »Am Anfang war es in der Formel 1 schon schwierig – bis man mich respektiert hat.« So gab es nach der Freude über den Einstieg 1997 durchaus einen Durchhänger, auch psychisch. Jetzt, mit dem Erfolg, ist die Freude wieder da, und Ralf ist in seinem Auftreten sicherer, lockerer und souveräner geworden, ohne dabei so altklug oder gar arrogant zu wirken wie hin und wieder zu Beginn seiner Karriere. Er scheint sich aber auch von seinem Bruder und dessen Umfeld zu emanzipieren, mehr als nur ein Anhängsel des großen Schumi-Clans zu sein.

Er hat ja auch allen Grund, selbstbewusst aufzutreten. Nach Zuverlässigkeit und Fehlerfreiheit konnten nur noch Eddie Irvine und Heinz-Harald Frentzen bessere Bilanzen vorweisen, und das, obwohl Ralf lange Zeit mit deutlich unterlegenem Material kämpfen musste. Nach dem absoluten Tiefpunkt beim Rennen in Ungarn »haben sich einige Leute auf den Hintern gesetzt, in der Aerodynamik vieles verändert, und auf einmal ging es besser.« Nicht nur auf schnellen Strecken wie in Spa oder Monza, sondern eben auch am Nürburgring, wo man mehr Abtrieb braucht – »und das war ja zuvor unsere ganz große Schwäche.«

Ralf macht kein Hehl daraus, dass er während der Saison, vor allem im Sommer, mit dem Tempo der Fortschritte am Williams nicht ganz zufrieden war. »Aber man muss auch die Umstände sehen. Williams hat im Moment schwierige Aufgaben zu bewältigen. Wir sind gerade dabei, das Auto für nächstes Jahr zu entwickeln. Dazu wird ein Chassis für die Testfahrten mit BMW umgebaut – und die Weiterentwicklung des diesjährigen Autos muss parallel dazu weiterlaufen. Da bleibt halt schon mal was liegen.« Ein weiteres Problem ist der Motor. »Der unsere ist halt doch deutlich schwächer – und da müsste das Auto extrem gut sein, um das halbwegs zu kompensieren. Aber ich gehe davon aus, dass sich die Motorensituation ja vom nächsten Jahr an deutlich verbessern wird.

Ich glaube weiterhin, dass meine Entscheidung für den Wechsel zu Williams sich langfristig als richtig erweisen wird.« Persönlich kommt er dort ja gut zurecht, viel besser als zuvor etwa Heinz-Harald Frentzen. Das liegt sicher vor allem an den unterschiedlichen Mentalitäten der beiden: Der robuste, direkte Ralf, der auch selbst austeilen kann, verkraftet es sicher besser als der sensible Frentzen, wenn Technikdirektor Patrick Head einen seiner gefürchteten Wutanfälle bekommt. »Zum einen Ohr hinein, zum anderen hinaus« oder im Notfall auch mal zurückbrüllen, das kann Ralf Schumacher sicher besser als Frentzen – und umgekehrt wird Head es wahrscheinlich auch eher respektieren als die leiseren Töne von Frentzen.

So wie bei dem und Jordan die Chemie stimmt, stimmt sie jetzt offensichtlich auch zwischen Ralf Schumacher und Williams – mit positiven Resultaten für alle.

Fisichella ärgerte sich gewaltig über sich selbst. Wie bei Häkkinen in Monza und dem auf Platz vier liegend mit Defekt ausgeschiedenen Minardi-Piloten Luca Badoer flossen auch bei Fisico ein paar Tränen: »Es tut mir sehr Leid für das Team. Ich bin durch meinen eigenen Fehler abgeflogen. Wenn mir das nicht passiert wäre, hätte ich das Rennen gewonnen. Ich habe eine einzigartige Gelegenheit weggeschmissen. Mir bleibt nur die eine kleine Entschuldigung, dass sich während des Rennens meine Kopfstütze gelöst hatte. Deshalb ist in der Schikane mein Kopf nach hinten geschlagen, und ich habe die Kontrolle verloren.«

So schrieb Johnny Herbert, der 1999 bis dato eine enttäuschende Saison im Schatten von Rubens Barrichello erlebte, Renngeschichte: Wo sein Teamchef Jackie Stewart 1973 den letzten seiner 27 Siege feierte, am Nürburgring – damals allerdings noch auf der Nordschleife, dort holte Herbert für das Team jetzt den ersten und wohl einzigen Sieg unter der Bezeichnung »Stewart«. Vom nächsten Jahr an heißt es ja Jaguar. »Ich schwebe im siebten Himmel«, strahlte Johnny. »Es ist besonders schön für Jackie, weil es ja das letzte Jahr ist, dass das Team seinen Namen trägt. Am Ende habe ich nur gehofft und gebetet, dass alles hält. Ich hatte einen schönen Vorsprung auf Trulli und konnte deshalb etwas entspannter fahren, früher schalten und bremsen, mich darauf konzentrieren, das Auto nicht zu sehr zu belasten. Nachdem das Qualifying nicht so toll gelaufen war – ich war ja nur 14. – hätte ich nie gedacht, heute auf dem Treppchen zu stehen.«

Aber nicht nur wegen der historischen Tragweite seines Triumphes war Johnny überglücklich. »Meine ältere Tochter wird in der Schule von ihren Freunden immer gehänselt, ›dein Papa fährt ja immer nur hinterher‹«, erzählte er lachend, das Telefon am Ohr, Töchterchen Amelia an der Strippe: »Siehst du, diesmal hast du kein Problem, jetzt kannst du allen sagen, Papa hat gewonnen!«

Gut für Ralf Schumacher war der Wechsel von Jordan zu Williams. Das einstige Erfolgsteam leidet seit dem Abschied von Renault aus der Formel 1 unter latentem Leistungsmangel, konnte aber dank der konstant guten Leistung von »Schumi 2« den einen oder anderen Punkt gewinnen.

Teamchef Jackie Stewart bekam einen großen Teil der Champagnerdusche ab. Den Erfolg seiner beiden Fahrer Johnny Herbert (links) und Rubens Barrichello (rechts) hat er trotz des durchnässten Hemdes in vollen Zügen genossen.

»Lex Ferrari« –

Ferrari feierte einen Doppelsieg, wurde wegen eines irregulären Windabweisers disqualifiziert – und erhielt fünf Tage später die Punkte am grünen Tisch zurück. Das Weltmeisterschaftsfinale blieb spannend, der Sport blieb auf der Strecke.

oder was?

Sepang

Nicht nur der Zirkus um die Disqualifikation von Ferrari und die Rücknahme des Urteils sechs Tage später aus offensichtlich kommerziellen Interessen warfen beim ersten Grand Prix der Formel 1 in Malaysia Fragen auf. Auch die perfekte Inszenierung des Comebacks von Michael Schumacher sowie des gesamten Rennens als unübersehbar politische Propagandaveranstaltung sorgten dafür, dass der Sport in Sepang oft nur die zweite Geige spielte.

Schumachers Comeback

Ein großer Held und viele Fragen

Vor dieser Szenerie mussten sich die Titelkandidaten 1999, Mika Häkkinen, Eddie Irvine, Heinz-Harald Frentzen und David Coulthard, von Anfang an sehr merkwürdig vorkommen: Da waren sie im Begriff, ein äußerst spannendes Weltmeisterschaftsfinale zu liefern – und dann interessierte sich kaum einer für sie. Auf der neuen Strecke von Sepang drehte sich das Medieninteresse zu gewiss 80 Prozent um »Schumi«. Der musste schon in den Tagen vor dem Rennen immer wieder die gleichen Fragen beantworten: Warum er sich nun doch zum Comeback entschieden habe, wie fit er sei, inwieweit er Eddie Irvine helfen könne und werde …
Besonders wohl schien sich Schumacher dabei nicht zu fühlen. Es war ihm anzumerken, dass er viel lieber im Auto sitzen würde, als der Meute ständig Rede und Antwort zu stehen. Nicht dass er wirklich so scharf darauf gewesen wäre, dieses Rennen zu fahren, um Ferrari und Irvine zum Titel zu verhelfen. Dass das die Hauptgründe für sein vorzeitiges Comeback gewesen seien, nahm ihm unter den Formel-1-Insidern ohnehin keiner ab, auch wenn er es immer wieder behauptete. Aber was sollte er schon sagen: Dass von außen, von Ferrari-Chef Luca di Montezemolo vor allem, vielleicht auch von Bernie Ecclestone, Druck gemacht worden war, dass er sich hatte »breitschlagen« lassen, wie Manger Willi Weber ungeschminkt formulierte, konnte er ja nun schlecht zugeben.

Wie fit ist Schumacher?

Wie weit sich Schumi wirklich Sorgen um seine Fitness machte, wurde vor diesem Hintergrund nicht ganz klar. »Nicht hundertprozentig, aber fit genug, um hier durchaus auch gewinnen zu können«, meinte er am Donnerstag. Tags zuvor waren es »70 Prozent« gewesen, mit dem selbstbewussten Zusatz: »Damit bin ich aber wahrscheinlich immer noch besser als viele andere hier.«
Um das nachdrücklich zu unterstreichen, meldete er sich dann mit einem Paukenschlag zurück. Überlegen sicherte er sich in Sepang die Pole-Position. Mit 1:39,688 war er fast eine Sekunde schneller als sein Teamkollege Eddie Irvine.
»Das hätte ich selbst nicht erwartet«, freute sich Schumi und bedankte sich vor allem bei Ehefrau Corinna »für die Unterstützung in der schwierigen Zeit«. Schon am Freitag hatte Schumacher vor allem am Anfang, auf nasser Straße, angedeutet, dass auf Anhieb wieder mit ihm zu rechnen war. Denn da war er bereits deutlich der Schnellste gewesen.

In Sepang brachte kein Team die Kraft so gut auf die Straße wie die Roten aus Maranello – so gut, dass selbst ausgefuchste Techniker keine Erklärung dafür fanden. War es nun Schumachers Abstimmungsgenie oder doch die Traktionskontrolle?

Dieses Rennen ist Chefsache!
Malaysias Premierminister Dr. Mahathir bin Mohamad hatte zum Galadinner im eleganten Mandarin Oriental Hotel geladen – und fast die gesamte Formel 1 kam. Von den Fahrern fehlten nur die Williams- und die BAR-Piloten. Fast alle der Anwesenden hatten sich in den vorgeschriebenen Smoking geworfen. Nur Michael Schumacher kam im dunklen Straßenanzug, Jean Alesi gar in Hellgrau. Eines wurde bei der Prunkveranstaltung – mit Shirley Bassey als Stargast – schnell klar: Dieser Grand Prix war Chefsache. Der Premierminister, der sein Land mit bekannt harter Hand regiert, dessen Auftreten auch eher einem Monarchen denn einem demokratischen Staatschef gleicht, begriff ihn als Chance, im Ausland Eindruck zu machen. Nur dieser Nutzen als Propagandainstrument hat es schließlich auch möglich gemacht, die gewaltigen Summen zu investieren, die nötig waren, um hier die modernste Rennstrecke der Welt aus dem Boden zu stampfen. Der Kurs gefällt den Fahrern: »Schwierig und eine Herausforderung, eine gute Mischung aus schnellen und langsamen Kurven, sehr gute Überholmöglichkeiten, da die Strecke extrem breit ist«, lautet die allgemeine Einschätzung, von Schumacher und Frentzen genauso geteilt wie etwa von Damon Hill. Da drückt man dann halt auch schon mal ein Auge zu und bewundert öffentlich, »wie es dieser Staat mit seiner vorbildlichen Demokratie geschafft hat, die asiatische Wirtschaftskrise zu überwinden« (Originalton Eddie Jordan). Heinz-Harald Frentzen, der durchaus eine dezidierte politische Meinung hat und auch in dieser Beziehung eine gewisse Ausnahme in der Formel 1 darstellt, grinste nur, als er von den Äußerungen seines Chefs hörte: »Vielleicht haben wir ja nächstes Jahr einen großen Sponsor aus Malaysia.«

Das Teil des Anstoßes: Der umstrittene Windabweiser wurde in Sepang durch spezielle Hüllen sorgfältig vor den Blicken der Öffentlichkeit verborgen – so sorgfältig, dass es unweigerlich auffallen musste.

Woher kam das »Wunder von Sepang«?

Erst auf den Rängen drei und vier landeten die McLaren-Mercedes mit David Coulthard und Mika Häkkinen. Der Rückstand des Finnen auf Schumacher betrug bereits 1,178 Sekunden. »Als ich die Zeit meines Bruders auf dem Monitor gesehen habe, dachte ich erst, ich hätte mich verlesen«, staunte auch Ralf Schumacher, selbst Achter. Er setzte allerdings auch etwas hinzu, was das überraschende Ergebnis wieder etwas relativierte: »Der Unterschied zwischen den zwei verschiedenen Reifenmischungen kann hier schon gut und gern eine Sekunde ausmachen.«
Zumindest Mika Häkkinen hatte sich für die härtere, langsamere, aber haltbarere Mischung entschieden, »aber wir hatten auch Probleme, die richtige Abstimmung zu finden. Wir haben das Potenzial

In großer Abendgarderobe erschienen auch Mika und Erja Häkkinen zum Galadiner des malaysischen Premierministers.

Ging es eigentlich um die Weltmeisterschaft? Fast schien es, als sei das Comeback Michael Schumachers das einzige Thema beim Grand Prix von Malaysia.

des Autos heute sicher nicht voll ausschöpfen können«, räumte Mercedes-Sportchef Norbert Haug ein. McLaren-Chef Ron Dennis sprach allerdings auch aus, was zumindest das halbe Fahrerlager dachte: »Bei so einem Vorsprung, innerhalb so kurzer Zeit wieder gewonnen, nachem Ferrari zuletzt so

Sepang

Streckenlänge: 5,524 km;
Gesamtdistanz: 56 Runden = 310,352 km;
Rundenrekord:
M. Schumacher, Ferrari, 1999
(1:40,267 = 198,980 km/h)

Bei Ferrari haben sie die Fäden in der Hand: Cheftechniker Ross Brawn (links) und Rennleiter Jean Todt (rechts). Beide gelten als enge Freunde Michael Schumachers.

hinterherfuhr – da gehen einem schon alle möglichen und unmöglichen Gedanken durch den Kopf.« Nürburgring-Sieger Johnny Herbert schüttelte denselben: »Das geht doch nicht mit rechten Dingen zu! Man muss doch bloß sehen, was der Ferrari auf einmal für eine Traktion hat …«
Heinz-Harald Frentzen sagte nichts dazu – er hatte

seine eigenen Probleme: Samstag vormittag 3400 Dollar Strafe wegen zu schnellen Fahrens in der Boxengasse. Nachmittags kam es noch schlimmer: »In diesem Qualifying ging aber auch alles schief. Erst löste sich genau beim Anbremsen der ersten Kurve die Kopfstütze, knallte mir in den Nacken.« Das unvermeidliche Ergebnis war ein Dreher. »So musste ich mein Einsatzauto mit dem neuen Motor im Kiesbett parken.«
Am Ersatzwagen gab es dann zunächst ein Bremsproblem, »und außerdem war das Auto aus unerfindlichen Gründen komplett anders als das Racecar. Was auch immer wir gemacht haben, es wurde nicht besser.« Ergebnis – ein frustrierender 14. Platz, aus dem Frentzen allerdings im Rennen noch das Bestmögliche herausholte: Mit der härteren Reifenmischung und nur einem Stopp erkämpfte er sich nach starker Leistung noch einen Punkt: »Je mehr Grip die Stecke bekam, desto besser wurde das Auto. Am Ende war es so gut wie in den letzten Rennen.« Der Beweis: eine Bestzeit in der 53. Runde, nur vier Zehntel hinter der schnellsten Rundenzeit von Schumacher, 1,7 Sekunden schneller als im Qualifying …

Himmelhoch jauchzend – zu Tode betrübt

Doch das alles ging in Malaysia natürlich völlig unter, vor allem, als lange nach der Zieldurchfahrt, nachdem Ferrari, Eddie Irvine und Michael Schumacher schon gefeiert hatten, das große Choas ausbrach. Da stellten nämlich die technischen Kommissare der FIA eine Unregelmäßigkeit an den beiden Ferraris fest, und drei Stunden nach Rennende wurde es zur Gewissheit: Beide Ferrari wurden disqualifiziert, Mika Häkkinen war um 19 Uhr Ortszeit Sieger des Rennens und Weltmeister. Wirklich Weltmeister?
Noch nicht endgültig! – denn etwa 40 Minuten später gab Ferrari bekannt, dass man gegen den Wertungsausschluss Berufung einlegen werde. Welch ein Skandal sich daraus entwickeln würde, konnte freilich noch niemand ahnen. Denn vorerst räumte man dem Protest nur geringe Chancen ein.
Was war passiert? Die beiden Ferraris hatten das Traumergebnis erreicht – mit, je nach Standpunkt, optimaler Taktik oder ans Unfaire grenzenden Blockademanövern Schumachers, der über weite Strecken gut zwei bis drei Sekunden langsamer fuhr, als möglich gewesen wäre, gegen Mika Häkkinen. Erster war also Irvine, der den Finnen normalerweise nicht hätte schlagen können, Zweiter Schu-

macher, der immer wieder demonstrierte, dass er problemlos hätte gewinnen können, der seinen Teamkollegen aber drei Runden vor Schluss programmgemäß vorbeiließ.
Doch nach dem Jubel kam das böse Erwachen: Die seitlichen Deflektoren an beiden Autos – Aerodynamik-Teile, die die anströmende Luft ableiten – entsprachen nicht dem Reglement. Das besagte nämlich – zumindest bis zu diesem Zeitpunkt –, dass diese Teile nicht weiter nach außen ragen dürfen als eine entsprechende, in den Abmessungen korrespondierende Erweiterung auf der Ebene des Fahrzeugbodens. Und genau an dieser Platte fehlte – für Ferrari selbst angeblich unerklärlich – ein Stück, so dass die obere Kante des Deflektors bis zu zehn Millimeter überstand.

Sonderreglement für Ferrari?

Die Ferrari-Verantwortlichen mussten vor den Sportkommissaren diese Tatsache anerkennen, was sie interessanterweise widerspruchslos taten, und diese konnten nur eine einzige Entscheidung treffen: Ein Auto, das nicht dem technischen Reglement entspricht, muss aus der Wertung genommen werden. Genau das geschah. Doch Ferrari entschied sich, in die Berufung zu gehen, »weil wir durch diese Winzigkeit, die da gefehlt hat, sicher nicht den geringsten Vorteil hatten«, wie Sportchef Jean Todt betonte – nicht etwa, weil man die Messung anzweifelte …
Spätestens zu diesem Zeitpunkt keimte in den Köpfen vieler Beobachter ein böser Verdacht: Die Ruhe, mit der die Ferrari-Führungsriege diese Entscheidung hingenommen hatte, das Lächeln auf dem Gesicht Michael Schumachers, als er am Abend – noch während der laufenden Verhandlung – das Fahrerlager verließ, als wolle er sagen, »ich habe meinen Teil getan, was die jetzt machen, ist mir egal«, dazu die Tatsache, dass sowohl gezielter Betrug als auch Schlamperei nicht sehr wahrscheinlich waren – für Ersteres bietet die Elektronik bessere Möglichkeiten, während eine so große Abweichung den befassten Technikern hätte auffallen müssen – all dies führte die Spekulationen in eine Richtung: Sollte die Ferrari-Führungsriege um Jean Todt und Ross Brawn, denen ein Weltmeister Irvine ungelegen gekommen wäre, diesen Ausgang bewusst herbeigeführt haben? So hatte es eine Riesenshow für Michael Schumacher gegeben, den weltweit gefeierten Comeback-Helden – und ein wunschgemäßes Ergebnis. Sollte diese Spekulation

Heinz-Harald Frentzens Freundin Tanja war ebenso wie Corinna Schumacher mit nach Malaysia gekommen – obwohl Tanja ja im vierten Monat schwanger ist. »Aber mir geht's sehr gut, keine Probleme.« Schon am Montag machte sie zusammen mit Heinz-Harald ein paar Ausflüge in Kuala Lumpur. »Wir haben uns die Stadt angeschaut«, erzählte Frentzen. In der Woche nach dem Rennen überraschten Heinz-Harald und Tanja dann alle, einschließlich der engsten Freunde und der Familien: Ganz still und heimlich heirateten die beiden im Urlaub im thailändischen Phukket. Herzlichen Glückwunsch!

Boxenstopp

Unter besonderem Druck standen in den letzten beiden Saisonrennen nicht nur die WM-Kandidaten, sondern auch das BAR-Team. Denn bis jetzt ist die so vollmundig in die Saison gestartete Truppe um Ex-Weltmeister Jacques Villeneuve das einzige Team, das noch keinen einzigen WM-Punkt auf seinem Konto hat. Die mangelnde Zuverlässigkeit ist das Hauptproblem – und Teammitglieder, die früher für Williams arbeiteten, glauben den Grund zu kennen: »Der Renault-Motor verursacht ziemliche Vibrationen. Das muss man bei der Konstruktion des Autos berücksichtigen und gewisse Teile dementsprechend verstärken.« Konstrukteur Malcolm Oatley würde diesen Umstand aber geflissentlich ignorieren.

An sich schien es eine Kleinigkeit – aber jetzt schaukelte es sich zum Machtkampf hoch: Die FIA änderte auf einmal ein seit mehr als zehn Jahren bestens funktionierendes System. Sie verbannte die Pressesprecher der Teams aus dem Media-Center: Diese durften ihre Pressemitteilungen nur noch ganz schnell am Eingang in Kästen stecken und mussten dann wieder verschwinden. FIA-Chef Mosley persönlich bestätigte die Anordnung – trotz einer Protestresolution der Journalisten. Jetzt wollen sich eventuell die Motoren-Hersteller und Sponsoren zusammentun und Druck machen: »Ein Konzern wie Daimler-Benz investiert nicht Millionen, um dann in seinen Kommunikationsmöglichkeiten eingeschränkt zu werden.«

Den kuriosesten Zwischenfall erlebte Alexander Wurz – er überfuhr beinahe die Miniausgabe einer Wildkatze, einen malaysischen Mini-Leoparden.

Wie sagt Mika Häkkinen in einem deutschen Werbespot so schön: Ein gewisser Mobilfunk-Anbieter mache »verdammt viel möglich …« Es scheint so, dass in der Formel 1 die kommerziellen Interessen eines Bernie Ecclestone zusammen mit dem Gewicht von Ferrari noch viel mehr möglich machen: dass der Sport zugunsten einer publikumswirksamen Inszenierung auf der Strecke bleibt.

Wenn der Sport dem Kommerz geopfert wird

Das Urteil des Berufungsgerichts der FIA in Paris, das die Disqualifikation der Ferrari am Samstag nach dem Rennen zurücknahm, indem man sich ein Hintertürchen konstruierte, durch das ein zuvor illegales Teil auf einmal wieder legal wurde, hat bei Motorsport-Experten außerhalb Italiens nur Kopfschütteln hervorgerufen und die Formel 1 geteilt in wenige Sieger und viele Verlierer.

Bei den Siegern befanden sich nur der Kommerz und Ferrari: Das Finale in Suzuka war wieder spannend, die Einschaltquoten im Fernsehen hoch wie selten, Bernie Ecclestone, der sich schon vor der Verhandlung gegen die Disqualifikation ausgesprochen hatte, durfte sich ebenso die Hände reiben wie die Chefetage von Ferrari. Luca di Montezemolo sah seine Chance gewahrt, nach 20 Jahren den Titel wieder nach Italien zu holen, und die Todt-Schumacher-Fraktion lächelte süßsauer und demonstrierte Teamgeist.

Der Rest der Szene sah sich auf der Verliererseite. Den herbsten Verlust erlitt der Sport als solcher. Denn mit diesem Urteil bewies die Formel 1, dass sie ein manipulierter Zirkus ist, in dem Regeln nicht fix sind, sondern nach Bedarf ausgelegt werden. Das öffnet für die Zukunft Betrugsversuchen, Manipulationen und Protesten Tür und Tor. Wenn künftig die Rennen überwiegend am grünen Tisch entschieden werden, wird auch das weltweite Publikumsinteresse rasch nachlassen. Auch die großen Geldgeber – Mercedes, BMW, Ford, Honda usw. werden darüber nachdenken, ob sie ihre Millionen nicht besser in seriösere Veranstaltungen investieren.

Verloren hat auch die Fairness. Die sportliche Haltung von McLaren-Mercedes die ganze Saison über – auch in Sachen Stallorder – blieb zumindest vorerst unbelohnt. Im Gegenteil wurde das Team vor der Öffentlichkeit auch noch zu Unrecht der Denunziation bezichtigt. Dabei hatte der Technische Delegierte der FIA, Jo Bauer, bereits erklärt, es bedürfe gar keines Protestes, da er sich von sich aus der Sache annehmen werde. Ironischerweise hat sich in Presse und Öffentlichkeit niemand aufgeregt, als Ferrari 1998 gegen die – von der FIA zuvor bereits genehmigten – Bremsen des McLaren protestierte.

Jener Jo Bauer war das dritte »Opfer« der fünf Berufungsrichter, wurde er doch durch das Urteil von Paris von seinem eigenen Verband bloßgestellt. Seine Messmethoden seien nicht korrekt gewesen, hieß es im FIA-Urteil. Merkwürdig, dass die Ferrari-Verantwortlichen sie in Malaysia ohne Widerspruch akzeptierten und ganz gelassen vor den Sportkommissaren einräumten, ihr Teil sei illegal … In Paris kam man nun auf einmal auf die Idee, das fragliche Teil unabhängig von seiner Position am Auto in allen möglichen und unmöglichen Winkeln zu vermessen. Dazu bemühte man auch noch eine angeblich regelkonforme Toleranzzone von fünf Millimetern, vergaß aber, dazu zu sagen, dass diese bisher nur für ganz andere Bereiche galt, nämlich für die Referenzplatte des kompletten Unterbodens. Für Insider war damit klar, dass hier bestehende Regeln gebeugt wurden, um ein kommerzielles Ziel zu erreichen, und Jo Bauer, der in Malaysia den »Fehler« begangen hatte, korrekt im Sinne des Sports zu handeln, erschien vor der Öffentlichkeit als der Dumme.

Er hatte allen Grund zur Dankbarkeit. Nach seinem Sieg eilte Eddie Irvine sofort zu seinem Teamkollegen, um sich für dessen äußerst wirksame Unterstützung zu bedanken.

der Wahrheit nahe kommen, was nie mehr zu beweisen sein wird, so hatten die Verschwörer jedenfalls nicht mit der Allmacht des Kommerzes und Bernie Ecclestones in der Formel 1 gerechnet. Bei McLaren-Mercedes löste der Titelgewinn unter Vorbehalt jedenfalls keinen Jubel aus. Vielmehr herrschte eine ganz eigenartige Stimmung: »Wir warten jetzt erst einmal ab, was bei der Berufungsverhandlung herauskommt«, meinte Mercedes-Sportchef Norbert Haug. Dass es nicht die schönste Art ist, durch die Disqualifikation eines Gegners Weltmeister zu werden, stand auch für Haug außer Zweifel: »Wenn man mich fragt, wie ich am liebsten Weltmeister würde, dann natürlich mit einem Doppelsieg. Aber es gibt eben ein Reglement, und daran müssen sich alle halten … Aber ich möchte betonen, dass wir mit all dem, was hier passiert ist, nichts zu tun haben. Das war die normale Untersuchung der FIA nach dem Rennen, die das alles zu Tage gefördert hat.« Tatsache ist: McLaren-Technikern war zwar im Parc Fermé die Unregelmäßigkeit am Ferrari aufgefallen, der daraufhin angesprochene Technische Delegierte der FIA, Jo Bauer, hatte aber erklärt: »Ihr braucht gar nicht zu protestieren, ich hatte sowieso schon vor, mir diese Sache genauer anzusehen.«

Eine Frage des Stils

McLaren-Mercedes nahm es auch hin, dass die Reifen von Irvine und Schumacher entgegen dem Reglement komplett abgefahren waren, so dass von den vorgeschriebenen Profilrillen absolut nichts mehr zu erkennen war. Ron Dennis erwog zwar einen Protest, aber Mercedes-PKW-Vorstand Jürgen Hubbert sprach sich dagegen aus: »Mit solchen Mitteln wollen wir nicht Weltmeister werden.«
Im Rennen hatte das Team allerdings nach Ansicht der meisten Experten wieder einmal nicht besonders glücklich agiert: Ex-Grand-Prix-Pilot und RTL-Kommentator Christian Danner meinte: »Warum Häkkinen, wenn er mit harten Reifen fährt, zwei Boxenstopps macht, verstehe ich nicht.« Der Finne verstand es offenbar auch nicht. Er machte klar, dass er mit nur einem Stopp fahren wollte: »Ich habe ja meine Reifen im Rückspiegel kontrollieren können – es wäre gegangen.« Nur zwei Runden mehr im ersten Turn, dann hätte der Boxenstopp genau bei Halbzeit gelegen. Doch McLaren-Chef Ron Dennis entschied anders. Mika bekam daher bei seinem ersten Stopp zu wenig Sprit, um bis ans Ende durchzufahren, hatte also keine Chance, selbst zu entscheiden, und es schien fast, als sei der Finne über diese zumindest merkwürdige Entscheidung seines Teamchefs nach dem verkorksten Reifenwechsel am Nürburgring nicht weniger erbost wie über die Blockade-Taktik von Ferrari: »Das Schwierigste war, dass Schumachers Fahrweise völlig unberechenbar war, manchmal wurde er in schnellen Kurven plötzlich langsam, das ist auch ziemlich gefährlich, wenn man knapp dahinter ist.« Mikas persönliche Rechnung: »Irvine bekam von Salo in Hockenheim und jetzt hier von Schumacher mindestens acht Punkte geschenkt. Ich habe durch David Coulthard in Zeltweg und Spa mindestens zehn verloren.« Gegenüber finnischen Journalisten wurde Mika noch deutlicher: »Man sieht doch, was unsere Nachbarn machen. Am Ende fragt keiner mehr danach, wie das Ergebnis zustande kam.«

Mädchen in malaiischer Tracht sorgten in Sepang für erfreuliche Ansichten und unterstrichen den Willen der Veranstalter, der Welt eine perfekte Show zu bieten.

»Eine taktische Meisterleistung«, befanden die einen, »unsportliches Verhalten«, konstatierten andere. In jedem Fall gelang es Michael Schumacher, Mika Häkkinen zu blockieren.

Suzuka

Ein würdiger Weltmeister

Eine Woche nach der Niederlage in Malaysia rückte McLaren-Mercedes die Kräfteverhältnisse wieder zurecht. Nach einem glanzvollen Rennen raste Mika Häkkinen mit mehreren Sekunden Vorsprung vor Michael Schumacher über die Ziellinie. Was ihm das sonderbare Urteil von Paris verwehrte, holte er sich auf der Piste: den Weltmeistertitel 1999.

Viele hatten Mika Häkkinen nach dem Skandalurteil von Paris die Titelverteidigung nicht mehr zugetraut, aber der Finne bewies wieder einmal, dass er sich auch unter größtem Druck noch einmal zu Höchstleistungen steigern kann. Mit einem souveränen Sieg machte er im japanischen Suzuka wie schon im Vorjahr alles klar, während Eddie Irvine an diesem Wochenende durch seine Leistung nur eines bewies: dass der Schuh des Weltmeisters für ihn eben doch eine Nummer zu groß gewesen wäre.

Weltmeister Mika Häkkinen

Sieg der Gerechtigkeit

Am Ende war es das Ergebnis, das sich viele erhofft hatten: Mika Häkkinen holte sich mit einem eindrucksvollen Sieg den Weltmeistertitel, »und damit hat er auf der Strecke genau die richtige Antwort gegeben«, freute sich Mercedes-Sportchef Norbert Haug mit ihm. Natürlich spielte er damit auf das äußerst umstrittene FIA-Urteil vom vorangegangenen Freitag an, durch das Mika der schon fast sicher geglaubte Titel noch einmal für eine Woche entrissen wurde. Obwohl der Finne betonte, dass er sich »noch nie wirklich als Weltmeister gefühlt« habe, hat ihn diese Entscheidung doch getroffen: »Ich habe im Urlaub in Indonesien wie ein Kind unterm Weihnachtsbaum auf das Urteil aus Paris gewartet – aber ich habe mein Weihnachtsgeschenk nicht bekommen …«

Im Training ist Schumi noch schneller

Im Qualifying musste Mika dann damit leben, hinter Michael Schumacher nur auf Platz zwei gelandet zu sein – obwohl vielleicht mehr drin gewesen wäre. »Ich hatte zum Schluss ja leider keine Chance mehr, Michaels Zeit noch einmal anzugreifen. Ich hätte schon noch schneller sein können.« Nach dem ersten Versuch der beiden hatte Mika zeitgleich mit Schumacher, nach dem zweiten knapp vor Michael gelegen, den dritten konnte er nicht mehr kontern. Erst kam ihm die rote Flagge dazwischen: Eddie Irvine, reichlich nervös, hatte den Ferrari bei einem grandiosen Abflug in die Leitplanken befördert. Ganz zum Schluss dann eine etwas merkwürdige Aktion von Jean Alesi in der letzten Schikane, als er quer durchs Kiesbett schoss, vor Häkkinen wieder auf die Strecke kreiselte und den Finnen zu einem heftigen Ausweichmanöver zwang. Mika konnte zwar eine Kollision vermeiden, musste aber durch die Erde. Chance vorbei! Mika wollte niemandem die Schuld geben, aber ausgerechnet Alesi regte sich auf und schimpfte: Es sei ja Häkkinens Schuld gewesen, der sei dort auf seiner Aufwärmrunde extrem langsam gefahren. McLaren-Chef Ron Dennis stellte die Fakten etwas anders dar: »Die Datenaufzeichnung bei Sauber hat ergeben, dass Alesi seinen Bremspunkt um Welten verpasst hat. Und wie ich gehört habe, war er nahe dran, eine Verwarnung von den Sportkommissaren zu kassieren …«

Ein weltmeisterliches Rennen

Dafür klappte im Rennen alles umso besser: Mika holte sich schon am Start die Führung von Michael Schumacher, der aus der Pole-Position schlecht weggekommen war: »Schon beim Start in die Einführungsrunde hatte ich Probleme, und beim richtigen Start war es dann genau dasselbe. Wir hatten da ein technisches Problem. Aber ich glaube, das war schon vorentscheidend für das ganze Rennen.« Häkkinen konnte einen Vorsprung von acht Sekun-

den bis zum ersten Boxenstopp herausfahren und war während des ganzen Rennens nie wirklich in Gefahr, diesen Sieg und den Titel zu verlieren. »Brillant! Ein Supergefühl! Es war eines meiner besten Rennen«, strahlte er nachher, wie so oft ein bisschen nach Worten suchend, um seine Gefühle auszudrücken. »Aber ich möchte besonders all den Leuten im Team und in meiner persönlichen Umgebung danken. Ohne sie wäre ich nicht in der Lage gewesen, heute diese Leistung zu bringen.«
Mikas Ehefrau Erja hatte schon vor dem Rennen Optimismus signalisiert: »Mika war heute früh um halb acht, als ich wach wurde, schon ganz locker dabei, sich durch alle Fernsehprogramme zu zappen, auf der Suche nach einem englischsprachigen Sender. Ich kenne seine Körpersprache ja ganz genau, da habe ich schon gesehen, wie locker, entspannt und optimistisch er war.« Tatsächlich drückte der Finne dem Grand Prix genauso seinen Stempel auf, wie er von der absoluten Geschwindigkeit her die ganze Saison dominiert hatte. Auch Michael Schumacher, am Ende um 5 Sekunden geschlagen, nachdem Häkkinen die letzten Runden auf Nummer sicher gefahren war, musste zugeben: »Mika ist auf jeden Fall der verdiente Weltmeister. Ich glaube, das Ergebnis war heute schon richtig so.«
Es war dies auch einer von vielen kleinen Seitenhieben, die an diesem Wochenende auf Eddie Irvine

Ende gut, alles gut. Nach einigen Irritationen liegen sich Weltmeister Mika Häkkinen und Teamchef Ron Dennis in den Armen (oben). Bereits der Start brachte die Vorentscheidung: Mika Häkkinen zog an Michael Schumacher vorbei und gab die Führung nicht mehr ab. Lediglich auf Grund der Boxenstopp-Strategie konnte Schumacher kurz die Führung übernehmen (Mitte).

niederprasselten, der nie eine entscheidende Rolle spielen konnte. Volle eineinhalb Minuten fuhr er hinterher und klagte anschließend über »einen steifen Nacken nach meinem Crash gestern und ein immer noch nicht gut liegendes Auto«.
Auch wenn er nicht kurzzeitig auf den nach einem wüsten Dreher überrundeten David Coulthard aufgelaufen wäre, der ihn 2,5 Sekunden kostete (nicht zehn, wie Schumacher erst glauben machen wollte), Schumacher hätte Häkkinen an diesem Tag kaum überholen können. Ob es ihm wirklich ein Herzensanliegen war, Irvine zum Weltmeister zu machen, wird man nie erfahren, auch wenn er öffentlich betonte: »Ein bisschen enttäuscht bin ich schon, denn ich hätte dieses Rennen sehr gerne gewonnen. Das wäre der perfekte Saisonabschluss gewesen. Aber ich bin stolz, dass wir mit Ferrari zumindest den Konstrukteurstitel geholt haben.«

Schumacher fuhr auf Sieg

Dass er nicht gewillt sei, sich, wie in Malaysia, völlig in den Dienst von Eddie Irvine zu stellen, hatte Schumi in Suzuka im kleinen deutschen Kreis schon am Donnerstag klar gemacht: »Ich muss hier ganz einfach das Rennen gewinnen, um Ferrari den Konstrukteurstitel zu sichern. Was Eddie macht, tangiert mich dieses Wochenende nicht. Ich werde zusehen, dass ich mein Rennen fahre und damit für beide das Beste heraushole.« In Malaysia sei das anders gewe-

Mit betretener Miene lassen die unterlegenen Ferrari-Piloten Michael Schumacher und Eddie Irvine die Siegerehrung für den alten und neuen Weltmeister über sich ergehen.

sen: »Da bin ich schon mit der Aufgabenstellung angetreten, Eddie zu helfen. Ich wusste das von

Suzuka

Streckenlänge: 5,864 km;
Gesamtdistanz: 52 Runden, 305,928 km;
Rundenrekord: H.-H. Frentzen, Williams-Renault 1997, 1:38,942 = 213,361 km/h

Anfang an, und er hat ja auch in den Jahren zuvor einiges für mich getan. So hatte ich die Möglichkeit, ihm da etwas zurückzuzahlen.« Im Klartext hieß das aber wohl: Nun ist Schluss damit. Dass ein Weltmeister Irvine nun wirklich nicht im Sinne Schumachers sein kann, ist leicht einzusehen. Schließlich hat Schumacher nicht jahrelang dafür gearbeitet, Ferrari wieder an die Spitze zu bringen, damit jetzt ein anderer den Erfolg abstaubt und für die Italiener nach zwanzig Jahren wieder einen Titel holt. Selbst wenn er dabei die Genugtuung gehabt hätte, dass die meisten den Iren ohnehin als »Weltmeister von Schumachers und der FIA Gnaden« bezeichnet hätten … Aber seine eigenen Chancen für 2000 hätte er damit sicher eher verschlechtert – nach einem Titelgewinn hat sich Ferrari schon mehr als einmal für längere Zeit auf seinen Lorbeeren ausgeruht.
Auch in der Antwort Schumachers auf die Frage

Konzentriert lauscht Mika Häkkinen vor der nächsten Trainingsrunde den letzten Instruktionen seines Renningenieurs.

Alter Streit, neu aufgewärmt

Michael Schumacher war wütend auf David Coulthard: »Was er da gemacht hat, mich mit einer Runde Rückstand derartig aufzuhalten, das war schon mehr als unsportlich. Er hat mich mindestens zehn Sekunden gekostet, hat alle blauen Flaggen ignoriert. Das ist doch etwas ganz anderes als das, was ich in Malaysia gemacht habe. Da war ich schließlich nicht überrundet, Mika und ich waren da im direkten Kampf um eine Position.« Allerdings ging der »Blockade-Kampf« dort über das ganze Rennen und nicht über weniger als eine halbe Runde. Aber Schumi ging noch weiter: »Wenn ich das so sehe, dann muss ich mir auch über einige Vorfälle in der Vergangenheit ein paar Fragen stellen. Vor allem über Spa 98 natürlich.« Da war Schumacher im Regen auf den überrundeten Schotten aufgefahren, hatte ihm aber zunächst vorgeworfen, absichtlich gebremst zu haben. Später einigte man sich auf einen »normalen Rennunfall.« Aber jetzt kämen ihm wieder Zweifel, »ob das nicht doch eine gezielte Aktion gegen mich gewesen ist«.
Coulthard reagierte nicht weniger wütend, als er von den Vorwürfen hörte. Es hieß sogar, er wolle Schumacher wegen Beleidigung verklagen, »aber das ist natürlich Quatsch. Ich wollte ihm allerdings klarmachen, dass es nicht in Ordnung ist, wenn er so meine Integrität in Zweifel zieht – vor allem, wenn er das öffentlich tut, bevor er mit mir darüber redet«.
Zu diesem Gespräch kam es dann auch, wobei David seinem Kontrahenten auf dem Rundenprotokoll erst einmal nachwies, dass er in der fraglichen Runde nicht zehn, sondern etwa 2,5 Sekunden verloren hatte. »Da ist er schon etwas leiser geworden. Aber insgesamt sind wir uns nur darüber einig geworden, dass wir uns nicht einig sind.« Er komme mit Schumacher persönlich eigentlich ganz gut aus, meinte Coulthard, der im Rennen mit schlechtem Start und einem wilden Dreher keine Glanzleistung geboten hatte. »Privat ist er ein netter Kerl. An seinem professionellen Gebaren habe ich allerdings Zweifel. Ich glaube, er wollte mit diesen Sprüchen heute nur davon ablenken, dass er einen schlechten Start hatte und Mika nicht schlagen konnte.« Coulthards Manager Martin Brundle, Teamkollege von Schumacher 1992 und 93 bei Benetton, meinte: »Michael ist ein bisschen zu oft damit durchgekommen, dass er die Dinge so erzählt hat, wie er sie sich zurechtgelegt hatte – und niemand hat das wirklich hinterfragt, jeder hat ihm geglaubt.«
Auch McLaren-Chef Ron Dennis ärgerte sich offensichtlich, wollte Schumachers Vorwürfe aber nicht weiter kommentieren: »Die Fakten sprechen doch für sich. Außerdem weiss ich nicht, ob Michael sich nach dem, was Ferrari in Malaysia geliefert hat, mit solchen Sprüchen einen Gefallen getan hat. Das wird am Ende nur ihm selbst schaden.«

Begeisterung beim McLaren-Mercedes-Team über die gelungene Verteidigung der Weltmeisterschaft. Schließlich hatte der Punktestand nach dem Rennen in Malaysia eher für die Roten aus Maranello gesprochen.

Es war, als sei ihm mehr als eine zentnerschwere Last von den Schultern gefallen, als könne er aber noch gar nicht wirklich glauben, dass er es wirklich wieder geschafft hatte, Weltmeister der Formel 1 zu werden. Grenzenlose Freude und Erleichterung spiegelten sich in den Zügen von Mika Häkkinen. Im Laufe der letzten Jahre sind sie härter geworden, aber gerade in Momenten wie diesem blitzt wieder die freche Jungenhaftigkeit von einst in seinen blauen Augen auf – Augen, die schon in der Startaufstellung eine unglaubliche Sicherheit und Entschlossenheit ausgestrahlt hatten.

Mika Häkkinen

Ein leiser und bescheidener Champion

»Ich habe mir zu Saisonbeginn zwar vorgestellt, dass es schwer werden würde – aber nicht so schwer. Den Titel wieder erst im letzten Saisonrennen zu holen, das hatte ich so nicht geplant. Denn es ist eine extreme psychische Belastung, ein gewaltiger Druck, unter dem man da steht. Ich möchte diese Erfahrung niemandem wünschen.«

Doch wieder einmal bewies der 31-Jährige aus dem hohen Norden, was er schon im Vorjahr gezeigt hatte: dass er unter Druck über sich hinauswachsen kann. »Das Wichtigste ist der Glauben an sich selbst. Man muss sich selbst zutrauen, dass man es schaffen kann, muss Selbstvertrauen aufbauen. Das ist die Basis für den Erfolg. Für mich war sehr wichtig, dass das Team mir vor dem Rennen alles vom Hals gehalten hat, ich nichts tun musste. Ich kam ja erst am Donnerstag hierher. Die Zeit davor war für mich entscheidend, das zu erreichen, was ich jetzt erreicht habe.«

Seit der versäumten Stallorder in Belgien schien der Finne tatsächlich etwas irritiert. Seine Freunde witterten dahinter mehr als eine Demonstration sportlicher Fairness, nämlich einen kleinen Racheakt von Ron Dennis, weil Mikas Manager Keke Rosberg diesem zuvor bei der Vertragsverlängerung eine höhere Summe abgerungen hatte als Dennis genehm war. Der Fehler von Monza war sicher eine Folge dieser Differenzen, und die, vorsichtig ausgedrückt, etwas merkwürdigen taktischen Entscheidungen von Dennis am Nürburgring und in Malaysia trugen sicher nicht dazu bei, Mikas Vertrauen ins Team zu festigen.

Die Sympathien im Fahrerlager von Suzuka galten vor dem »Final Countdown« eher Häkkinen, und dies nicht nur aus persönlicher Sympathie für den Finnen. Mika ist eher einer von den Leisen, Zurückhaltenden in der Formel 1, einer, der trotz seiner langjährigen Erfahrung Auftritte vor großem Publikum nicht besonders liebt, der sich dabei eher unwohl fühlt, den man besser kennen muss, um zu seinem Kern vorzudringen.

Aber für die Älteren der Formel-1-Szene ist es die einzige Chance, dieser Weltmeisterschaft nach dem Skandal-Urteil von Paris wenigstens wieder ein bisschen Glaubwürdigkeit zu geben. Außerdem gilt Häkkinen gegenüber Irvine als der deutlich bessere Fahrer. »Dass Mika in diesem Jahr über die ganze Saison gerechnet absolut der Schnellste war, steht außer Zweifel. Das beweisen allein schon seine 11 Pole-Positions in 16 Rennen«, unterstrich Mercedes-Sportchef Norbert Haug, und das Superrennen von Suzuka setzte dann noch eins drauf. Konkurrent Alexander Wurz stellt Häkkinen in die gleiche Liga mit Michael Schumacher, also »deutlich über Irvine«. Gewiss, in diesem Jahr sind ihm zwei Fehler unterlaufen: die beiden Abflüge in Imola und Monza, jeweils in Führung liegend, wobei wohl in Imola auch ein defektes Differential zu dem Missgeschick beitrug. Aber fehlerfrei kam 1999 ohnehin nur einer durch das Jahr: Heinz-Harald Frentzen, für viele der »moralische Weltmeister«.

Aber die Rennen, die Mika gewann, gewann er aus eigener Kraft – und viele verlor er nicht durch eigene Schuld. Schließlich hatte er 1999 zeitweise das Gefühl, gegen Windmühlenflügel zu kämpfen. Er musste den Eindruck gewinnen, nicht nur gegen Ferrari und Irvine zu fahren, sondern auch gegen seinen Teamkollegen Coulthard und selbst gegen seinen Teamchef Ron Dennis, der ihm zuletzt zweimal die Strategie verdarb – und am Ende auch noch gegen die FIA und die kommerziellen Interessen in der Formel 1. »Diesen Titel zu gewinnen, das wäre ein Gefühl, das sich mit Worten nicht beschreiben lässt«, meinte er deshalb auch vor dem Rennen. Schließlich war er zwischen Sepang und Suzuka bereits Weltmeister und musste dann die Belastung verkraften, sich noch einmal komplett neu motivieren zu müssen für etwas, das schon erreicht schien –

auch wenn er selbst sagt, er habe sich in der Woche nach Malaysia nie wirklich als Champion gefühlt. Nach Suzuka konnte er es, und dieser zweite Titel in Serie stellt ihn auf eine Stufe mit Ascari, Fangio, Brabham, Prost, Senna und Schumacher, den bisher Einzigen in der Formel-1-Geschichte, denen eine Titelverteidigung gelang.

Er könnte jetzt darauf stolz sein, sich wie ein Star gebärden, doch das ist nicht der Stil von Mika Häkkinen. Seine natürliche Bescheidenheit geht so weit, dass er zum Beispiel in Monza, als seine Eltern zum Rennen kamen, nicht einmal um Tickets für das Fahrerlager bat. »Ich will keine bevorzugte Behandlung.« Er ist einer der ganz Leisen, Stillen in der Formel 1, einer, der sich vielleicht in einem großen Forum nicht besonders gut verkaufen kann, vor allem, wenn er das auf Englisch tun muss. »Denn da hat er immer noch Hemmungen, obwohl sein Englisch ja nicht schlecht ist«, berichten finnische Medien-Kollegen. »In seiner Muttersprache ist er meist viel lockerer und witziger.«

Auch im kleinen Kreis, unter Menschen, denen er vertraut, kann der »Eismann«, wie ihn selbst sein Teamchef Ron Dennis scherzhaft nennt, wirklich auftauen, ausgiebig über die Faszination der Formel 1 und ihre Herausforderungen philosophieren – und auch kleine Spitzen austeilen. So fragte er zum Beispiel bei einer solchen Gelegenheit ironisch, wie man es sich denn erklären könne, dass die Leistungen von Ferrari von einem Rennwochenende zum anderen so schwankten wie zuletzt gesehen.

Die kleinen politischen und taktischen Spielchen in der Formel 1 – allmählich lernt er, sie einzusetzen, auch wenn er sie nicht liebt. Das ist ebenso wenig seine Welt wie die große Bühne der PR-Auftritte, die ihm jetzt wieder bevorstehen: »Aber es werden bestimmt ein paar weniger als im letzten Jahr. Da war mir das einfach zu viel.«

Daraus hat er gelernt, will sich auch für das nächste Jahr ein bisschen mehr Freiheit und Freizeit sichern, »weil ich gemerkt habe, wie gut das meiner Leistungsfähigkeit tut.« Es bleibt ihm zu wünschen, dass die kommerzialisierte Welt der Formel 1 ihm, der ja gerade für Mercedes und einige deutsche Sponsoren zu einem sehr erfolgreichen Werbeträger geworden ist, diese Freiräume gönnen wird.

Immer wieder wurde ihm in diesen Tagen die Frage gestellt, ob ihm nun der zweite Titel noch mehr bedeute als der erste. Mit einer Antwort darauf tat sich Mika nicht leicht. Sehr nachdenklich meinte er: »Das ist schwer zu sagen. Es ist einfach ein anderes Gefühl. Das erste Mal ist einfach immer etwas ganz Besonderes. Es ist ein Ziel, dem man so viele Jahre hinterhergejagt hat. Wenn man es dann erreicht hat, muss man eigentlich nichts mehr beweisen. Aber dann merkt man: »Hoppla, du könntest es ja noch einmal schaffen. Wir Menschen sind doch alle so! Wenn man einmal gewonnen hat, will man immer wieder gewinnen. Solange man dabei nicht zu gierig wird, sich selbst nicht zu sehr unter Druck setzt, ist das schon in Ordnung. Aber man muss auch begreifen, dass man nicht über das Wasser wandeln kann. Am wichtigsten ist, dass das Selbstvertrauen wächst, und das kommt durch Siege. Ich fahre ja schon seit 1993 für McLaren, und schon in den ersten Jahren haben mir die Leute immer wieder gesagt, dass sie an mich glauben. Aber das entscheidende Quentchen hat gefehlt, das kam erst durch die Siege. Aber jetzt, der zweite, der ist so kostbar, weil er eben so unglaublich schwer zu gewinnen war.«

Schwer gefallen ist ihm die Titelverteidigung sicher auch deshalb, weil er – genauso wie sein Team – lange Zeit nicht bereit war, Eddie Irvine nach dem Ausfall von Michael Schumacher als gleichwertigen Konkurrenten anzusehen: »Ich nehme Eddie so ernst wie möglich«, sagte er in Hockenheim. »Was er in den letzten Jahren gezeigt hat, deutet allerdings darauf hin, dass er nicht der Allerbeste ist. Das heißt aber nicht, dass man ihn nicht so ganz ernst nehmen müsste. Es ist falsch, ihn zu unterschätzen – wie sich zuletzt gezeigt hat. Es kann zu viel geschehen. Michael habe ich natürlich immer sehr, sehr ernst genommen.«

Ob es ein Zufall war, dass Mika wieder über sich hinauswuchs, als er sich in Suzuka mit Schumacher unter regulären Umständen messen konnte?

Dass dieses Duell auch der Zweikampf des Jahres 2000 sein wird, ist wahrscheinlich. Die Fronten dafür wurden bereits in Suzuka abgesteckt: »Ich werde dann noch stärker sein«, versprach der aktuelle Champion dabei seinem potenziellen Nachfolger. Michael lächelte nur: »Ich freue mich darauf.«

Gerade in Japan hat der scheidende Ex-Weltmeister Damon Hill nach wie vor viele Anhänger. Schade, dass sein letztes Formel-1-Rennen so erfolglos verlief.

nach dem würdigsten Weltmeister kam der Teamkollege nicht vor: »Ich habe schon vor zwei Wochen gesagt, dass jeder, der Weltmeister wird, irgendwie würdig sein muss, sonst wäre er es nicht geworden. Auf der anderen Seite war diese Saison etwas Besonderes, und in meinen Augen waren von der fahrerischen Leistung besonders Heinz-Harald Frentzen und mein Bruder die Überragenden. Sie haben sicher nicht die Autos gehabt, um im Kampf um den Titel mitreden zu können, aber rein als Fahrer sind sie für mich die Entdeckung des Jahres!«

Ein gerechtes Unentschieden

Häkkinen Fahrerweltmeister, der Konstrukteurs-Titel für Ferrari – damit konnten am Ende alle gut leben: »Mika hat den Titel wirklich verdient«, kommentierte auch Williams-Teamchef Patrick Head. »So, wie es jetzt ausgegangen ist, liegt in dem ganzen Ergebnis vielleicht auch ein bisschen Gerechtigkeit.« Den Titel für das beste Team, so eine weit verbreitete Ansicht, hätte McLaren-Mercedes nicht in gleicher Weise verdient gehabt wie Häkkinen den seinen – dafür hatte es im Team zu viele Pannen und taktische Fehler gegeben. Häkkinen hatte ja in den Tagen von Suzuka seinen Teamchef Dennis durch betonte Distanz spüren lassen, dass ihm da einiges nicht gefallen hatte. Nach dem Sieg war natürlich erst einmal alles vergessen. Man lag sich jubelnd in den Armen und konnte beim offiziellen Abendessen im japanischen Restaurant Ajisai an der Strecke und später in der schon berühmt-berüchtigten Karaokebar »Log Cabin« weiterfeiern.

Vierter Platz für den »moralischen Weltmeister«

Für Heinz-Harald Frentzen und Ralf Schumacher endete die Saison zumindest halbwegs erfreulich. Frentzen wurde Vierter und nach Coulthards Ausfall auch sicherer Dritter in der Fahrer-Weltmeisterschaft. »Mehr war heute einfach nicht drin. Ich hatte Getriebeprobleme: Erst hat der erste Gang komische Geräusche gemacht, so dass ich stattdessen immer im zweiten fahren musste, dann hat der auch noch angefangen zu spinnen, so dass ich nur noch bis zum dritten runterschalten konnte. Außerdem verlor die Strecke wieder Grip, vielleicht weil durch die Wolken die Temperatur runterging – und damit bekamen wir wieder unsere üblichen Probleme unter solchen Verhältnissen. Aber ich bin nicht enttäuscht, einen Podiumsplatz verpasst zu haben. Wir hatten ja in dieser Saison so viel zu feiern.«
Ralf Schumacher kam an Frentzen nicht vorbei, »obwohl ich zum Teil schneller war, aber ich konnte einfach nicht überholen. Platz fünf ist schließlich nicht schlecht, aber ein bisschen mehr hatte ich mir schon erhofft. Glückwunsch an Mika, für ihn war es ja nicht leicht, diese Weltmeisterschaft zu gewinnen.«

Damon Hill nimmt Abschied

Ganz heimlich, still und leise im Schatten des Weltmeisterschaftsfinales verabschiedete sich in Suzuka ein Weltmeister aus der Formel 1. Von der Haupttribüne grüßten ihn noch einmal zahlreiche Transparente: Damon Hill, der hier 1996 Weltmeister wurde, fuhr am Sonntag seinen 116. und letzten Grand Prix.
Sehr erfreulich war das Ende freilich nicht: Nach 21 Runden gab Hill frustriert auf, nachdem er nach einem wilden Ausritt ans Ende des Feldes zurückgefallen war. »Es hatte keinen Sinn mehr, weiterzumachen. Ich hätte dabei zu wenig zu gewinnen und zu viel zu verlieren gehabt. Sicher hätte ich meine Formel-1-Karriere gern auf andere Weise beendet, aber es ist nun mal anders gelaufen. Ich muss akzeptieren, dass die Formel 1 für mich Vergangenheit ist.«
Dass mit Hill einer seiner großen Gegner von früher ging, ließ auch Michael Schumacher nicht ganz kalt: »Ich denke, es wird einige geben, die ihn vermissen. Dazu gehöre auch ich. Ich denke, heute sehen wir beide viele Dinge mit anderen Augen, und deswegen finde ich es wirklich schade, dass er uns schon verlässt.«

Eddie Irvine, in der Formel-1-Szene nicht gerade als Kostverächter bekannt, was die holde Weiblichkeit angeht, trat wieder einmal gewaltig ins Fettnäpfchen. In einem Interview mit dem Männermagazin Esquire zog er gewaltig vom Leder: »Ich verwöhne Frauen nicht. Sonst wickeln sie dich nur ein. Man muss sie ordentlich zusammenstauchen. Frauen lieben es, wenn man sie wie ein Stück Sch... behandelt.« Jetzt sollte dann wenigstens jede wissen, worauf sie sich mit Eddie einlässt ...

Boxenstopp

Ursprünglich sollte es im Digitalfernsehen »Premiere World« an diesem Wochenende einen »Häkkinen-Irvine-Sonderkanal« geben – doch in letzter Minute entschied die Marketing-Abteilung anders: »Wir machen doch, wie in Malaysia, wieder einen Schumacher-Kanal.«

Einer der wenigen, die vor diesem Finale noch einen Tipp abgeben wollten, war Teamchef Frank Williams – und der setzte auf den Außenseiter: Die englischen Wettbüros hatten ja Quoten von 8:5 für Häkkinen und 8:13 für Irvine ermittelt, doch Frank meinte: »Häkkinen hat die beste Kombination hinter sich. Auch wenn er einen Rückstand aufzuholen hat, ich würde eher auf ihn setzen.«

Bei Honda hat man zwar für die kommenden Jahre offiziell einen Drei-Jahres-Werksvertrag mit dem BAR-Team, aber intern scheinen die Japaner das ein bisschen anders zu sehen. »Wir sehen das erst einmal von Jahr zu Jahr«, gab Projektleiter Hosawa gegenüber japanischen Journalisten zu. Sprich: Wenn BAR, das einzige Team, das in diesem Jahr trotz vollmundiger Versprechungen zu Saisonbeginn nicht einen einzigen Weltmeisterschaftspunkt geholt hat, im nächsten Jahr nicht bald in die Gänge kommt, dann könnten die Motoren bald wieder weg sein. Gute Aussichten für Jordan ...

Unter den Formel-1-Piloten schien das Bindungsfieber ausgebrochen zu sein. Heinz-Harald Frentzen und seine Tanja kamen mit – übrigens völlig verschieden gestylten – Eheringen, »denn gleiche sind altmodisch«, aus dem Urlaub in Thailand zurück. Das Jawort gaben sie sich nach buddhistischem Ritus in traditionellen Thai-Kostümen, »aber auch standesamtlich, mit allen Papieren, damit es auch in Deutschland anerkannt wird«, so Tanja. Jacques Villeneuve verlobte sich mit Danii Minogue, der Schwester von Popstar Kylie Minogue.

FIA-Präsident Max Mosley kam nicht zum Weltmeisterschaftsfinale nach Japan – offiziell wegen anderer Termine. So entging er den vielen kritischen Fragen, mit denen er hier wohl konfrontiert worden wäre ...

net
McLaren net
McLaren net

• Platzierungen

• Zahlen

• Fakten

Fahrer-Weltmeisterschaft

	AUS	BRA	SM	MON	SPA	KAN
M. Häkkinen		10		4	10	10
E. Irvine	10	2		6	3	4
H.-H. Frentzen	6	4		3		
D. Coulthard			6		6	
M. Schumacher		6	10	10	4	
R. Barrichello	2		4			
J. Herbert						2
G. Fisichella	3		2	2		6
M. Salo						
J. Trulli					1	
D. Hill			3			
A. Wurz				1		
P. Diniz						1
O. Panis		1				
J. Alesi			1			
P. de la Rosa	1					
M Gené						

Konstrukteurs-Weltmeisterschaft

	AUS	BRA	SM	MON	SPA	KAN
Ferrari	10	8	10	16	7	4
McLaren-Mercedes		10	6	4	16	10
Jordan-Mugen-Honda	6	4	3	3		
Stewart-Ford	2		4			2
Williams-Supertec	4	3			2	3
Benetton Playlife	3		2	3		6
Prost-Peugeot		1		1		
Sauber-Petronas			1			1
Arrows	1					
Minardi-Ford						

GBR	ÖST	DEU	UNG	BEL	ITA	EUR	MAL	JAP	PUNKTE
	4		10	6		2	4	10	**75**
6	10	10	4	3	1		10	4	**74**
3	3	4	3	4	10		1	3	**54**
10	6	2	6	10	2				**48**
							6	6	**44**
			2		3	4	2		**21**
						10	3		**15**
									13
		6			4				**10**
						6			**7**
2			1	1					**7**
	2								**3**
1	1								**3**
			1						**2**
								1	**2**
									1
						1			**1**

GBR	ÖST	DEU	UNG	BEL	ITA	EUR	MAL	JAP	PUNKTE
6	10	16	4	3	5		16	10	**128**
10	10	2	16	16	2	2	4	10	**124**
5	3	4	4	5	10		1	3	**61**
			2		3	14	5		**36**
4		3		2	6	3		2	**35**
	2								**16**
		1				6			**9**
1	1							1	**5**
									1
						1			**1**

Melbourne • 7. März 1999

1. FREIES TRAINING

Coulthard	1:31.971
Häkkinen	1:31.985
Barrichello	1:32.947
Frentzen	1:33.029
Herbert	1:33.166
Hill	1:33.420
Schumacher M.	1:33.576
Trulli	1:33.870
Zanardi	1:33.951
Schumacher R.	1:33.957
Wurz	1:34.046
Fisichella	1.34.135
Alesi	1:34.541
Irvine	1:34.595
Panis	1:43.693
Villeneuve	1:34.695
Diniz	1:35.253
Takagi	1:35.699
De la Rosa	1:35.756
Gené	1:36.481
Badoer	1:37.958
Zonta	1:38.075

2. FREIES TRAINING

Häkkinen	1:30.324
Coulthard	1:30.969
Herbert	1:32.569
Hill	1:32.661
Villeneuve	1:32.717
Schumacher M.	1:32.722
Barrichello	1:32.828
Frentzen	1:32.876
Fisichella	1:32.975
Irvine	1:32.994
Diniz	1:32.999
Wurz	1:33.110
Trulli	1:33.252
Alesi	1:33.305
Schumacher R.	1:33.323
Panis	1:34.129
De la Rosa	1:34.194
Takagi	1:34.386
Zanardi	1:35.444
Badoer	1:35.839
Gené	1:36.848
Zonta	1:48.227

Platz	Startnr.	Fahrer	Nation	Runden	Zeit/Ausfallgrund
1	4	Irvine	GBR	57	1:35:01.659
2	8	Frentzen	GER	57	1:35:02.686
3	6	Schumacher R.	GER	57	1:35:08.671
4	9	Fisichella	ITA	57	1:35:35.077
5	16	Barrichello	BRA	57	1:35:56.357
6	14	De la Rosa	ESP	57	1:36:25.976
7	15	Takagi	JPN	57	1:36:27.947
8	3	Schumacher M.	GER	56	1:36:16.505
	17	Herbert nicht gestartet			kein Auto
	23	Zonta	BRA	48	Getriebe
	20	Badoer	ITA	42	Getriebe
	10	Wurz	AUT	28	Aufhängung
	12	Diniz	BRA	27	Getriebe
	21	Gené	ESP	25	Kollision
	19	Trulli	ITA	25	Kollision
	18	Panis	FRA	23	Radmutter
	1	Häkkinen	FIN	21	Drosselklappe
	5	Zanardi	ITA	20	Unfall
	2	Coulthard	GBR	13	Hydraulik
	22	Villeneuve	CAN	13	Heckflügel
	7	Hill	GBR	0	Kollision
	11	Alesi	FRA	0	Getriebe
Schnellste Runde:					
	3	Schumacher M.	GER	55	1:32.112

Zahlen · Rekorde · Jubiläen

Erster Grand Prix-Sieg von E. Irvine.
100. Grand Prix-Start für D. Hill.
50. Grand Prix-Start für J. Villeneuve.
Erster Grand Prix-Start für R. Zonta, M. Gené, P. de la Rosa.

Startaufstellung

21 Marc Gené
Minardi-Ford, 1:37.013

18 Olivier Panis
Prost-Peugeot, 1:35.068

14 Pedro de la Rosa
Arrows, 1:34.244

11 Jean Alesi
Sauber-Petronas, 1:33.910

12 Pedro Diniz
Sauber-Petronas, 1:33.374

19 Jarno Trulli
Prost-Peugeot, 1:32.971

10 Alexander Wurz
Benetton-Playlife, 1:32.789

6 Ralf Schumacher
Williams-Supertec, 1:32.691

4 Eddie Irvine
Ferrari, 1:32.289

16 Rubens Barrichello
Stewart-Ford, 1:32.148

2 David Coulthard
McLaren-Mercedes, 1:30.946

20 Luca Badoer
Minardi-Ford, 1:35.316

23 Ricardo Zonta
BAR-Supertec, 1:34.412

15 Toranosuke Takagi
Arrows, 1:34.182

5 Alessandro Zanardi
Williams-Supertec, 1:33.549

17 Johnny Herbert
Stewart-Ford, 1:32.991

22 Jacques Villeneuve
BAR-Supertec, 1:32.888

7 Damon Hill
Jordan-Mugen-Honda, 1:32.695

9 Giancarlo Fisichella
Benetton-Playlife, 1:32.540

8 Heinz-Harald Frentzen
Jordan-Mugen-Honda, 1:32.276

3 Michael Schumacher
Ferrari, 1:31.781

1 Mika Häkkinen
McLaren-Mercedes, 1:30.462

Pole-Position

Platz	Startnr.	Fahrer	Nation	Runden	Zeit/ Ausfallgrund
1	1	Häkkinen	FIN	72	1:36:03.785
2	3	Schumacher M.	GER	72	1:36:08.710
3	8	Frentzen	GER	71	1:35:56.877
4	6	Schumacher R.	GER	71	1:36:22.860
5	4	Irvine	GBR	71	1:36:23.103
6	18	Panis	FRA	71	1:37:13.368
7	10	Wurz	AUT	70	1:36:12.021
8	15	Takagi	JPN	69	1:37:10.072
9	21	Gené	ESP	69	1:37:02.116
	8	Frentzen	GER	72	kein Benzin
	14	De la Rosa	ESP	53	Hydraulik
	22	Villeneuve	CAN	50	Hydraulik
	5	Zanardi	ITA	44	Getriebe
	16	Barrichello	BRA	43	Motor
	12	Diniz	BRA	43	Kollision
	9	Fisichella	ITA	39	Kupplung
	20	Sarrazin	FRA	32	Unfall
	11	Alesi	FRA	28	Getriebe
	2	Coulthard	GBR	23	Getriebe
	19	Trulli	ITA	22	Getriebe
	17	Herbert	GBR	16	Hydraulik
	7	Hill	GBR	11	Unfallfolgen
Schnellste Runde:					
	1	Häkkinen	FIN	70	1:18.448

Interlagos • 11. April 1999

1. FREIES TRAINING

Häkkinen	1:18.881
Coulthard	1:19.352
Schumacher M.	1:19.621
Irvine	1:19.772
Fisichella	1:20.309
Barrichello	1:20.338
Trulli	1:20.359
Frentzen	1:20.431
Panis	1:20.562
Schumacher R.	1:20.671
Wurz	1:20.779
Alesi	1:20.824
Herbert	1:20.934
Zonta	1:21.009
Diniz	1:21.116
Zanardi	1:21.773
Gené	1:21.897
Takagi	1:22.355
De la Rosa	1:22.494
Sarrazin	1:22.578
Hill	1:32.229
Villeneuve	1:36.568

2. FREIES TRAINING

Coulthard	1:17.035
Häkkinen	1:17.246
Frentzen	1:17.962
Barrichello	1.17.979
Schumacher M.	1:18.110
Alesi	1:18.383
Hill	1:18.415
Schumacher R.	1:18.480
Herbert	1:18.605
Fisichella	1:18.635
Irvine	1:18.682
Diniz	1:18.738
Wurz	1:18.896
Zanardi	1:18.930
Trulli	1:19.037
Villeneuve	1:19.459
Panis	1:19.578
Zonta	1:19.662
Sarrazin	1:19.984
Takagi	1:20.008
De la Rosa	1:20.295
Gené	1:21.033

Startaufstellung

	22 Jacques Villeneuve BAR-Supertec, o. Zeit
21 Marc Gené Minardi-Ford, 1:20.710	15 Toranosuke Takagi Arrows, 1:20.095
14 Pedro de la Rosa Arrows, 1:20.075	20 Stéphane Sarrazin Minardi-Ford, 1:20.016
5 Alessandro Zanardi Williams-Supertec, 1:19.452	12 Pedro Diniz Sauber-Petronas, 1:19.194
11 Jean Alesi Sauber-Petronas, 1:18.716	19 Jarno Trulli Prost-Peugeot, 1:18.684
18 Olivier Panis Prost-Peugeot, 1:18.636	6 Ralf Schumacher Williams-Supertec, 1:18.506
17 Johnny Herbert Stewart-Ford, 1:18.374	10 Alexander Wurz Benetton-Playlife, 1:18.334
8 Heinz-Harald Frentzen Jordan-Mugen-Honda, 1:17.902	7 Damon Hill Jordan-Mugen-Honda, 1:17.884
4 Eddie Irvine Ferrari, 1:17.843	9 Giancarlo Fisichella Benetton-Playlife, 1:17.810
3 Michael Schumacher Ferrari, 1:17.578	16 Rubens Barrichello Stewart-Ford, 1:17.306
2 David Coulthard McLaren-Mercedes, 1:16.715	1 Mika Häkkinen McLaren-Mercedes, 1:16.568

Pole-Position

Zahlen · Rekorde · Jubiläen

Erster Grand Prix-Start für Stephane Sarrazin.
10. Brasilien-Grand Prix für Jean Alesi.

Imola • 2. Mai 1999

1. FREIES TRAINING

Häkkinen	1:28.467
Coulthard	1:28.605
Irvine	1:29.046
Hill	1:29.452
Schumacher M.	1:29.534
Zanardi	1:29.614
Schumacher R.	1:29.630
Villeneuve	1:29.765
Barrichello	1:29.792
Trulli	1:29.808
Alesi	1:30.182
Panis	1:30.408
Diniz	1:30.482
Salo	1:30.569
Wurz	1:30.830
Fisichella	1:30.854
Frentzen	1:30.991
Herbert	1:31.046
De la Rosa	1:31.257
Badoer	1:31.547
Takagi	1:31.557
Gené	1:33.529

2. FREIES TRAINING

Coulthard	1:26.362
Häkkinen	1:26.750
Schumacher M.	1:26.834
Irvine	1:27.193
Barrichello	1:27.429
Herbert	1:27.734
Schumacher R.	1:27.986
Frentzen	1:28.196
Hill	1:28.209
Zanardi	1:28.364
Trulli	1:28.405
Diniz	1:28.447
Alesi	1:28.468
Wurz	1:28.565
Fisichella	1:28.569
Salo	1:28.596
Villeneuve	1:28.702
Panis	1:28.956
Takagi	1:29.300
De la Rosa	1:29.762
Gené	1:30.497
Badoer	1:31.347

Platz	Startnr.	Fahrer	Nation	Runden	Zeit/Ausfallgrund
1	3	Schumacher M.	GER	62	1:33:44.792
2	2	Coulthard	GBR	62	1:33:49.057
3	16	Barrichello	BRA	61	1:33:46.721
4	7	Hill	GBR	61	1:33:47.629
5	9	Fisichella	ITA	61	1:34:27.002
6	11	Alesi	FRA	61	1:34:33.056
7	23	Salo	FIN	59	1:32:08.096
8	20	Badoer	ITA	59	1:33:53.344
9	21	Gené	ESP	59	1:34:16.112
10	17	Herbert	GBR	58	1:29:37.619
11	5	Zanardi	ITA	58	1:29:45.043
	12	Diniz	BRA	50	Unfall
	18	Panis	FRA	49	Motor
	4	Irvine	GBR	47	Motor
	8	Frentzen	GER	47	Unfall
	15	Takagi	JPN	30	Dreher
	6	Schumacher R.	GER	29	Elektrik
	1	Häkkinen	FIN	18	Unfall
	14	De la Rosa	ESP	6	Kollision
	10	Wurz	AUT	6	Kollision
	19	Trulli	ITA	1	Kollision
	22	Villeneuve	CAN	0	Getriebe

Schnellste Runde:

3	Schumacher M.	GER	45	1:28.547

Zahlen · Rekorde · Jubiläen

100. Grand Prix-Start für Sauber.

Startaufstellung

20 Luca Badoer
Minardi-Ford, 1:30.945

21 Marc Gené
Minardi-Ford, 1:30.035

15 Toranosuke Takagi
Arrows, 1:29.656

23 Mika Salo
BAR-Supertec, 1:29.451

14 Pedro de la Rosa
Arrows, 1:29.293

10 Alexander Wurz
Benetton-Playlife, 1:28.765

9 Giancarlo Fisichella
Benetton-Playlife, 1:28.750

12 Pedro Diniz
Sauber-Petronas, 1:28.599

19 Jarno Trulli
Prost-Peugeot, 1:28.403

11 Jean Alesi
Sauber-Petronas, 1:28.253

17 Johnny Herbert
Stewart-Ford, 1:28.246

18 Olivier Panis
Prost-Peugeot, 1:28.205

5 Alessandro Zanardi
Williams-Supertec, 1:28.142

6 Ralf Schumacher
Williams-Supertec, 1:27.770

7 Damon Hill
Jordan-Mugen-Honda, 1:27.708

8 Heinz-Harald Frentzen
Jordan-Mugen-Honda, 1:27.613

16 Rubens Barrichello
Stewart-Ford, 1:27.409

22 Jacques Villeneuve
BAR-Supertec, 1:27.313

4 Eddie Irvine
Ferrari, 1:26.993

3 Michael Schumacher
Ferrari, 1:26.538

2 David Coulthard
McLaren-Mercedes, 1:26.384

1 Mika Häkkinen
McLaren-Mercedes, 1:26.362

Pole-Position

Platz	Startnr.	Fahrer	Nation	Runden	Zeit/ Ausfallgrund
1	3	Schumacher M.	GER	78	1:49:31.812
2	4	Irvine	GBR	78	1:50:02.288
3	1	Häkkinen	FIN	78	1:50:09.295
4	8	Frentzen	GER	78	1:50:25.821
5	9	Fisichella	ITA	77	1:49:32:705
6	10	Wurz	AUT	77	1:49:47.799
7	19	Trulli	ITA	77	1:50:05.845
8	5	Zanardi	ITA	76	1:49:49.514
9	16	Barrichello	BRA	71	1:40:57.711
	6	Schumacher R.	GER	54	Unfall
	11	Alesi	FRA	50	Unfall
	12	Diniz	BRA	49	Unfall
	18	Panis	FRA	40	Motor
	2	Coulthard	GBR	36	Getriebe
	23	Salo	FIN	36	Unfall
	15	Takagi	JPN	36	Motor
	22	Villeneuve	CAN	32	Hydraulik
	17	Herbert	GBR	32	Aufhängung
	14	De la Rosa	ESP	30	Getriebe
	21	Gené	ESP	24	Unfall
	20	Badoer	ITA	10	Getriebe
	7	Hill	GBR	3	Unfall

Schnellste Runde:

	1	Häkkinen	FIN	67	1:22.259

Monte Carlo • 16. Mai 1999

1. FREIES TRAINING

Schumacher M.	1:22.718
Häkkinen	1:22.854
Panis	1:23.318
Irvine	1:23.396
Fisichella	1:23.458
Coulthard	1:23.503
Barrichello	1:23.545
Salo	1:23.793
Villeneuve	1:23.862
Herbert	1:23.865
Hill	1:23.874
Trulli	1.23.958
Zanardi	1:24.065
Wurz	1:24.263
Alesi	1:24.492
Schumacher R.	1:24.906
Diniz	1:25.094
De la Rosa	1:26.148
Frentzen	1:26.336
Takagi	1:27.618
Gené	1:27.667
Badoer	1:28.316

2. FREIES TRAINING

Schumacher M.	1:21.249
Irvine	1:21.521
Häkkinen	1:21.919
Barrichello	1:21.974
Frentzen	1:22.166
Villeneuve	1:22.252
Schumacher R.	1:22.372
Fisichella	1:22.599
Zanardi	1:22.654
Herbert	1:22.971
Wurz	1:23.123
Alesi	1:23.145
Coulthard	1:23.160
Trulli	1:23.384
Diniz	1:23.641
Panis	1:23.751
Hill	1:23.929
Takagi	1:24.143
De la Rosa	1:24.380
Badoer	1:24.588
Gené	1:24.818
Salo	1:24.917

Startaufstellung

14 Pedro de la Rosa Arrows, 1:24.260	21 Marc Gené Minardi-Ford, 1:24.914
15 Toranosuke Takagi Arrows, 1:23.290	20 Luka Badoer Minardi-Ford, 1:23.756
7 Damon Hill Jordan-Mugen-Honda, 1:22.832	18 Olivier Panis Prost-Peugeot, 1:22.916
12 Pedro Diniz Sauber-Petronas, 1:22.659	6 Ralf Schumacher Williams-Supertec, 1:22.719
17 Johnny Herbert Stewart-Ford, 1:22.248	11 Jean Alesi Sauber-Petronas, 1:22.354
5 Alessandro Zanardi Williams-Supertec, 1:22.152	23 Mika Salo BAR-Supertec, 1:22.241
9 Giancarlo Fisichella Benetton-Playlife, 1:21.938	10 Alexander Wurz Benetton-Playlife, 1:21.968
19 Jarno Trulli Prost-Peugeot, 1:21.769	22 Jacques Villeneuve BAR-Supertec, 1:21.827
16 Rubens Barrichello Stewart-Ford, 1:21.530	8 Heinz-Harald Frentzen Jordan-Mugen-Honda, 1:21.556
2 David Coulthard McLaren-Mercedes, 1:20.956	4 Eddie Irvine Ferrari, 1:21.011
1 Mika Häkkinen McLaren-Mercedes, 1:20.547	3 Michael Schumacher Ferrari, 1:20.611

Pole-Position

Zahlen · Rekorde · Jubiläen

100. Grand Prix-Start von Rubens Barrichello.

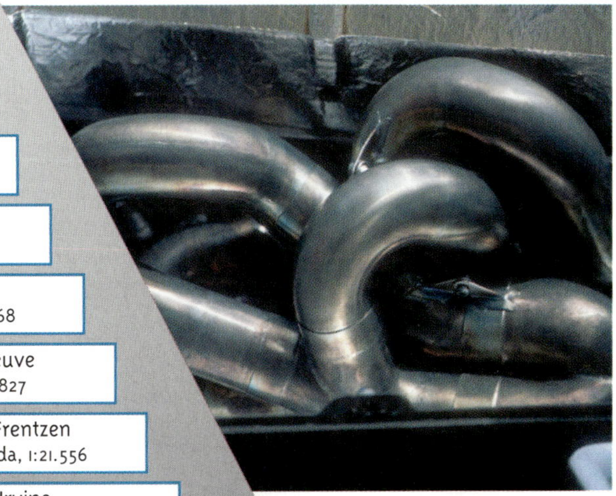

Barcelona • 30. Mai 1999

1. FREIES TRAINING

Irvine	1:23.577
Frentzen	1:23.790
Schumacher M.	1:23.895
Häkkinen	1:23.982
Zanardi	1:24.312
Hill	1:24.318
Coulthard	1:24.339
Barrichello	1:24.347
Villeneuve	1:24.458
Schumacher R.	1:24.559
Alesi	1:24.571
Diniz	1:24.823
Trulli	1:24.957
Panis	1:25.140
Fisichella	1:25.448
Herbert	1:25.667
Wurz	1:25.901
Salo	1:25.990
De la Rosa	1:26.595
Takagi	1:27.296
Badoer	1:27.314
Gené	1:27.506

2. FREIES TRAINING

Coulthard	1:22.138
Schumacher M.	1:22.212
Häkkinen	1:22.257
Frentzen	1:22.836
Alesi	1:22.917
Villeneuve	1:23.074
Barrichello	1:23.106
Hill	1:23.125
Herbert	1:23.136
Salo	1:23.196
Schumacher R.	1:23.208
Diniz	1:23:272
Fisichella	1:23.346
Trulli	1:23.493
Zanardi	1:23.574
Wurz	1:23.633
Irvine	1:23.839
Panis	1:23.911
De la Rosa	1:25.042
Gené	1:25.663
Takagi	1:25.948
Badoer	1:26.535

Platz	Startnr.	Fahrer	Nation	Runden	Zeit/ Ausfallgrund
1	1	Häkkinen	FIN	65	1:34:13.665
2	2	Coulthard	GBR	65	1:34:19.903
3	3	Schumacher M.	GER	65	1:34:24.510
4	4	Irvine	GBR	65	1:34:43.847
5	6	Schumacher R.	GER	65	1:35:40.873
6	19	Trulli	ITA	64	1:34:24:028
7	7	Hill	GBR	64	1:34:25.044
8	23	Salo	FIN	64	1:35:21.065
9	9	Fisichella	ITA	64	1:35:22.704
10	10	Wurz	AUT	64	1:35:29.548
11	14	De la Rosa	ESP	63	1:34:41.268
12	15	Takagi	JPN	62	1:34:38.929
	20	Badoer	ITA	50	Dreher
	22	Villeneuve	CAN	40	Getriebe
	12	Diniz	BRA	40	Antrieb
	17	Herbert	GBR	40	Antrieb
	8	Frentzen	GER	35	Differential
	11	Alesi	FRA	27	Antrieb
	5	Zanardi	ITA	24	Getriebe
	18	Panis	FRA	24	Getriebe
	21	Gené	ESP	0	Motor
Schnellste Runde:					
	3	Schumacher M.	GER	29	1:24.982

Zahlen · Rekorde · Jubiläen

400. Grand Prix-Start von Williams.

Startaufstellung

20 Luca Badoer
Minardi-Ford, 1:25.833

21 Marc Gené
Minardi-Ford, 1:25.672

15 Toranosuke Takagi
Arrows, 1:25.280

5 De la Rosa
Arrows, 1:24.619

10 Alexander Wurz
Benetton-Playlife, 1:23.824

5 Alessandro Zanardi
Williams-Supertec, 1:23.703

23 Mika Salo
BAR-Supertec, 1:23.683

18 Olivier Panis
Prost-Peugeot, 1:23.559

17 Johnny Herbert
Stewart-Ford, 1:23.505

9 Giancarlo Fisichella
Benetton-Playlife, 1:23.333

12 Pedro Diniz
Sauber-Petronas, 1:23.331

7 Damon Hill
Jordan-Mugen-Honda, 1:23.317

6 Ralf Schumacher
Williams-Supertec, 1:23.303

19 Jarno Trulli
Prost-Peugeot, 1:23.194

8 Heinz-Harald Frentzen
Jordan-Mugen-Honda, 1:22.938

16 Rubens Barrichello
Stewart-Ford, 1:22.920

22 Jacques Villeneuve
BAR-Supertec, 1:22.703

11 Jean Alesi
Sauber-Petronas, 1:22.388

3 Michael Schumacher
Ferrari, 1:22.277

2 David Coulthard
McLaren-Mercedes, 1:22.244

4 Eddie Irvine
Ferrari, 1:22.219

1 Mika Häkkinen
McLaren-Mercedes, 1:22.088

Pole-Position

Platz	Startnr.	Fahrer	Nation	Runden	Zeit/Ausfallgrund
1	1	Häkkinen	FIN	69	1:41:35.727
2	9	Fisichella	ITA	69	1:41:36.509
3	4	Irvine	GBR	69	1:41:37.524
4	6	Schumacher R.	GER	69	1:41:38.119
5	17	Herbert	GBR	69	1:41:38.532
6	12	Diniz	BRA	69	1:41:39.438
7	2	Coulthard	GBR	69	1:41:40.731
8	21	Gené	ESP	68	1:41:39.918
9	18	Panis	FRA	68	1:41:40.658
10	20	Badoer	ITA	67	1:41:38.062
11	8	Frentzen	GER	65	1:34:50.784
	5	Zanardi	ITA	50	Getriebe
	15	Takagi	JPN	41	Antrieb
	22	Villeneuve	CAN	34	Unfall
	3	Schumacher M.	GER	29	Unfall
	14	De la Rosa	ESP	22	Antrieb
	7	Hill	GBR	14	Unfall
	16	Barrichello	BRA	14	Lenkgestänge
	23	Zonta	BRA	2	Unfall
	11	Alesi	FRA	0	Kollision
	19	Trulli	ITA	0	Kollision
	10	Wurz	AUT	0	Antriebswelle

Schnellste Runde:

	Startnr.	Fahrer	Nation	Runden	Zeit
	4	Irvine	GBR	62	1:20.382

Montreal • 13. Juni 1999

1. FREIES TRAINING

Irvine	1:20.576
Coulthard	1:20.664
Schumacher M.	1:21.276
Alesi	1:21.510
Fisichella	1:21.724
Zonta	1:21.810
Häkkinen	1:21.950
Frentzen	1:22.002
Villeneuve	1:22.021
Barrichello	1:22.167
Trulli	1:22.454
Schumacher R.	1:22.506
Wurz	1:22.649
Hill	1:22.734
Panis	1:22.892
Herbert	1:23.177
Badoer	1:23.778
Zanardi	1:23.824
Gené	1:23.826
De la Rosa	1:23.996
Takagi	1:24.131
Diniz	1:24.462

2. FREIES TRAINING

Schumacher M.	1:19.281
Coulthard	1:19.543
Häkkinen	1:19.568
Irvine	1:19.631
Frentzen	1:19.940
Fisichella	1:20.162
Barrichello	1:20.261
Schumacher R.	1:20.275
Trulli	1:20.396
Alesi	1:20.485
Zanardi	1:20.754
Hill	1:20.785
Herbert	1:20.861
Wurz	1:20.919
Villeneuve	1:20.924
Panis	1:20.935
Diniz	1:21.022
Zonta	1:21.235
Takagi	1:21.810
De la Rosa	1:22.039
Gené	1:22.205
Badoer	1:22.730

Startaufstellung

3 Michael Schumacher
Ferrari, 1:19.298

1 Mika Häkkinen
McLaren-Mercedes, 1:19.327

4 Eddie Irvine
Ferrari, 1:19.440

2 David Coulthard
McLaren-Mercedes, 1:19.729

16 Rubens Barrichello
Stewart-Ford, 1:19.930

8 Heinz-Harald Frentzen
Jordan-Mugen-Honda, 1:20.158

9 Giancarlo Fisichella
Benetton-Playlife, 1:20.378

11 Jean Alesi
Sauber-Petronas, 1:20.459

19 Jarno Trulli
Prost-Peugeot, 1:20.557

17 Johnny Herbert
Stewart-Ford, 1:20.829

10 Alexander Wurz
Benetton-Playlife, 1:21.000

5 Alessandro Zanardi
Williams-Supertec, 1:21.076

6 Ralf Schumacher
Williams-Supertec, 1:21.081

7 Damon Hill
Jordan-Mugen-Honda, 1:21.094

18 Olivier Panis
Prost-Peugeot, 1:21.252

22 Jacques Villeneuve
BAR-Supertec, 1:21.302

23 Ricardo Zonta
BAR-Supertec, 1:21.467

12 Pedro Diniz
Sauber-Petronas, 1:21.571

15 Toranosuke Takagi
Arrows, 1:21.693

14 Pedro de la Rosa
Arrows, 1:22.613

20 Luca Badoer
Minardi-Ford, 1:22.808

21 Marc Gené
Minardi-Ford, 1:23.387

Pole-Position

Zahlen · Rekorde · Jubiläen

Sechzigster Geburtstag von Jackie Stewart am 11. Juni.

Magny Cours • 27. Juni 1999

1. FREIES TRAINING

Schumacher M.	1:17.912
Irvine	1:18.199
Häkkinen	1:18.251
Coulthard	1:18.468
Zanardi	1:18.746
Frentzen	1:18.779
Alesi	1:18.908
Barrichello	1:18.950
Schumacher R.	1:19.069
Herbert	1:19.266
Wurz	1:19.491
Hill	1:19.591
Fisichella	1:19.651
Villeneuve	1:20.002
Trulli	1:20.121
Panis	1:20.285
Diniz	1:20.528
De la Rosa	1:20.655
Zonta	1:20.681
Takagi	1:21.418
Badoer	1:21.506
Gené	1:21.928

2. FREIES TRAINING

Barrichello	1:17.232
Coulthard	1:17.283
Häkkinen	1:17.386
Schumacher R.	1:17.496
Irvine	1:17.520
Schumacher M.	1:17.698
Frentzen	1:18.030
Hill	1:18.170
Zanardi	1:18.255
Zonta	1:18.484
Herbert	1:18.516
Alesi	1:18.595
Fisichella	1:18.671
Villeneuve	1:18.777
Takagi	1:18.887
Trulli	1:19.075
Diniz	1:19.171
De la Rosa	1:19.214
Wurz	1:19.375
Panis	1:19.403
Badoer	1:20.388
Gené	1:20.681

Platz	Startnr.	Fahrer	Nation	Runden	Zeit/ Ausfall-grund
1	8	Frentzen	GER	72	1:58:24.343
2	1	Häkkinen	FIN	72	1:58:35.435
3	16	Barrichello	BRA	72	1:59:07.775
4	6	Schumacher R.	GER	72	1:59:09.818
5	3	Schumacher M.	GER	72	1:59:12.224
6	4	Irvine	GBR	72	1:59:13.244
7	19	Trulli	ITA	72	1:59:22.114
8	18	Panis	FRA	72	1:59:22.874
9	23	Zonta	BRA	72	1:59:53.107
10	20	Badoer	ITA	71	1:59:05.221
11	14	De la Rosa	ESP	71	1:59.48.956
	9	Fisichella	ITA	43	Dreher
	7	Hill	GBR	32	Motor
	5	Zanardi	ITA	27	Dreher
	22	Villeneuve	CAN	26	Dreher
	10	Wurz	AUT	26	Dreher
	21	Gené	ESP	26	Unfall
	11	Alesi	FRA	25	Dreher
	2	Coulthard	GBR	10	Elektronik
	12	Diniz	BRA	7	Getriebe
	17	Herbert	GBR	5	Getriebe

Disqualifiziert: T. Takagi wegen falscher Reifen

Schnellste Runde:

	Startnr.	Fahrer	Nation	Runde	Zeit
	2	Coulthard	GBR	8	1:19.227

Zahlen · Rekorde · Jubiläen

Erster Grand Prix-Sieg für Heinz-Harald Frentzen bei Jordan.
Neunter Grand Prix in Folge ohne Sieg für McLaren auf einer Strecke.
68 Überholmanöver in einem Rennen.

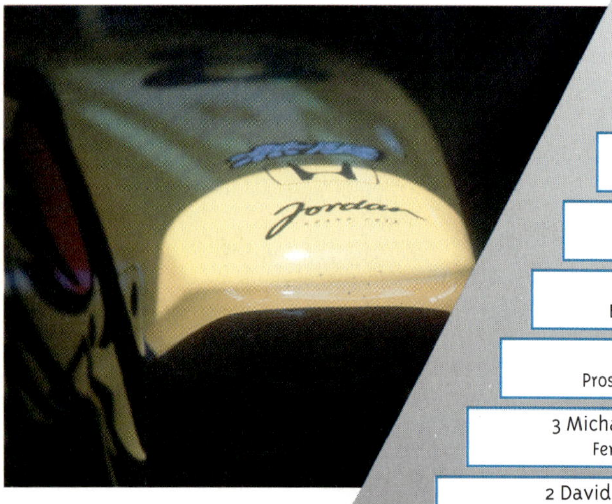

Startaufstellung

21 Marc Gené
Minardi-Ford, 1:46.324

15 Toranosuke Takagi
Arrows, 1:48.322

7 Damon Hill
Jordan-Mugen-Honda, 1:45.334

6 Ralf Schumacher
Williams-Supertec, 1:45.189

1 Mika Häkkinen
McLaren-Mercedes, 1:44.368

22 Jacques Villeneuve
BAR-Supertec, 1:43.748

23 Ricardo Zonta
BAR-Supertec, 1:42.228

19 Jarno Trulli
Prost-Peugeot, 1:24.096

3 Michael Schumacher
Ferrari, 1:41.127

2 David Coulthard
McLaren-Mercedes, 1:40.403

11 Jean Alesi
Sauber-Petronas, 1:38.881

20 Luca Badoer
Minardi-Ford, 1:46.784

14 Pedro de la Rosa
Arrows, 1:48.215

4 Eddie Irvine
Ferrari, 1:45.218

5 Alessandro Zanardi
Williams-Supertec, 1:44.912

10 Alexander Wurz
Benetton-Playlife, 1:44.319

12 Pedro Diniz
Sauber-Petronas, 1:42.942

17 Johnny Herbert
Stewart-Ford, 1:42.199

9 Giancarlo Fisichella
Benetton-Playlife, 1:41.825

8 Heinz-Harald Frentzen
Jordan-Mugen-Honda, 1:40.690

18 Olivier Panis
Prost-Peugeot, 1:40.400

16 Rubens Barrichello
Stewart-Ford, 1:38.441

Pole-Position

Silverstone • 11. Juli 1999

Platz	Startnr.	Fahrer	Nation	Runden	Zeit/Ausfallgrund
1	2	Coulthard	GBR	60	1:32:30.144
2	4	Irvine	GBR	60	1:32.31.973
3	6	Schumacher R.	GER	60	1:32:57.555
4	8	Frentzen	GER	60	1:32.57.933
5	7	Hill	GBR	60	1:33:08.750
6	12	Diniz	BRA	60	1:33:23.787
7	9	Fisichella	ITA	60	1:33:24.758
8	16	Barrichello	BRA	60	1:33:38.734
9	19	Trulli	ITA	60	1:33:42.189
10	10	Wurz	AUT	60	1:33:42.267
11	5	Zanardi	ITA	60	1:33:47.268
12	17	Herbert	GBR	60	1:33:47:853
13	18	Panis	FRA	60	1:33:50.636
14	11	Alesi	FRA	59	1:33:12.794
15	21	Gené	ESP	58	1:32:41.812
16	15	Takagi	JPN	58	1:33:15.047
	23	Zonta	BRA	41	Aufhängung
	1	Häkkinen	FIN	35	Radschaden
	22	Villeneuve	CAN	29	Antrieb
	20	Badoer	ITA	6	Getriebe
	14	De la Rosa	ESP	0	Getriebe

Schnellste Runde:

	Startnr.	Fahrer	Nation	Runde	Zeit
	1	Häkkinen	FIN	28	1:28.309

1. FREIES TRAINING

Häkkinen	1:26.981
Schumacher R.	1:27.004
Irvine	1:27.061
Coulthard	1:27.155
Barrichello	1:27.158
Schumacher M.	1:27.327
Hill	1:27.381
Diniz	1:27.931
Villeneuve	1:27.981
Zanardi	1:28.162
Zonta	1:28.238
Alesi	1:28.472
Fisichella	1:28.546
Frentzen	1:28.595
Wurz	1:28.740
Trulli	1:28.883
Badoer	1:29.130
Herbert	1:29.201
Gené	1:29.416
De la Rosa	1:29.439
Takagi	1:29.630
Panis	1:30.372

2. FREIES TRAINING

Häkkinen	1:24.489
Coulthard	1:25.151
Schumacher M.	1:25.301
Frentzen	1:25.406
Hill	1:25.600
Irvine	1:25.742
Barrichello	1:25.946
Schumacher R.	1:26.250
Herbert	1:26.311
Villeneuve	1:26.531
Diniz	1:26.564
Alesi	1:26.676
Zonta	1:27.157
Wurz	1:27.193
Zanardi	1:27.250
Fisichella	1:27.254
Trulli	1:27.309
Takagi	1:27.782
Panis	1:27.864
De la Rosa	1:27.977
Badoer	1:28.376
Gené	1:28.421

Startaufstellung

21 Marc Gené Minardi-Ford, 1:28.772	20 Luca Badoer Minardi-Ford, 1:28.695
14 Pedro de la Rosa Arrows, 1:28.148	15 Toranosuke Takagi Arrows, 1:28.037
10 Alexander Wurz Benetton-Playlife, 1:28.010	9 Giancarlo Fisichella Benetton-Playlife, 1:27.857
23 Ricardo Zonta BAR-Supertec, 1:27.699	18 Olivier Panis Prost-Peugeot, 1.27.543
19 Jarno Trulli Prost-Peugeot, 1:27.227	5 Alessandro Zanardi Williams-Supertec, 1:27.223
12 Pedro Diniz Sauber-Petronas, 1:27.196	17 Johnny Herbert Stewart-Ford, 1:26.873
11 Jean Alesi Sauber-Petronas, 1:26.761	22 Jacques Villeneuve BAR-Supertec, 1:26.719
6 Ralf Schumacher Williams-Supertec, 1:26.438	16 Rubens Barrichello Stewart-Ford, 1:26.194
7 Damon Hill Jordan-Mugen-Honda, 1:26.099	8 Heinz-Harald Frentzen Jordan-Mugen-Honda, 1:25.991
4 Eddie Irvine Ferrari, 1:25.677	2 David Coulthard McLaren-Mercedes, 1:25.594
3 Michael Schumacher Ferrari, 1:25.223	1 Mika Häkkinen McLaren-Mercedes, 1:24.804

Pole-Position

Zahlen · Rekorde · Jubiläen

20jähriges Jubiläum des ersten Grand Prix-Sieges von Williams und Clay Regazzoni in Silverstone 1979.

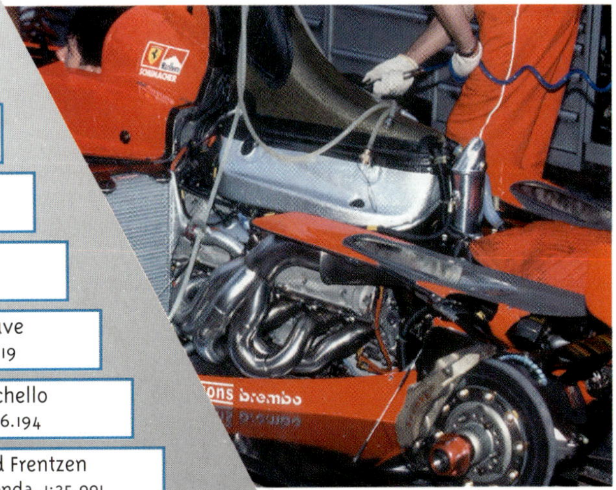

A-1-Ring • 25. Juli 1999

1. FREIES TRAINING

Hill	1:13.303
Häkkinen	1:13.325
Coulthard	1:13.376
Zonta	1:13.685
Alesi	1:13.696
Schumacher R.	1:13.711
Diniz	1:13.740
Villeneuve	1:13.840
Irvine	1:13.883
Barrichello	1:13.923
Herbert	1:14.008
Zanardi	1:14.049
Badoer	1:14.203
Gené	1:14.333
Frentzen	1:14.558
Salo	1:14.608
Trulli	1:14.724
Fisichella	1:14.785
Panis	1:15.028
Wurz	1:15.107
De la Rosa	1:15.651
Takagi	1:16.067

2. FREIES TRAINING

Coulthard	1:11.801
Häkkinen	1:11.854
Irvine	1:11.926
Herbert	1:12.139
Fisichella	1:12.679
Frentzen	1:12.693
Barrichello	1:12.745
Schumacher R.	1:12.801
Salo	1:12.832
Trulli	1:12.928
Villeneuve	1:12.946
Alesi	1:12.966
Wurz	1:13.065
Diniz	1:13.262
Panis	1:13.270
Zonta	1:13.316
Zanardi	1:13.326
Hill	1:13.350
Badoer	1:13.553
Gené	1:13.851
Takagi	1:13.941
De la Rosa	1:14.091

Platz	Startnr.	Fahrer	Nation	Runden	Zeit/Ausfallgrund
1	4	Irvine	GBR	71	1:28:12.438
2	2	Coulthard	GBR	71	1:28:12.751
3	1	Häkkinen	FIN	71	1:28:34.720
4	8	Frentzen	GER	71	1:29:05.241
5	10	Wurz	AUT	71	1:29:18.796
6	12	Diniz	BRA	71	1:29:23.371
7	19	Trulli	ITA	70	1:28:28.541
8	7	Hill	GBR	70	1:28:29.690
9	3	Salo	FIN	70	1:28:35.747
10	18	Panis	FRA	70	1:28:40.035
11	21	Gené	ESP	70	1:29:25.126
12	9	Fisichella	ITA	68	1:25:51.478
13	20	Badoer	ITA	68	1:28:58.188
14	17	Herbert	GBR	67	1:29:20.589
15	23	Zonta	BRA	63	1:19:59:481
	16	Barrichello	BRA	55	Motor
	11	Alesi	FRA	49	Benzinmangel
	14	De la Rosa	ESP	38	Dreher
	5	Zanardi	ITA	35	Benzinmangel
	22	Villeneuve	CAN	34	Antriebswelle
	15	Takagi	JPN	25	Motor
	6	Schumacher R.	GER	8	Dreher

Schnellste Runde:

1	Häkkinen	FIN	39	1:12.107

Zahlen · Rekorde · Jubiläen

75. Grand Prix-Start für Pedro Diniz.
50. Grand Prix-Start für Giancarlo Fisichella.
25. Grand-Prix-Start für Toranosuke Takagi.

Startaufstellung

21 Marc Gené Minardi-Ford, 1:14.363	14 Pedro de la Rosa Arrows, 1:14.139
15 Toranosuke Takagi Arrows, 1:13.641	20 Luca Badoer Minardi-Ford, 1:13.606
18 Olivier Panis Prost-Peugeot, 1:13.457	11 Jean Alesi Sauber-Petronas, 1:13.226
12 Pedro Diniz Sauber-Petronas, 1:13.223	23 Ricardo Zonta BAR-Supertec, 1:13.172
5 Alessandro Zanardi Williams-Supertec, 1:13.101	19 Jarno Trulli Prost-Peugeot, 1:12.999
9 Giancarlo Fisichella Benetton-Playlife, 1:12.924	7 Damon Hill Jordan-Mugen-Honda, 1:12.901
10 Alexander Wurz Benetton-Playlife, 1:12.850	22 Jacques Villeneuve BAR-Supertec, 1:12.833
6 Ralf Schumacher Williams-Supertec, 1:12.515	3 Mika Salo Ferrari, 1:12.514
17 Johnny Herbert Stewart-Ford, 1:12.488	16 Rubens Barrichello Stewart-Ford, 1:12.342
8 Heinz-Harald Frentzen Jordan-Mugen-Honda, 1:12.266	4 Eddie Irvine Ferrari, 1:11.973
2 David Coulthard McLaren-Mercedes, 1:11.153	1 Mika Häkkinen McLaren-Mercedes, 1:10.954

Pole-Position

Hockenheim • 1. August 1999

Platz	Startnr.	Fahrer	Nation	Runden	Zeit/ Ausfall-grund
1	4	Irvine	GBR	45	1:21:58.594
2	3	Salo	FIN	45	1:21:59.601
3	8	Frentzen	GER	45	1:22:03.789
4	6	Schumacher R.	GER	45	1:22:11.403
5	2	Coulthard	GBR	45	1:22:15.417
6	18	Panis	FRA	45	1:22:28.473
7	10	Wurz	AUT	45	1:22:31.927
8	11	Alesi	FRA	45	1:23:09.885
9	21	Gené	ESP	45	1:23:46.912
10	20	Badoer	ITA	44	1:22:14.172
11	17	Herbert	GBR	40	1:13:24.080
	14	De la Rosa	ESP	37	Unfall
	1	Häkkinen	FIN	25	Unfall
	5	Zanardi	ITA	21	Differential
	23	Zonta	BRA	20	Motor
	15	Takagi	JPN	15	Motor
	7	Hill	GBR	13	Aufgabe
	19	Trulli	ITA	10	Elektrik
	9	Fisichella	ITA	7	Aufhängung
	16	Barrichello	BRA	6	Hydraulik
	22	Villeneuve	CAN	0	Kollision
	12	Diniz	BRA	0	Kollision
Schnellste Runde:					
	2	Coulthard	GBR	43	1:45.270

1. FREIES TRAINING

Trulli	1:45.677
Irvine	1:46.225
Fisichella	1:46.243
Coulthard	1:46.411
Barrichello	1:46.418
Panis	1:46.516
Salo	1:46.542
Hill	1:46.851
Wurz	1:46.859
Häkkinen	1:46.866
Gené	1:46.913
Zanardi	1:47.043
Schumacher R.	1:47.334
Diniz	1:47.513
Villeneuve	1:47.513
Alesi	1:47.551
Frentzen	1:47.802
Herbert	1:47.985
Badoer	1:48.953
Zonta	1:48.978
Takagi	1:49.059
De la Rosa	1:49.207

2. FREIES TRAINING

Hill	1:43.918
Häkkinen	1:44.001
Barrichello	1:44.119
Frentzen	1:44.142
Panis	1:44.442
Coulthard	1:44.526
Irvine	1:44.695
Trulli	1:44.726
Salo	1:44.839
Villeneuve	1:44.860
Schumacher R.	1:44.960
Fisichella	1:45.428
Wurz	1:45.651
Gené	1:45.651
Zanardi	1:45.709
Diniz	1:45.838
Zonta	1:45.894
Alesi	1:46.156
De la Rosa	1:46.224
Badoer	1:46.543
Takagi	1:46.732
Herbert	11:15.684

Startaufstellung

15 Toranosuke Takagi
Arrows, 1:46.209

11 Jean Alesi
Sauber-Petronas, 1:45.962

14 Pedro de la Rosa
Arrows, 1:45.935

20 Luca Badoer
Minardi-Ford, 1:45.917

23 Ricardo Zonta
BAR-Supertec, 1:45.460

17 Johnny Herbert
Stewart-Ford, 1:45.454

12 Pedro Diniz
Sauber-Petronas, 1:45.335

21 Marc Gené
Minardi-Ford, 1:45.331

5 Alessandro Zanardi
Williams-Supertec, 1:45.034

10 Alexander Wurz
Benetton-Playlife, 1:44.522

22 Jacques Villeneuve
BAR-Supertec, 1:44.508

6 Ralf Schumacher
Williams-Supertec, 1:44.468

9 Giancarlo Fisichella
Benetton-Playlife, 1:44.338

19 Jarno Trulli
Prost-Peugeot, 1:44.209

7 Damon Hill
Jordan-Mugen-Honda, 1:44.001

18 Olivier Panis
Prost-Peugeot, 1:43.979

16 Rubens Barrichello
Stewart-Ford, 1:43.938

4 Eddie Irvine
Ferrari, 1:43.769

3 Mika Salo
Ferrari, 1:43.577

2 David Coulthard
McLaren-Mercedes, 1:43.288

8 Heinz-Harald Frentzen
Jordan-Mugen-Honda, 1:43.000

1 Mika Häkkinen
McLaren-Mercedes, 1:42.950

Pole-Position

Zahlen · Rekorde · Jubiläen

Erste Weltmeisterschaftspunkte für H.-H. Frentzen in Hockenheim.
Erster Podestplatz für Mika Salo.
100. Pole-Position für McLaren.
250. Grand Prix-Übertragung durch RTL.

Hungaroring • 15. August 1999

1. FREIES TRAINING

Irvine	1:19.476
Häkkinen	1:19.722
Coulthard	1:20.117
Barrichello	1:20.547
Salo	1:20.989
Frentzen	1:21.185
Zanardi	1:21.251
Wurz	1:21.456
Schumacher R.	1:21.481
Herbert	1:21.486
Villeneuve	1:21.504
Panis	1:21.525
Badoer	1:21.635
Fisichella	1:21.673
Alesi	1:22.009
Hill	1:22.182
Zonta	1:22.290
Trulli	1:22.360
Gené	1:22.380
Diniz	1:23.096
Takagi	1:23.216
De la Rosa	1:24.064

2. FREIES TRAINING

Häkkinen	1:18.219
Coulthard	1:18.890
Frentzen	1:19.012
Herbert	1:19.164
Barrichello	1:19.186
Villeneuve	1:19.332
Hill	1:19.356
Trulli	1:19.518
Fisichella	1:19.641
Wurz	1:19.715
Irvine	1:19.817
Schumacher R.	1:19.825
Panis	1:19.920
Zanardi	1:19.926
Salo	1:20.139
Zonta	1:20.152
Alesi	1:20.323
Diniz	1:20.342
De la Rosa	1:21.398
Badoer	1:21.523
Gené	1:21.568
Takagi	1:22.213

Platz	Startnr.	Fahrer	Nation	Runden	Zeit/ Ausfallgrund
1	1	Häkkinen	FIN	77	1:46:23.536
2	2	Coulthard	GBR	77	1:46:33.242
3	4	Irvine	GBR	77	1:46:50.764
4	8	Frentzen	GER	77	1:46:55.351
5	16	Barrichello	BRA	77	1:47:07.344
6	7	Hill	GBR	77	1:47:19.626
7	10	Wurz	AUT	77	1:47:24.548
8	19	Trulli	ITA	76	1:46:44.214
9	6	Schumacher R.	GER	76	1:46:53.291
10	18	Panis	FRA	76	1:47:06.627
11	17	Herbert	GBR	76	1:47:29.749
12	3	Salo	FIN	75	1:46:28.728
13	23	Zonta	BRA	75	1:46:29.795
14	20	Badoer	ITA	75	1:46:50.082
15	14	De la Rosa	ESP	75	1:46:58.088
16	11	Alesi	FRA	74	1:43:41.491
17	21	Gené	ESP	74	1:46:56.006
	22	Villeneuve	CAN	61	Kupplung
	9	Fisichella	ITA	53	Benzindruck
	15	Takagi	JPN	27	Antriebswelle
	12	Diniz	BRA	20	Dreher
	5	Zanardi	ITA	11	Differential
Schnellste Runde:					
	2	Coulthard	GBR	69	1:20.699

Startaufstellung

21 Marc Gené
Minardi-Ford, 1:21.867

15 Toranosuke Takagi
Arrows, 1:21.675

14 Pedro de la Rosa
Arrows, 1:21.328

20 Luca Badoer
Minardi-Ford, 1:20.961

3 Mika Salo
Ferrari, 1:20.369

23 Ricardo Zonta
BAR-Supertec, 1:20.060

6 Ralf Schumacher
Williams-Supertec, 1:19.945

5 Alessandro Zanardi
Williams-Supertec, 1:19.924

18 Olivier Panis
Prost-Peugeot, 1:19.841

19 Jarno Trulli
Prost-Peugeot, 1:19.788

12 Pedro Diniz
Sauber-Petronas, 1:19.782

11 Jean Alesi
Sauber-Petronas, 1:19.390

17 Johnny Herbert
Stewart-Ford, 1:19.389

22 Jacques Villeneuve
BAR-Supertec, 1:19.127

16 Rubens Barrichello
Stewart-Ford, 1:19.095

10 Alexander Wurz
Benetton-Playlife, 1:18.733

7 Damon Hill
Jordan-Mugen-Honda, 1:18.667

8 Heinz-Harald Frentzen
Jordan-Mugen-Honda, 1:18.664

9 Giancarlo Fisichella
Benetton-Playlife, 1:18.515

2 David Coulthard
McLaren-Merceder, 1:18.384

4 Eddie Irvine
Ferrari, 1:18.263

1 Mika Häkkinen
McLaren-Mercedes, 1:18.156

Pole-Position

Platz	Startnr.	Fahrer	Nation	Runden	Zeit/Ausfallgrund
1	2	Coulthard	GBR	44	1:25:43.057
2	1	Häkkinen	FIN	44	1:25:53.526
3	8	Frentzen	GER	44	1:26:16.490
4	4	Irvine	GBR	44	1:26:28.005
5	6	Schumacher R.	GER	44	1:26:31.124
6	7	Hill	GBR	44	1:26:37.973
7	3	Salo	FIN	44	1:26:39.306
8	5	Zanardi	ITA	44	1:26:50.079
9	11	Alesi	FRA	44	1:26:56.905
10	16	Barrichello	BRA	44	1:27:03.799
11	9	Fisichella	ITA	44	1:27:15.252
12	19	Trulli	ITA	44	1:27:19.211
13	18	Panis	FRA	44	1:27:24.600
14	10	Wurz	AUT	44	1:27:40.802
15	22	Villeneuve	CAN	43	1:25:49.704
16	21	Gené	ESP	43	1:26:19.557
	14	De la Rosa	ESP	35	Antrieb
	20	Badoer	ITA	33	Aufhängung
	23	Zonta	BRA	33	Schaltung
	17	Herbert	GBR	27	Dreher
	12	Diniz	BRA	19	Unfall
	15	Takagi	JPN	0	Kupplung

Schnellste Runde:

	Startnr.	Fahrer	Nation	Runde	Zeit
	1	Häkkinen	FIN	23	1:53.955

Spa-Francorchamps • 29. August 1999

1. FREIES TRAINING

Coulthard	1:53.577
Häkkinen	1:54.021
Fisichella	1:54.066
Frentzen	1:54.678
Hill	1:54.892
Schumacher R.	1:54.899
Herbert	1:54.975
Salo	1:55.032
Irvine	1:55.242
Alesi	1:55.271
Barrichello	1:55.484
Wurz	1:55.486
Panis	1:55.541
Zanardi	1:55.743
Badoer	1:56.090
Takagi	1:56.263
Diniz	1:56.310
Villeneuve	1:56.429
De la Rosa	1:56.749
Trulli	1:56.765
Gené	1:56.855
Zonta	1.57.717

2. FREIES TRAINING

Frentzen	1:51.047
Schumacher R.	1:51.417
Coulthard	1:51.729
Hill	1:51.833
Villeneuve	1:52.111
Irvine	1:52.160
Häkkinen	1:52.259
Salo	1:52.528
Barrichello	1:52.769
Herbert	1:52.849
Trulli	1:53.061
Zanardi	1:53.301
Alesi	1:53.317
Wurz	1:53.325
Fisichella	1:53.463
Panis	1:53.595
Zonta	1:53.926
Diniz	1:54.112
Takagi	1:54.258
De la Rosa	1:54.592
Badoer	1:54.768
Gené	1:54.860

Startaufstellung

21 Marc Gené Minardi-Ford, 1:54.557	14 Pedro de la Rosa Arrows, 1:54.579
15 Toranosuke Takagi Arrows, 1:54.099	20 Luca Badoer Minardi-Ford, 1:54.197
18 Olivier Panis Prost-Peugeot, 1:53.148	12 Pedro Diniz Sauber-Petronas, 1:53.778
10 Alexander Wurz Benetton-Playlife, 1:52.847	11 Jean Alesi Sauber-Petronas, 1:52.921
9 Giancarlo Fisichella Benetton-Playlife, 1:52.762	23 Ricardo Zonta BAR-Supertec, 1:52.840
22 Jacques Villeneuve BAR-Supertec, 1:52.235	19 Jarno Trulli Prost-Peugeot, 1:52.644
3 Mika Salo Ferrari, 1:52.124	17 Johnny Herbert Stewart-Ford, 1:52.164
16 Rubens Barrichello Stewart-Ford, 1:51.974	5 Alessandro Zanardi Williams-Supertec, 1:52.014
6 Ralf Schumacher Williams-Supertec, 1:51.414	4 Eddie Irvine Ferrari, 1:51.895
8 Heinz-Harald Frentzen Jordan-Mugen-Honda, 1:51.332	7 Damon Hill Jordan-Mugen-Honda, 1:51.372
1 Mika Häkkinen McLaren-Mercedes, 1:50.329	2 David Coulthard McLaren-Mercedes, 1:50.484

Pole-Position

Zahlen · Rekorde · Jubiläen

75.Grand Prix-Start von Mika Salo.

Zehnte Pole-Position des Jahres für Mika Häkkinen und 20. seiner Karriere.

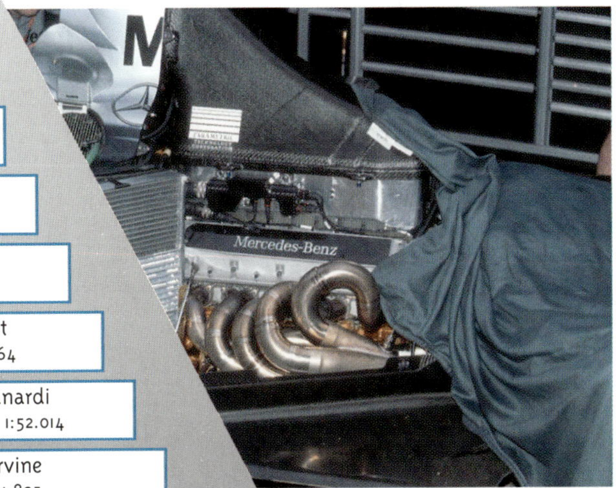

Monza • 12. September 1999

1. Freies Training

Schumacher R.	1:24.507
Trulli	1:24.692
Zanardi	1:24.823
Alesi	1:25.030
Häkkinen	1:25.103
Panis	1:25.138
Villeneuve	1:25.307
Coulthard	1:25.347
Diniz	1:25.388
Hill	1:25.397
Barrichello	1:25.499
Herbert	1:25.551
Frentzen	1:25.577
Fisichella	1:25.701
Wurz	1:25.742
Irvine	1:25.897
Salo	1:25.931
Gené	1:26.069
Zonta	1:26.181
Badoer	1:26.633
De la Rosa	1:27.542
Takagi	1:27.931

2. Freies Training

Frentzen	1:23.142
Coulthard	1:23.412
Häkkinen	1:23.482
Zanardi	1:23.721
Trulli	1:23.833
Barrichello	1:23.837
Schumacher R.	1:23.863
Hill	1:23.921
Herbert	1:23.971
Salo	1:24.091
Panis	1:24.240
Irvine	1:24.330
Villeneuve	1:24.412
Wurz	1:24.576
Diniz	1:24.739
Alesi	1:24.770
Fisichella	1.24.995
Gené	1:25.595
Badoer	1:25.605
Zonta	1:25.761
De la Rosa	1:26.617
Takagi	1:26.631

Platz	Startnr.	Fahrer	Nation	Runden	Zeit/Ausfallgrund
1	8	Frentzen	GER	53	1:17:02.923
2	6	Schumacher R.	GER	53	1:17:06.195
3	3	Salo	FIN	53	1:17:14.855
4	16	Barrichello	BRA	53	1:17:20.553
5	2	Coulthard	GBR	53	1:17:21.065
6	4	Irvine	GBR	53	1:17:30.325
7	5	Zanardi	ITA	53	1:17:30.970
8	22	Villeneuve	CAN	53	1:17:44.720
9	11	Alesi	FRA	53	1:17:45.121
10	7	Hill	GBR	53	1:17:59.182
11	18	Panis	FRA	52	1:16:30.578
	17	Herbert	GBR	40	Kupplung
	15	Takagi	JPN	35	Dreher
	14	De la Rosa	ESP	35	Aufhängung
	1	Häkkinen	FIN	29	Dreher
	19	Trulli	ITA	29	Überhitzung
	23	Zonta	BRA	25	Vibrationen
	20	Badoer	ITA	23	Kollision
	10	Wurz	AUT	11	Getriebe
	12	Diniz	BRA	1	Kollision
	9	Fisichella	ITA	1	Kollision
	21	Gené	ESP	0	Kollision
Schnellste Runde:					
	6	Schumacher R.	GER	48	1:25.579

Zahlen · Rekorde · Jubiläen

251,989 km/h im Schnitt im Qualifying für Mika Häkkinen – Rekord für die modifizierte Monza-Strecke.
70. Grand Prix von Italien.
125. Grand Prix-Start für Mika Häkkinen.
Erste schnellste Rennrunde für Ralf Schumacher.

Startaufstellung

15 Toranosuke Takagi
Arrows, 1:26.509

14 Pedro de la Rosa
Arrows, 1:26.383

21 Marc Gené
Minardi-Ford, 1:25.695

20 Luca Badoer
Minardi-Ford, 1:25.348

23 Ricardo Zonta
BAR-Supertec, 1:25.114

9 Giancarlo Fisichella
Benetton-Playlife, 1:24.862

12 Pedro Diniz
Sauber-Petronas ,1:24.596

17 Johnny Herbert
Stewart-Ford, 1:24.594

10 Alexander Wurz
Benetton-Playlife, 1:24.593

11 Jean Alesi
Sauber-Petronas, 1:24.591

19 Jarno Trulli
Prost-Peugeot, 1:24.293

22 Jacques Villeneuve
BAR-Supertec, 1:24.188

18 Olivier Panis
Prost-Peugeot, 1:24.016

7 Damon Hill
Jordan-Mugen-Honda, 1:23.979

4 Eddie Irvine
Ferrari, 1:23.765

16 Rubens Barrichello
Stewart-Ford, 1:23.739

3 Mika Salo
Ferrari, 1:23.657

6 Ralf Schumacher
Williams-Supertec, 1:23.636

5 Alessandro Zanardi
Williams-Supertec, 1:23.432

2 David Coulthard
McLaren-Mercedes, 1:23.177

8 Heinz-Harald Frentzen
Jordan-Mugen-Honda, 1:22.926

1 Mika Häkkinen
McLaren-Mercedes, 1:22.432

Pole-Position

Platz	Startnr.	Fahrer	Nation	Runden	Zeit/ Ausfallgrund
1	17	Herbert	GBR	66	1:41:54.314
2	19	Trulli	ITA	66	1:42:16.933
3	16	Barrichello	BRA	66	1:42:17.180
4	6	Schumacher R.	GER	66	1:42:33.822
5	1	Häkkinen	FIN	66	1:42:57.264
6	21	Gené	ESP	66	1:42:59.468
7	4	Irvine	GBR	66	1:43:00.997
8	23	Zonta	BRA	65	1:42.08.914
9	18	Panis	FRA	65	1:42:18.099
10	22	Villeneuve	CAN	61	1:35:55.300
	20	Badoer	ITA	53	Getriebe
	14	De la Rosa	ESP	52	Getriebe
	9	Fisichella	ITA	48	Dreher
	3	Salo	FIN	44	Bremsen
	15	Takagi	JPN	42	Deher
	2	Coulthard	GBR	37	Dreher
	11	Alesi	FRA	35	Antrieb
	8	Frentzen	GER	32	Software
	5	Zanardi	ITA	10	Dreher
	7	Hill	GBR	0	Elektronik
	10	Wurz	AUT	0	Kollision
	12	Diniz	BRA	0	Kollision
Schnellste Runde:					
	1	Häkkinen	FIN	64	1:21.282

Nürburgring • 26. September 1999

1. FREIES TRAINING	
Häkkinen	1:20.758
Salo	1:20.920
Panis	1:21.134
Irvine	1:21.338
Schumacher R.	1:21.385
Coulthard	1:21.461
Barrichello	1:21.505
Fisichella	1:21.636
Trulli	1:21.750
Villeneuve	1:21.850
Alesi	1:21.884
Frentzen	1:21.933
Herbert	1:21.982
Hill	1:22.207
Badoer	1:22.311
Zanardi	1:22.321
Wurz	1:22.427
Diniz	1:22.462
De la Rosa	1:22.853
Gené	1:22.872
Zonta	1:23.604
Takagi	1:24.282

2. FREIES TRAINING	
Häkkinen	1:18.945
Schumacher R.	1:19.401
Irvine	1:19.666
Coulthard	1:19.667
Barrichello	1:19.812
Hill	1:19.919
Villeneuve	1:19.979
Fisichella	1:20.012
Zanardi	1:20.109
Alesi	1:20.123
Wurz	1:20.151
Diniz	1:20.211
Panis	1:20.313
Salo	1:20.385
Trulli	1:20.389
Herbert	1:20.410
Frentzen	1:20.643
Badoer	1:21.163
Zonta	1:21.224
Gené	1:21.811
Takagi	1:22.026
De la Rosa	1:22.191

Startaufstellung

14 Pedro de la Rosa
Arrows, 1:23.698

15 Toranosuke Takagi
Arrows, 1:23.401

21 Marc Gené
Minardi-Ford, 1:22.760

20 Luca Badoer
Minardi-Ford, 1:22.631

5 Alessandro Zanardi
Williams-Supertec, 1:22.284

23 Ricardo Zonta
BAR-Supertec, 1:22.267

11 Jean Alesi
Sauber-Petronas, 1:21.634

16 Rubens Barrichello
Stewart-Ford, 1:21.490

17 Johnny Herbert
Stewart-Ford, 1:21.379

12 Pedro Diniz
Sauber-Petronas, 1:21.345

3 Mika Salo
Ferrari, 1:21.314

10 Alexander Wurz
Benetton-Playlife, 1:21.144

19 Jarno Trulli
Prost-Peugeot, 1:20.965

4 Eddie Irvine
Ferrari, 1:20.842

22 Jacques Villeneuve
BAR-Supertec, 1:20.825

7 Damon Hill
Jordan-Mugen-Honda, 1:20.818

9 Giancarlo Fisichella
Benetton-Playlife, 1:20.781

18 Olivier Panis
Prost-Peugeot, 1:20.638

6 Ralf Schumacher
Williams-Supertec, 1:20.444

1 Mika Häkkinen
McLaren-Mercedes, 1:20.376

2 David Coulthard
McLaren-Mercedes, 1:20.176

8 Heinz-Harald Frentzen
Jordan-Mugen-Honda, 1:19.910

Pole-Position

Zahlen · Rekorde · Jubiläen

Erster Trainingssieg von Herbert gegen Barrichello bei Stewart-Ford. Erste Weltmeisterschaftspunkte für Marc Gené.

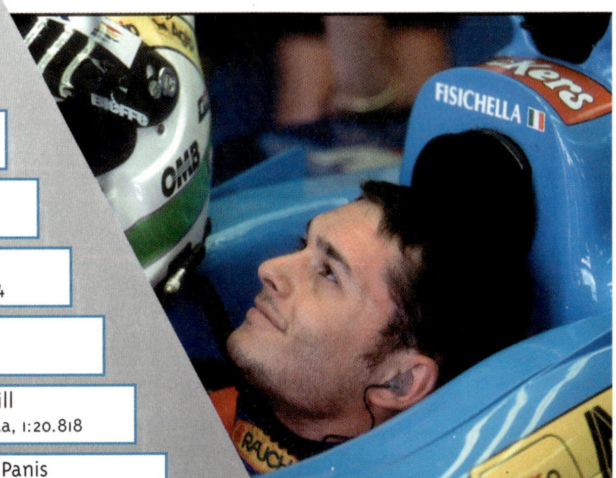

Sepang • 17. Oktober 1999

1. FREIES TRAINING

Villeneuve	1:42.407
Coulthard	1:42.519
Alesi	1:42.701
Irvine	1:42.725
Schumacher M.	1:42.875
Diniz	1:43.006
Barrichello	1:43.042
Häkkinen	1:43.153
Wurz	1:43.311
Herbert	1:43.349
Fisichella	1:43.403
Hill	1:43.417
Panis	1:43.500
Frentzen	1:43.677
Trulli	1:43.793
Badoer	1:44.818
Zonta	1:44.968
Schumacher R.	1:45.164
De la Rosa	1:45.397
Zanardi	1:45.833
Takagi	1:46.690
Gené	1:49.451

2. FREIES TRAINING

Schumacher M.	1:40.424
Irvine	1:40.506
Häkkinen	1:41.107
Herbert	1:41.111
Coulthard	1:41.269
Villeneuve	1:41.560
Barrichello	1:41.608
Alesi	1:42.042
Schumacher R.	1:42.153
Frentzen	1:42.282
Fisichella	1:42.292
Diniz	1:42.473
Zonta	1:42.578
Wurz	1:42.755
Hill	1:42.861
Trulli	1:42.946
Zanardi	1:43.108
De la Rosa	1:43.729
Badoer	1:43.981
Panis	1:44.032
Gené	1:44.937
Takagi	1:44.978

Platz	Startnr.	Fahrer	Nation	Runden	Zeit/Ausfallgrund
1	4	Irvine	GBR	56	1:36:38.494
2	3	Schumacher M.	GER	56	1:36:39.534
3	1	Häkkinen	FIN	56	1:36:48.237
4	17	Herbert	GBR	56	1:36:56.032
5	16	Barrichello	BRA	56	1:37:10.790
6	8	Frentzen	GER	56	1:37:13.378
7	11	Alesi	FRA	56	1:37:32.902
8	10	Wurz	AUT	56	1:37:39.428
9	21	Gené	ESP	55	1:37:10.056
10	5	Zanardi	ITA	55	1:37:36.473
11	9	Fisichella	ITA	52	1:38:14.562
	22	Villeneuve	CAN	48	Hydraulik
	12	Diniz	BRA	44	Dreher
	14	De la Rosa	ESP	30	Motor
	20	Badoer	ITA	15	Motor
	2	Coulthard	GBR	14	Benzindruck
	6	Schumacher R.	GER	7	Dreher
	15	Takagi	JPN	7	Antriebswelle
	23	Zonta	BRA	6	Dreher
	18	Panis	FRA	5	Motor
	7	Hill	GBR	0	Unfall
	19	Trulli	ITA	0	Motor
Schnellste Runde:					
	3	Schumacher M.	GER	25	1:40.267

Zahlen · Rekorde · Jubiläen

Erster Grand Prix in Malaysia.

Startaufstellung

15 Toranosuke Takagi Arrows, 1:44.637	
	20 Luca Badoer Minardi-Ford, 1:44.321
14 Pedro de la Rosa Arrows, 1:43.579	
	21 Marc Gené Minardi-Ford, 1:43.563
19 Jarno Trulli Prost-Peugeot, 1:42.948	
	12 Pedro Diniz Sauber-Petronas, 1:42.933
5 Alessandro Zanardi Williams-Supertec, 1:42.885	
	11 Jean Alesi Sauber-Petronas, 1:42.522
8 Heinz-Harald Frentzen Jordan-Mugen-Honda, 1:42.380	
	23 Ricardo Zonta BAR-Supertec, 1:42.310
18 Oliver Panis Prost-Peugeot, 1:42.208	
	9 Giancarlo Fisichella Benetton-Playlife, 1:42.110
22 Jacques Villeneuve BAR-Supertec, 1:42.087	
	7 Damon Hill Jordan-Mugen-Honda, 1:42.050
6 Ralf Schumacher Williams-Supertec, 1:41.558	
	10 Alexander Wurz Benetton-Playlife, 1:41.444
16 Rubens Barrichello Stewart-Ford, 1:41.351	
	17 Johnny Herbert Stewart-Ford, 1:40.937
1 Mika Häkkinen McLaren-Mercedes, 1:40.865	
	2 David Coulthard McLaren-Mercedes, 1:40.806
4 Eddie Irvine Ferrari, 1:40.635	
	3 Michael Schumacher Ferrari, 1:39.688

Pole-Position

Suzuka • 31. Oktober 1999

Platz	Startnr.	Fahrer	Nation	Runden	Zeit/ Ausfallgrund
1	1	Häkkinen	FIN	53	1:31:18.785
2	3	Schumacher M.	GER	53	1:31:23.800
3	4	Irvine	GBR	53	1:32:54.473
4	8	Frentzen	GER	53	1:32:57.420
5	6	Schumacher R.	GER	53	1:32:58.279
6	11	Alesi	FRA	52	1:31:31.101
7	17	Herbert	GBR	52	1:31:33.352
8	16	Barrichello	BRA	52	1:31:34.255
9	22	Villeneuve	CAN	52	1:31:46.116
10	10	Wurz	AUT	52	1:31:55.310
11	12	Diniz	BRA	52	1:32:16.261
12	23	Zonta	BRA	52	1:32:44.136
13	14	De la Rosa	ESP	51	1:31:39.478
14	9	Fisichella	ITA	47	1:23:50.733
	15	Takagi	JPN	43	Getriebe
	20	Badoer	ITA	43	Motor
	2	Coulthard	GBR	39	Unfallfolgen
	21	Gené	ESP	31	Getriebe
	7	Hill	GBR	21	Aufgabe
	18	Panis	FRA	19	Getriebe
	19	Trulli	ITA	3	Motor
	5	Zanardi	ITA	0	Elektronik

Schnellste Runde:

	Startnr.	Fahrer	Nation	Runde	Zeit
	3	Schumacher M.	GER	31	1:41.319

1. FREIES TRAINING

Häkkinen	1:41.746
Coulthard	1:41.984
Schumacher M.	1:42.215
Barrichello	1:42.529
Zanardi	1:42.718
Panis	1:42.925
Fisichella	1:42.953
Villeneuve	1:43.047
Frentzen	1:43.235
Irvine	1:43.375
Schumacher R.	1:43.399
Wurz	1:43.430
Alesi	1:43.485
De la Rosa	1:43.599
Gené	1:43.652
Hill	1:43.720
Zonta	1:43.776
Takagi	1:43.804
Trulli	1:43.916
Herbert	1:44.179
Diniz	1:44.423
Badoer	1:45.543

2. FREIES TRAINING

Schumacher M.	1:39.085
Häkkinen	1:39.579
Herbert	1:40.134
Frentzen	1:40.139
Hill	1:40.175
Barrichello	1:40.334
Coulthard	1:40.377
Trulli	1:40.535
Schumacher R.	1:40.570
Alesi	1:40.632
Panis	1:40.656
Irvine	1:40.667
Fisichella	1:41.001
Zanardi	1:41.363
Wurz	1:41.562
Diniz	1:41.584
Zonta	1:41.596
Villeneuve	1:41.938
De la Rosa	1:42.156
Takagi	1:42.222
Gené	1:42.895
Badoer	1:43.077

Startaufstellung

20 Luca Badoer Minardi-Ford, 1:42.515	14 Pedro de la Rosa Arrows, 1:41.708
21 Marc Gené Minardi-Ford, 1:41.529	15 Toranosuke Takagi Arrows, 1:41.067
23 Ricardo Zonta BAR-Supertec, 1:40.861	12 Pedro Diniz Sauber-Petronas, 1:40.740
5 Alessandro Zanardi Williams-Supertec, 1:40.403	10 Alexander Wurz Benetton-Playlife, 1:40.303
9 Giancarlo Fisichella Benetton-Playlife, 1:40.261	16 Rubens Barrichello Stewart-Ford, 1:40.140
7 Damon Hill Jordan-Mugen-Honda, 1:40.140	22 Jacques Villeneuve BAR-Supertec, 1:39.732
11 Jean Alesi Sauber-Petronas, 1:39.721	6 Ralf Schumacher Williams-Supertec, 1:39.717
17 Johnny Herbert Stewart-Ford, 1:39.706	19 Jarno Trulli Prost-Peugeot, 1:39.644
18 Olivier Panis Prost-Peugeot, 1:39.623	4 Eddie Irvine Ferrari, 1:38.975
8 Heinz-Harald Frentzen Jordan-Mugen-Honda, 1:38.696	2 David Coulthard McLaren-Mercedes, 1:38.239
1 Mika Häkkinen McLaren-Mercedes, 1:37.820	3 Michael Schumacher Ferrari, 1:37.470

Pole-Position

Zahlen · Rekorde · Jubiläen

Zweiter Weltmeister-Titel für Mika Häkkinen.
Neunter Konstrukteurs-Weltmeistertitel für Ferrari, erster seit 1983.

Bildnachweis:
Sämtliche Fotos einschließlich Umschlagfotos: Steve Domenjoz
mit Ausnahme von Seiten 68 oben, 71, 125 unten: ASA Fotoagentur
und Seiten 30 oben, 31, 69, 85: Karin Sturm
Rennstreckenskizzen: VerlagsService

Umschlag: Wolfgang Heinzel
Produktion und Satz: VerlagsService Dr. Helmut Neuberger
& Karl Schaumann GmbH, Heimstetten
Druck: Jos. C. Huber KG, Dießen
Bindung: Großbuchbinderei Monheim GmbH
Printed in Germany
ISBN 3-7766-2109-5

TELEGLOBE
J.Villeneuve
LUCKY STRIKE
LUCKY STRIKE
BRIDGESTONE

Heinz Ryborz

BEEINFLUSSEN – ÜBERZEUGEN – MANIPULIEREN